SHIGERU MIZUKI 1

KITARO

Aus dem Japanischen von **Gandalf Bartholomäus**

Lettering: **diceindustries**

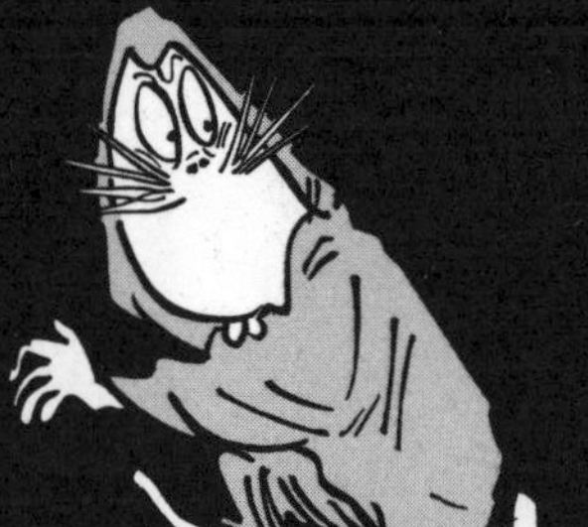

REPRODUKT

KITARO 1
INHALT

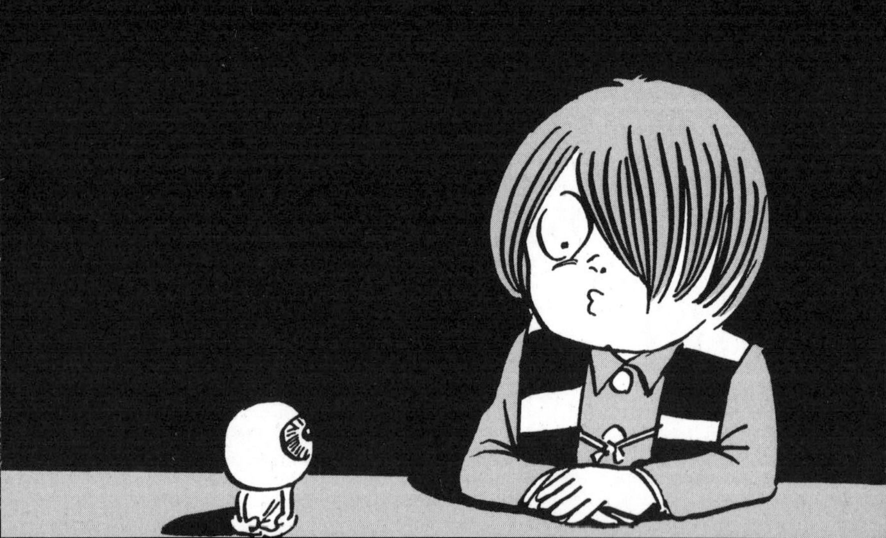

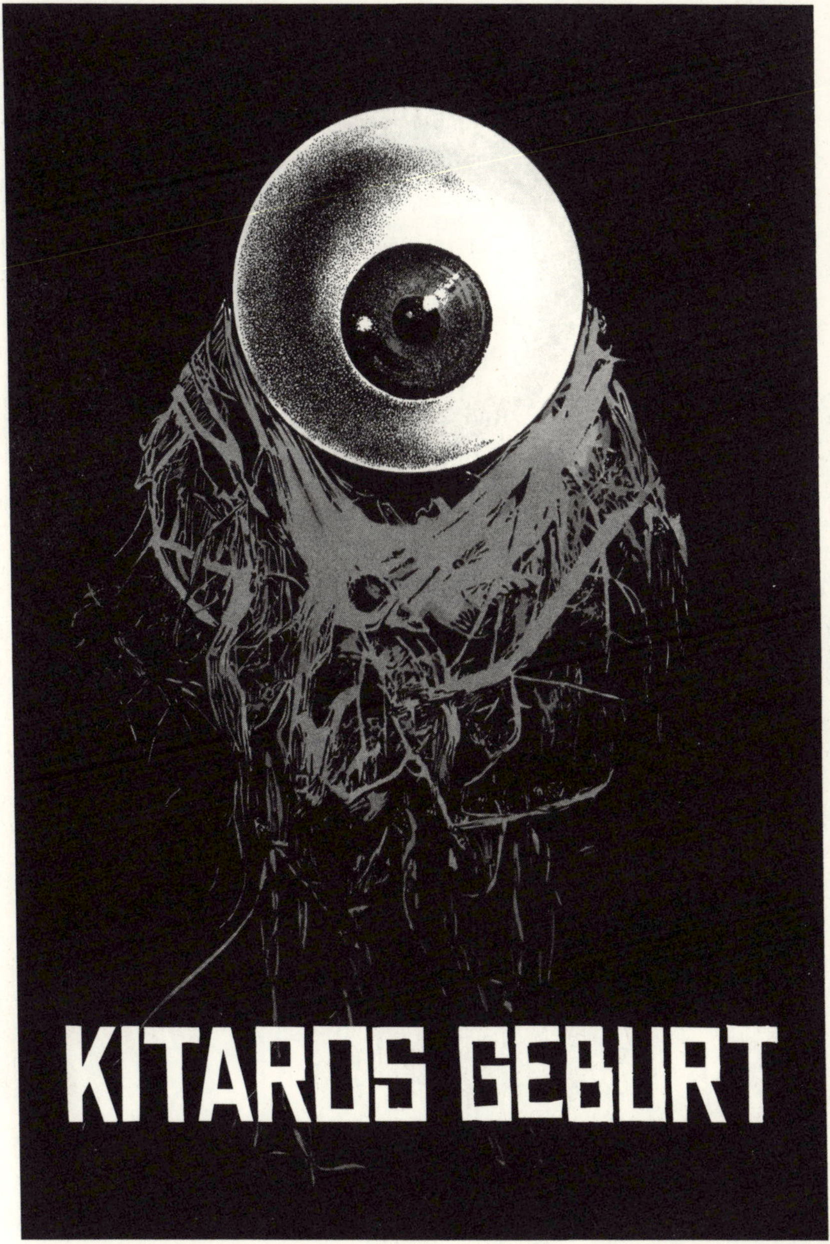
KITAROS GEBURT

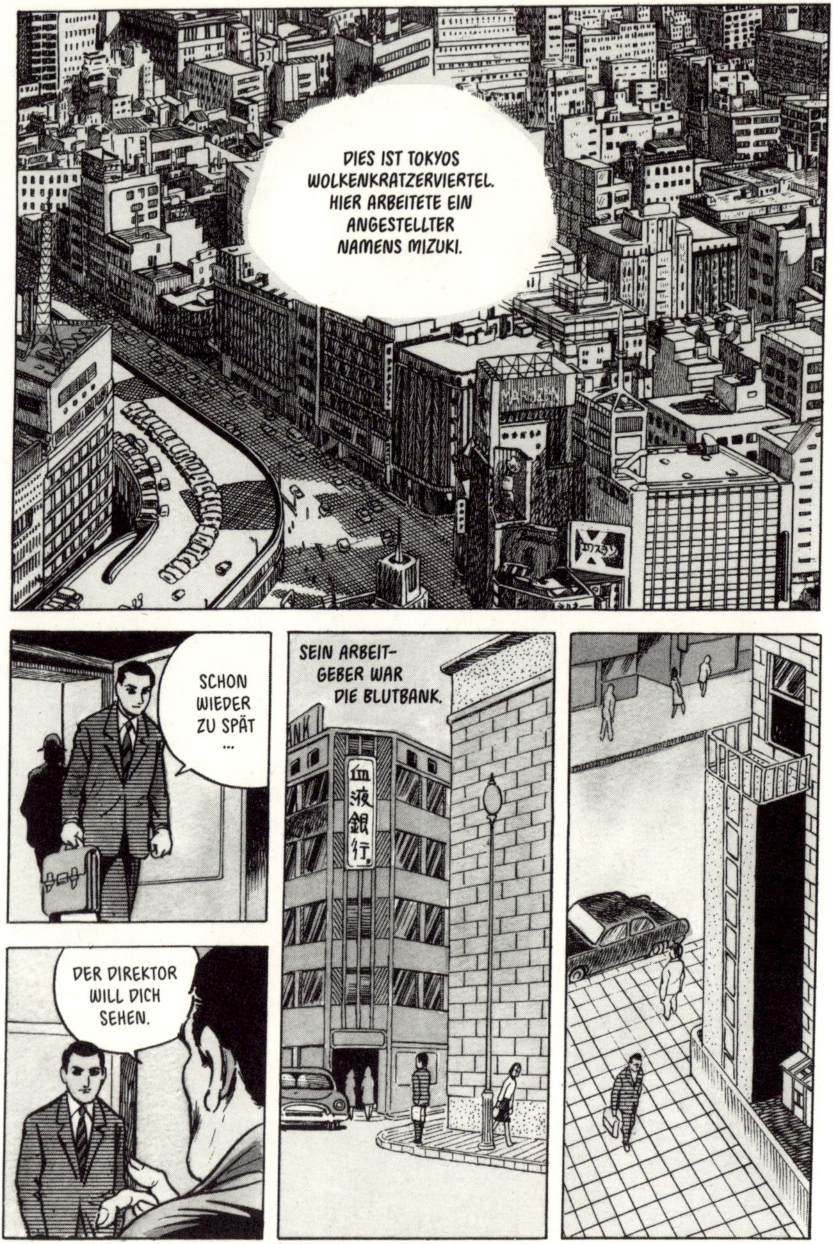
DIES IST TOKYOS WOLKENKRATZERVIERTEL. HIER ARBEITETE EIN ANGESTELLTER NAMENS MIZUKI.
SEIN ARBEIT-GEBER WAR DIE BLUTBANK.
血液銀行
SCHON WIEDER ZU SPÄT ...
DER DIREKTOR WILL DICH SEHEN.

* BLUTBANK

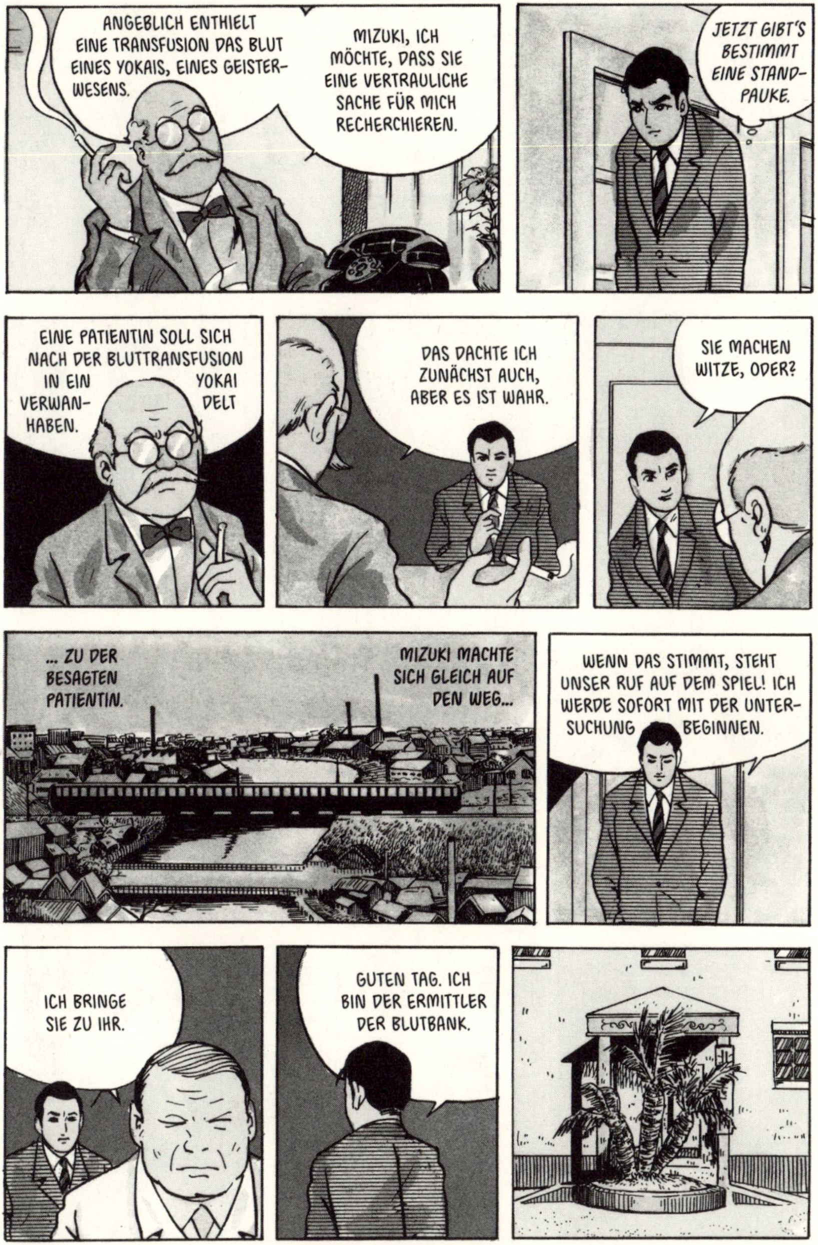

ANGEBLICH ENTHIELT EINE TRANSFUSION DAS BLUT EINES YOKAIS, EINES GEISTERWESENS.
MIZUKI, ICH MÖCHTE, DASS SIE EINE VERTRAULICHE SACHE FÜR MICH RECHERCHIEREN.
JETZT GIBT'S BESTIMMT EINE STANDPAUKE.
EINE PATIENTIN SOLL SICH NACH DER BLUTTRANSFUSION IN EIN YOKAI VERWANDELT HABEN.
DAS DACHTE ICH ZUNÄCHST AUCH, ABER ES IST WAHR.
SIE MACHEN WITZE, ODER?
MIZUKI MACHTE SICH GLEICH AUF DEN WEG...
... ZU DER BESAGTEN PATIENTIN.
WENN DAS STIMMT, STEHT UNSER RUF AUF DEM SPIEL! ICH WERDE SOFORT MIT DER UNTERSUCHUNG BEGINNEN.
ICH BRINGE SIE ZU IHR.
GUTEN TAG. ICH BIN DER ERMITTLER DER BLUTBANK.

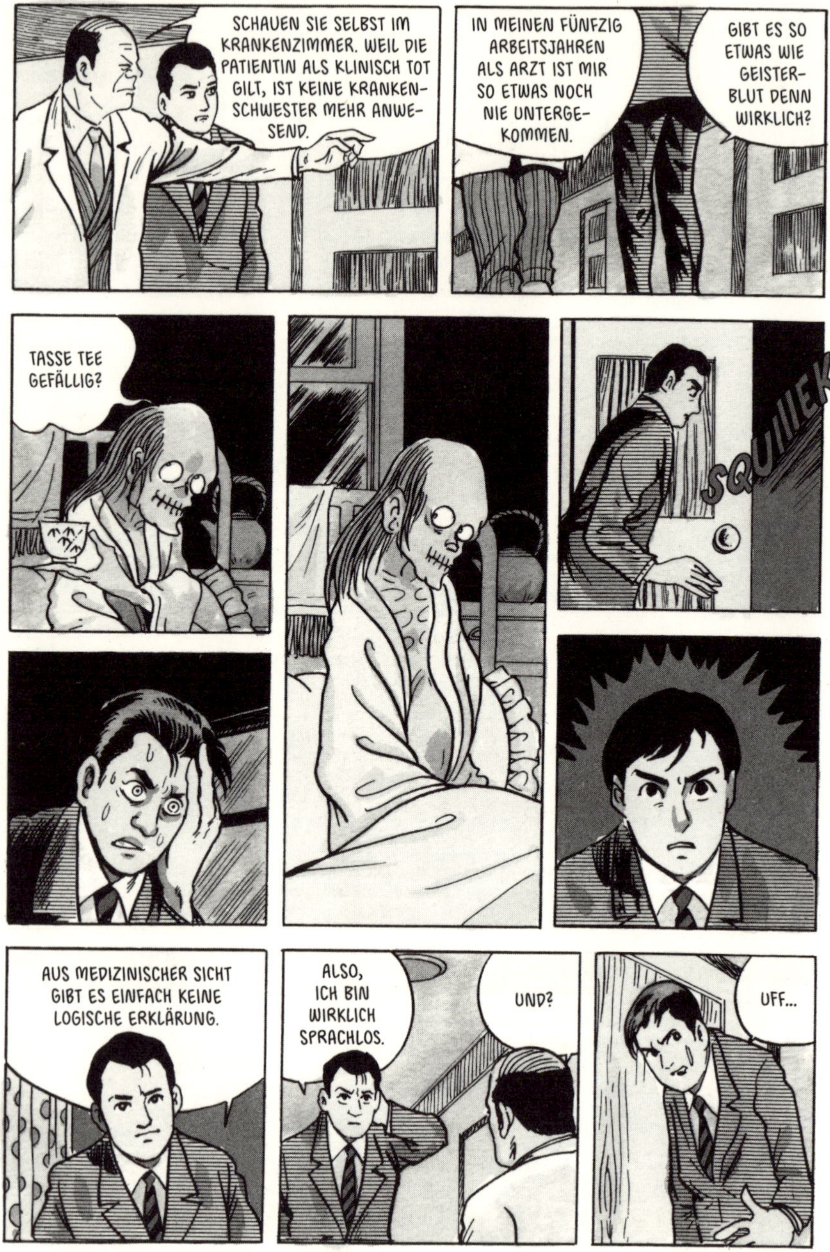
SCHAUEN SIE SELBST IM KRANKENZIMMER. WEIL DIE PATIENTIN ALS KLINISCH TOT GILT, IST KEINE KRANKENSCHWESTER MEHR ANWESEND.
IN MEINEN FÜNFZIG ARBEITSJAHREN ALS ARZT IST MIR SO ETWAS NOCH NIE UNTERGEKOMMEN.
GIBT ES SO ETWAS WIE GEISTERBLUT DENN WIRKLICH?
TASSE TEE GEFÄLLIG?
SQUIIIEK
AUS MEDIZINISCHER SICHT GIBT ES EINFACH KEINE LOGISCHE ERKLÄRUNG.
ALSO, ICH BIN WIRKLICH SPRACHLOS.
UND?
UFF...

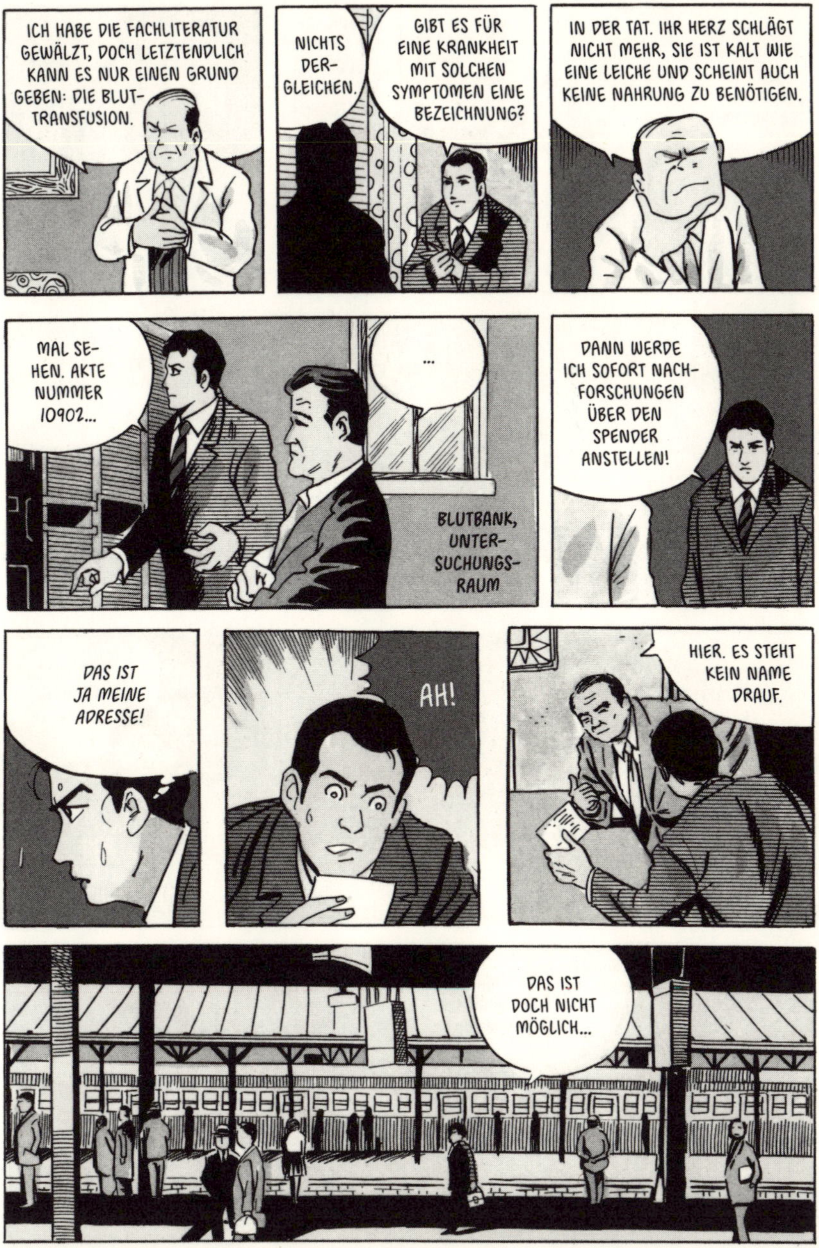
ICH HABE DIE FACHLITERATUR GEWÄLZT, DOCH LETZTENDLICH KANN ES NUR EINEN GRUND GEBEN: DIE BLUT-TRANSFUSION.
NICHTS DER-GLEICHEN.
GIBT ES FÜR EINE KRANKHEIT MIT SOLCHEN SYMPTOMEN EINE BEZEICHNUNG?
IN DER TAT. IHR HERZ SCHLÄGT NICHT MEHR, SIE IST KALT WIE EINE LEICHE UND SCHEINT AUCH KEINE NAHRUNG ZU BENÖTIGEN.
MAL SE-HEN. AKTE NUMMER 10902...
...
BLUTBANK, UNTER-SUCHUNGS-RAUM
DANN WERDE ICH SOFORT NACH-FORSCHUNGEN ÜBER DEN SPENDER ANSTELLEN!
DAS IST JA MEINE ADRESSE!
AH!
HIER. ES STEHT KEIN NAME DRAUF.
DAS IST DOCH NICHT MÖGLICH...

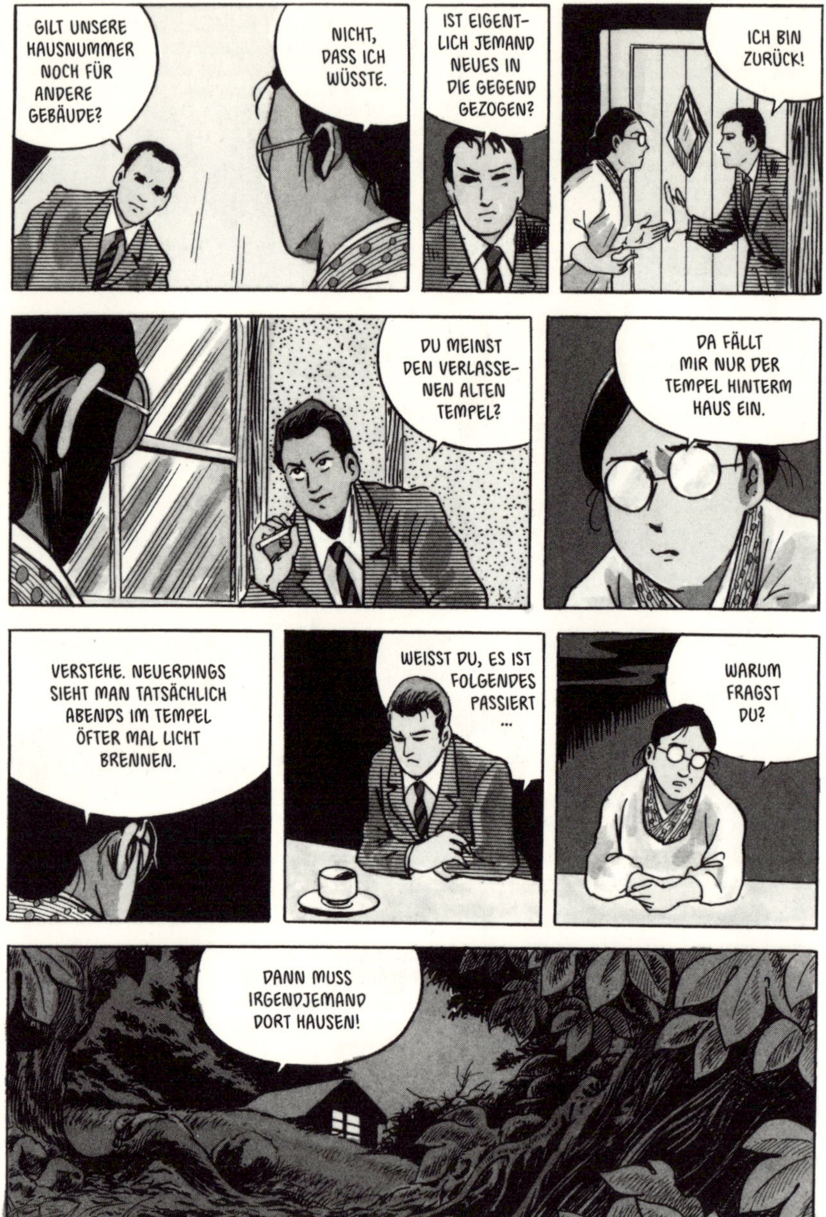
GILT UNSERE HAUSNUMMER NOCH FÜR ANDERE GEBÄUDE?
NICHT, DASS ICH WÜSSTE.
IST EIGENTLICH JEMAND NEUES IN DIE GEGEND GEZOGEN?
ICH BIN ZURÜCK!
DU MEINST DEN VERLASSENEN ALTEN TEMPEL?
DA FÄLLT MIR NUR DER TEMPEL HINTERM HAUS EIN.
VERSTEHE. NEUERDINGS SIEHT MAN TATSÄCHLICH ABENDS IM TEMPEL ÖFTER MAL LICHT BRENNEN.
WEISST DU, ES IST FOLGENDES PASSIERT …
WARUM FRAGST DU?
DANN MUSS IRGENDJEMAND DORT HAUSEN!

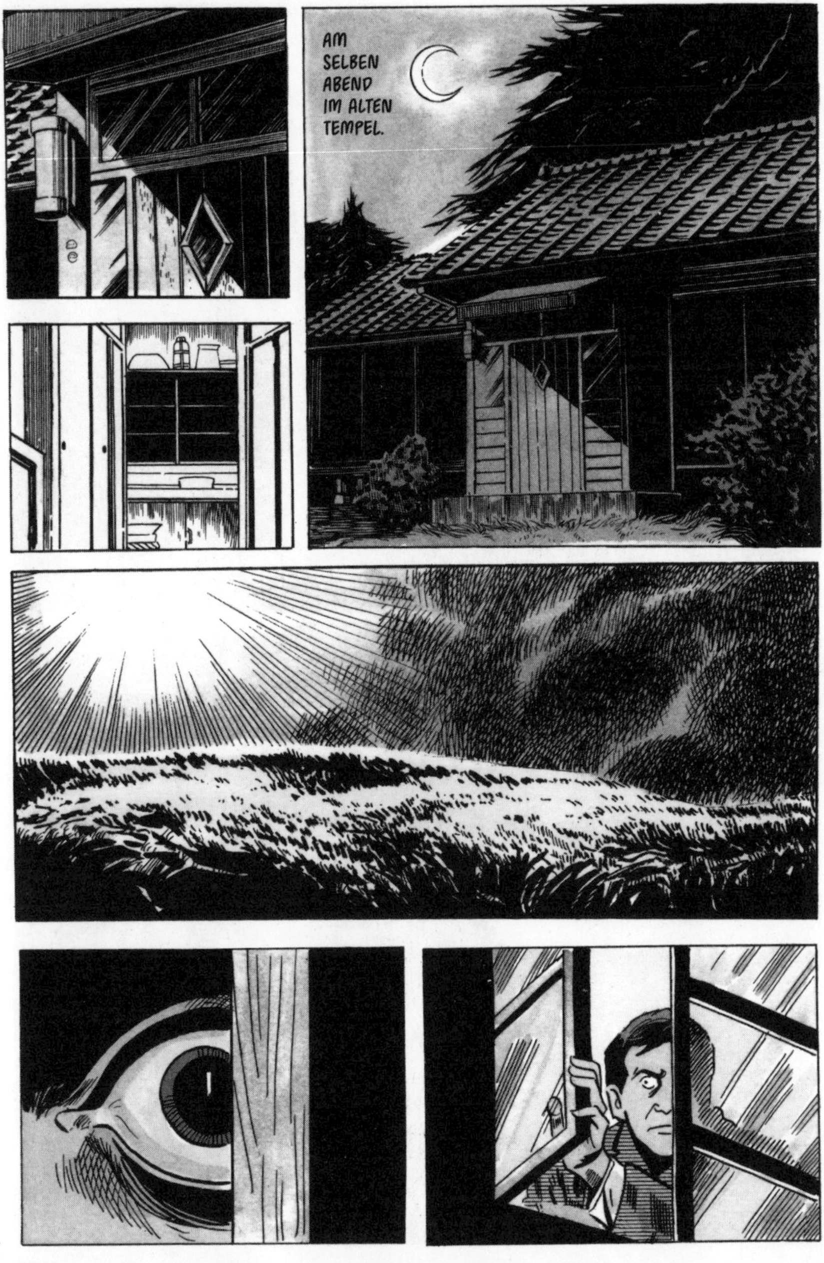
AM SELBEN ABEND IM ALTEN TEMPEL.

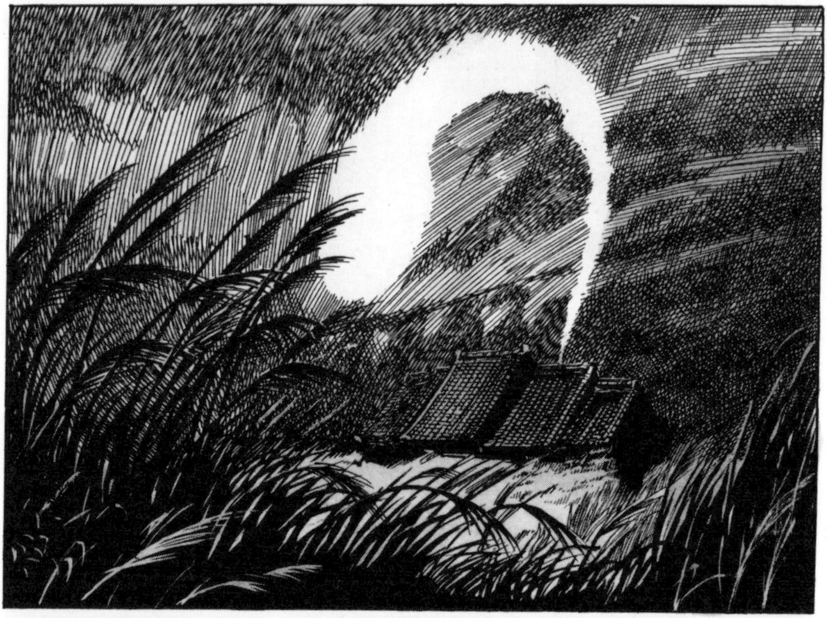

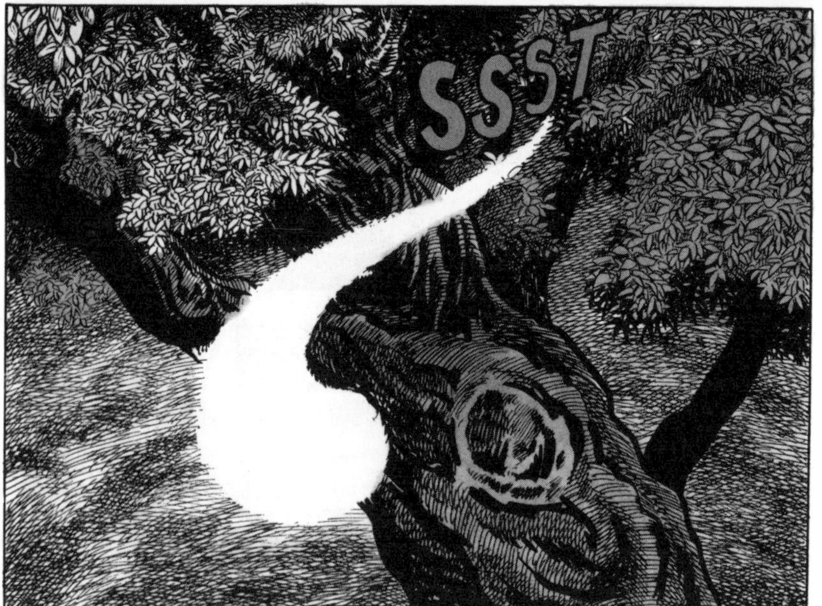
SSST

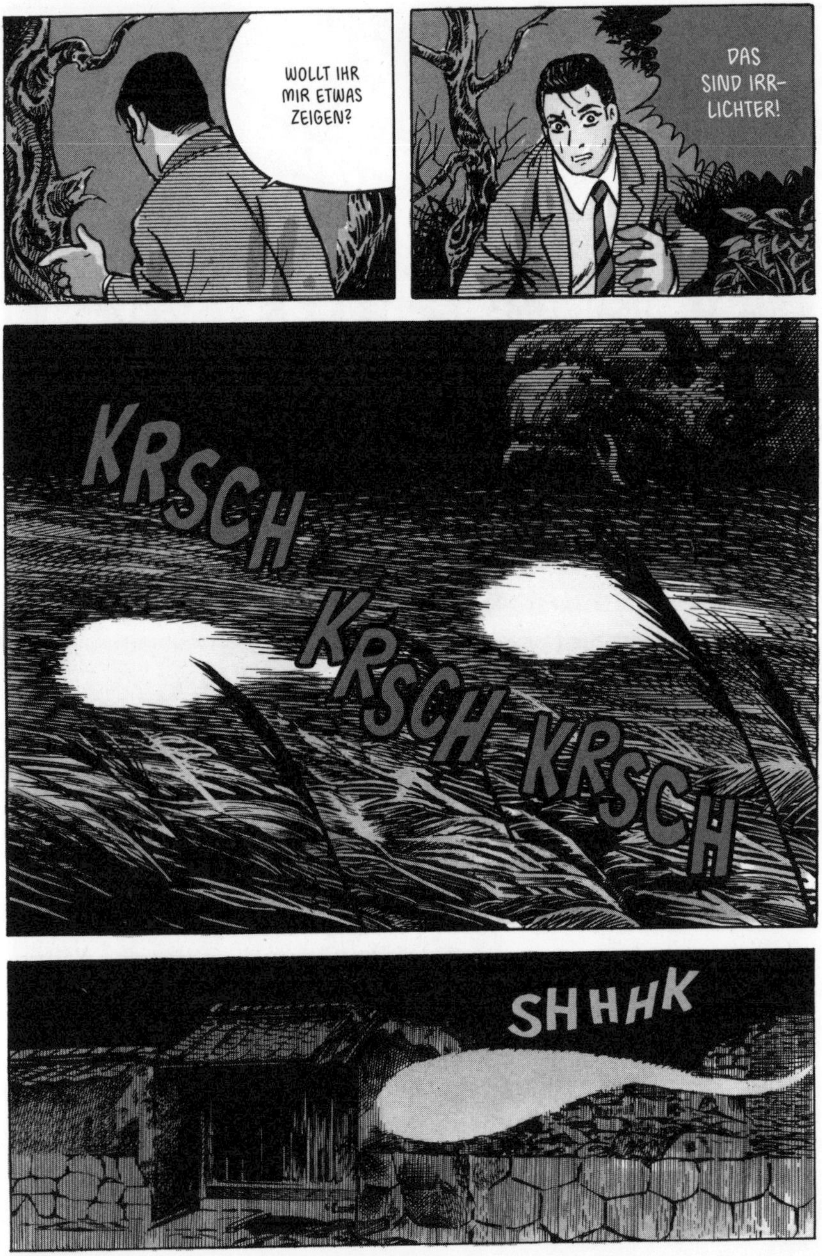
WOLLT IHR MIR ETWAS ZEIGEN?
DAS SIND IRR-LICHTER!
KRSCH
KRSCH
KRSCH
KRSCH
SHHHK

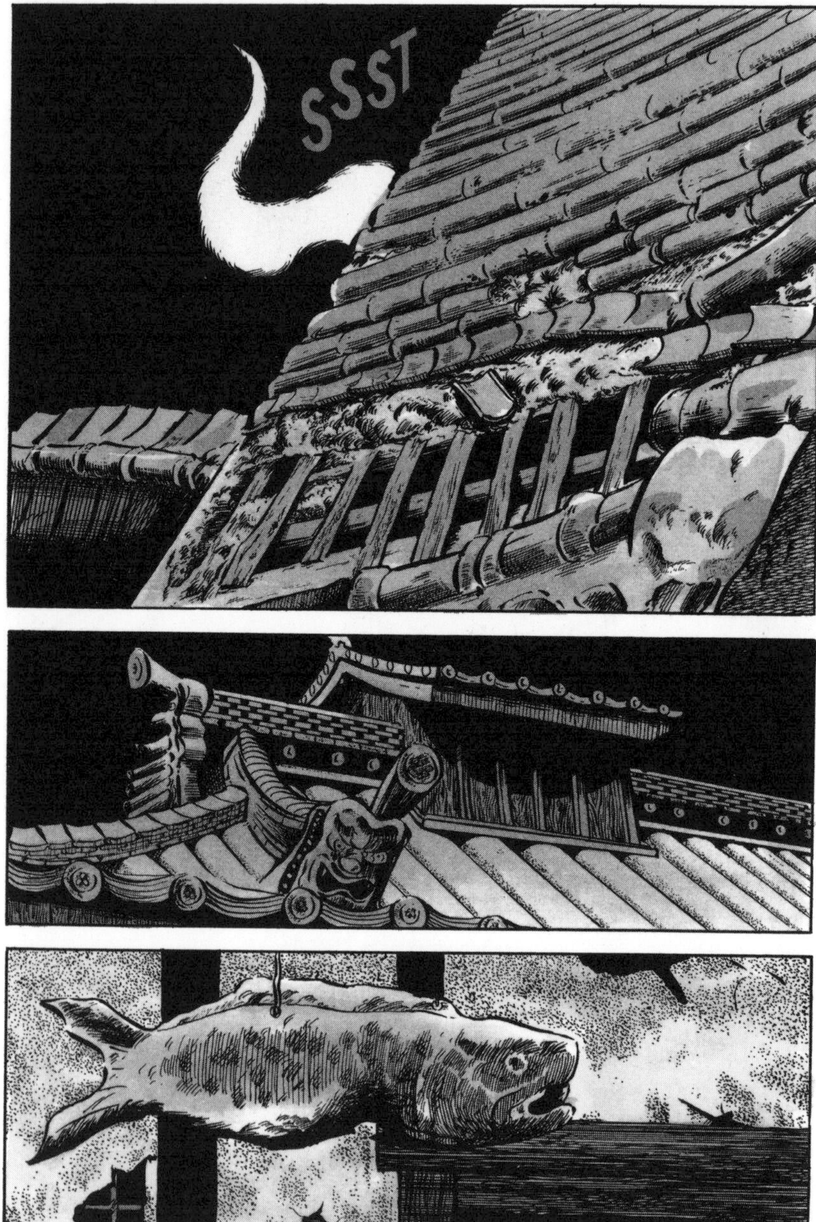
SSST

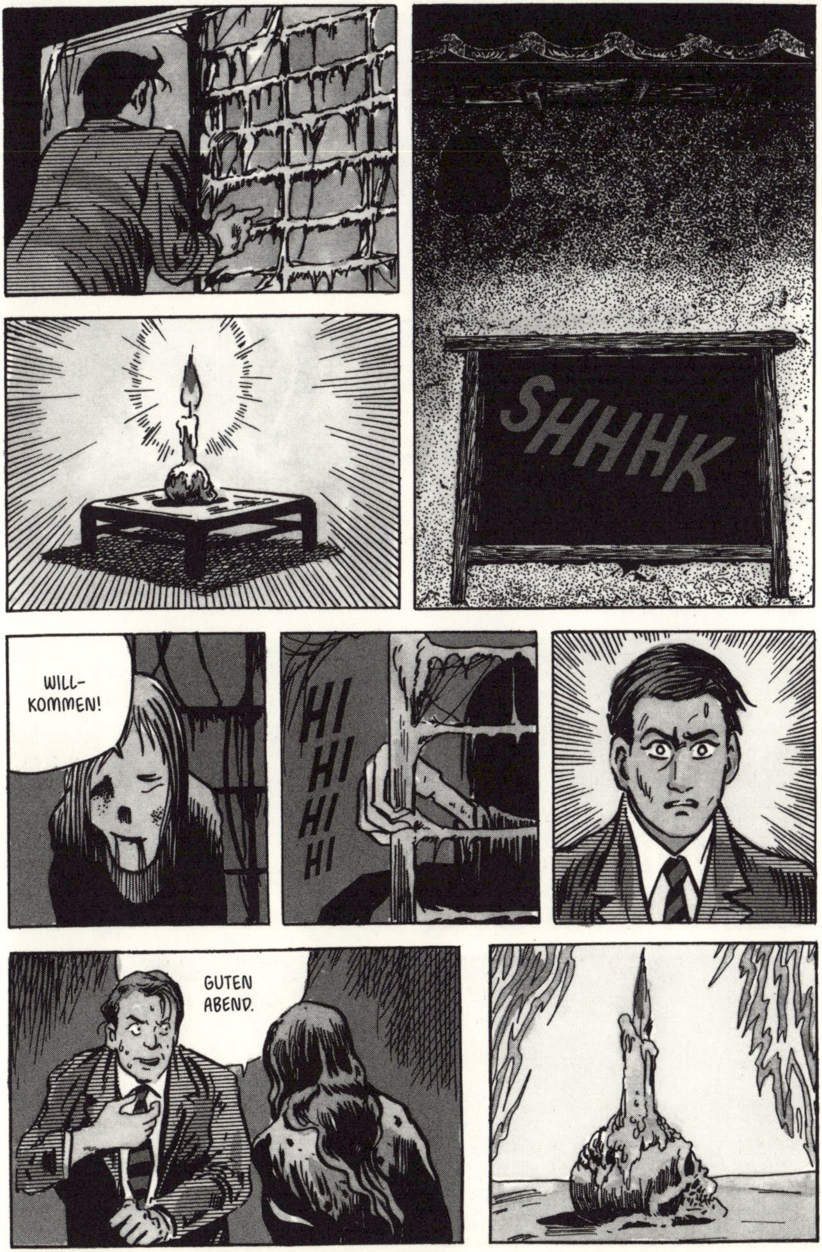
SHHHK
WILL-
KOMMEN!
HI HI HI HI HI
GUTEN
ABEND.

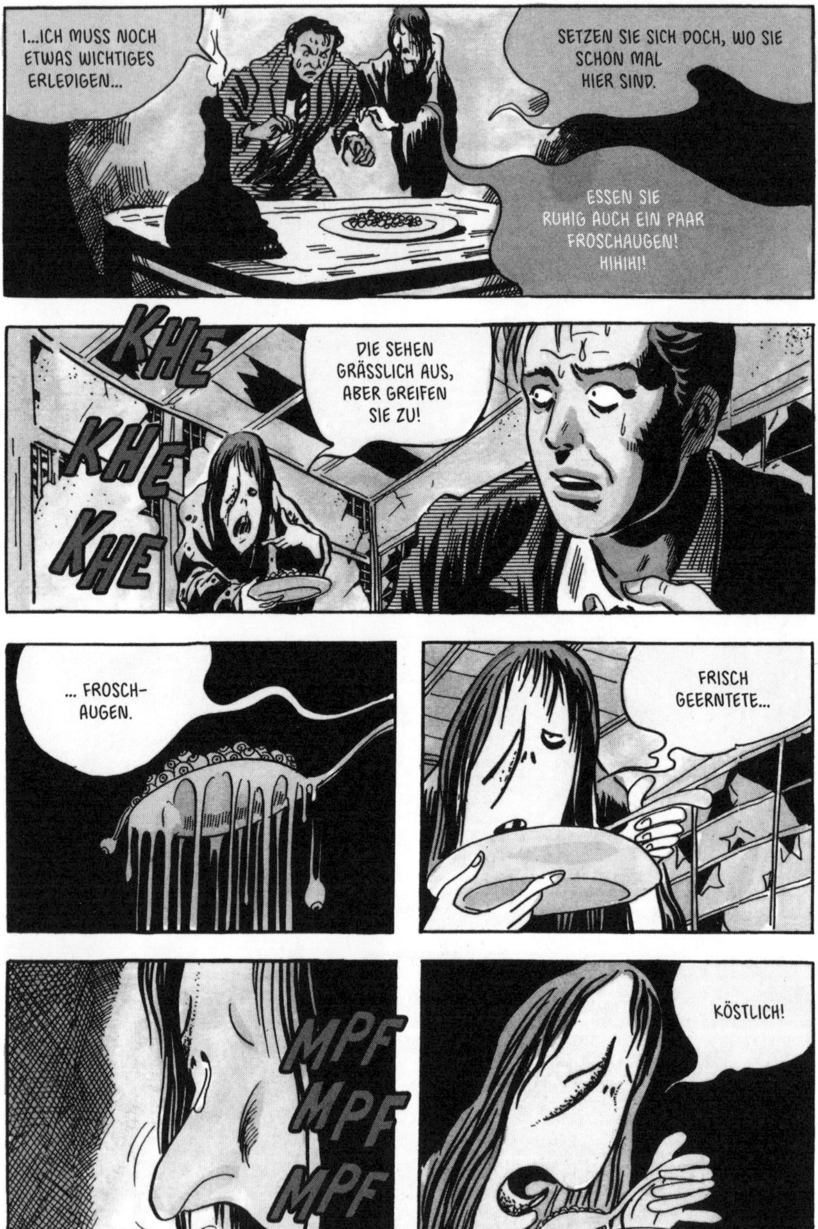
I...ICH MUSS NOCH ETWAS WICHTIGES ERLEDIGEN...
SETZEN SIE SICH DOCH, WO SIE SCHON MAL HIER SIND.
ESSEN SIE RUHIG AUCH EIN PAAR FROSCHAUGEN! HIHIHI!
KHE
KHE
KHE
DIE SEHEN GRÄSSLICH AUS, ABER GREIFEN SIE ZU!
... FROSCH-AUGEN.
FRISCH GEERNTETE...
MPF
MPF
MPF
KÖSTLICH!

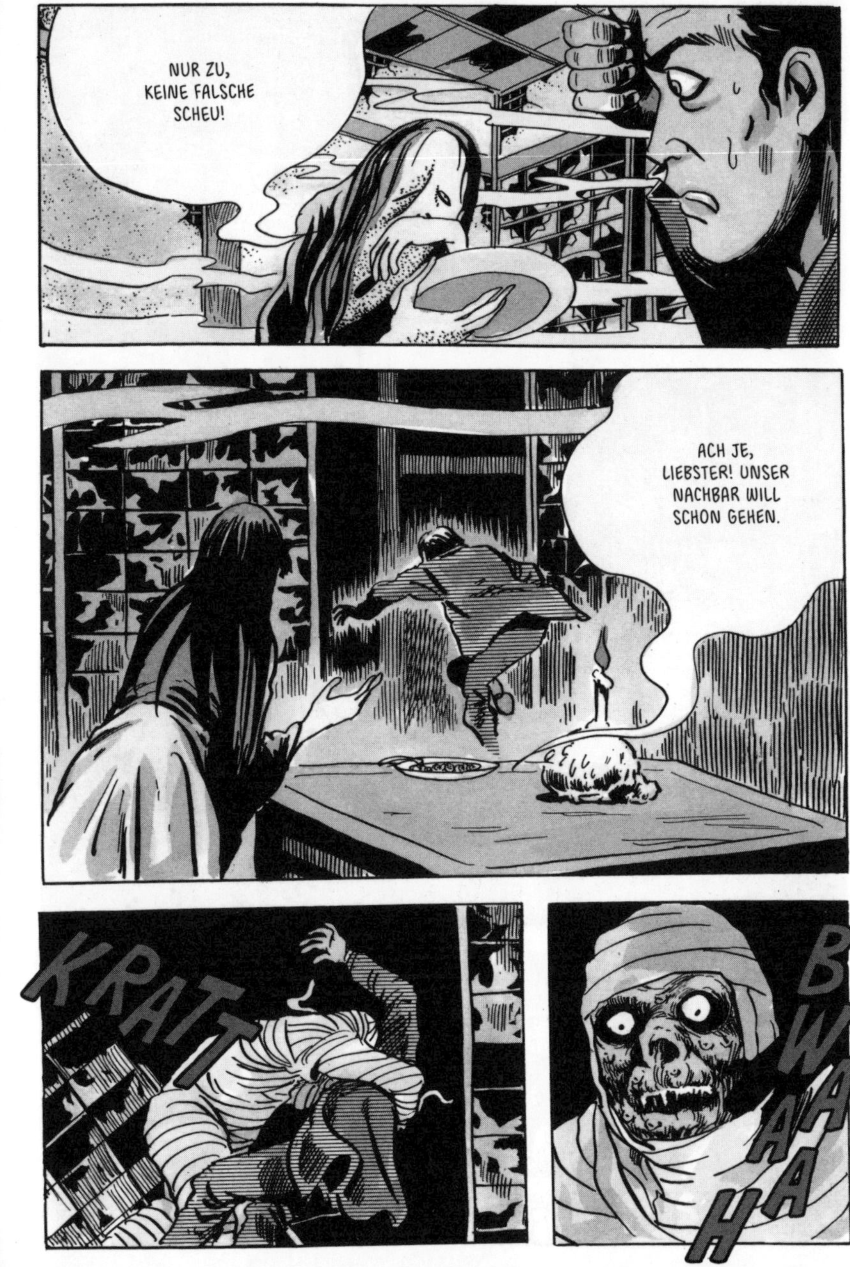
NUR ZU, KEINE FALSCHE SCHEU!
ACH JE, LIEBSTER! UNSER NACHBAR WILL SCHON GEHEN.
KRATT
BWAAAHA

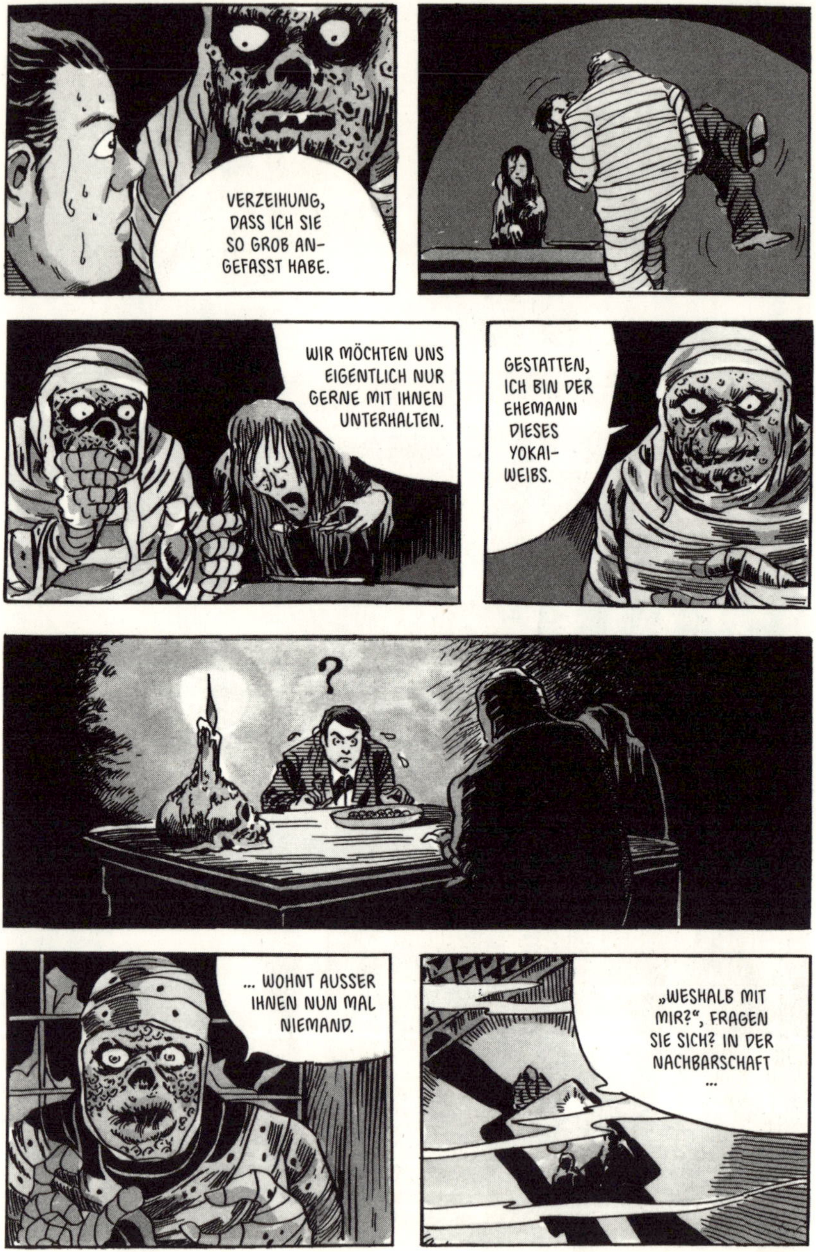
VERZEIHUNG, DASS ICH SIE SO GROB ANGEFASST HABE.
WIR MÖCHTEN UNS EIGENTLICH NUR GERNE MIT IHNEN UNTERHALTEN.
GESTATTEN, ICH BIN DER EHEMANN DIESES YOKAI-WEIBS.
?
... WOHNT AUSSER IHNEN NUN MAL NIEMAND.
„WESHALB MIT MIR?", FRAGEN SIE SICH? IN DER NACHBARSCHAFT ...

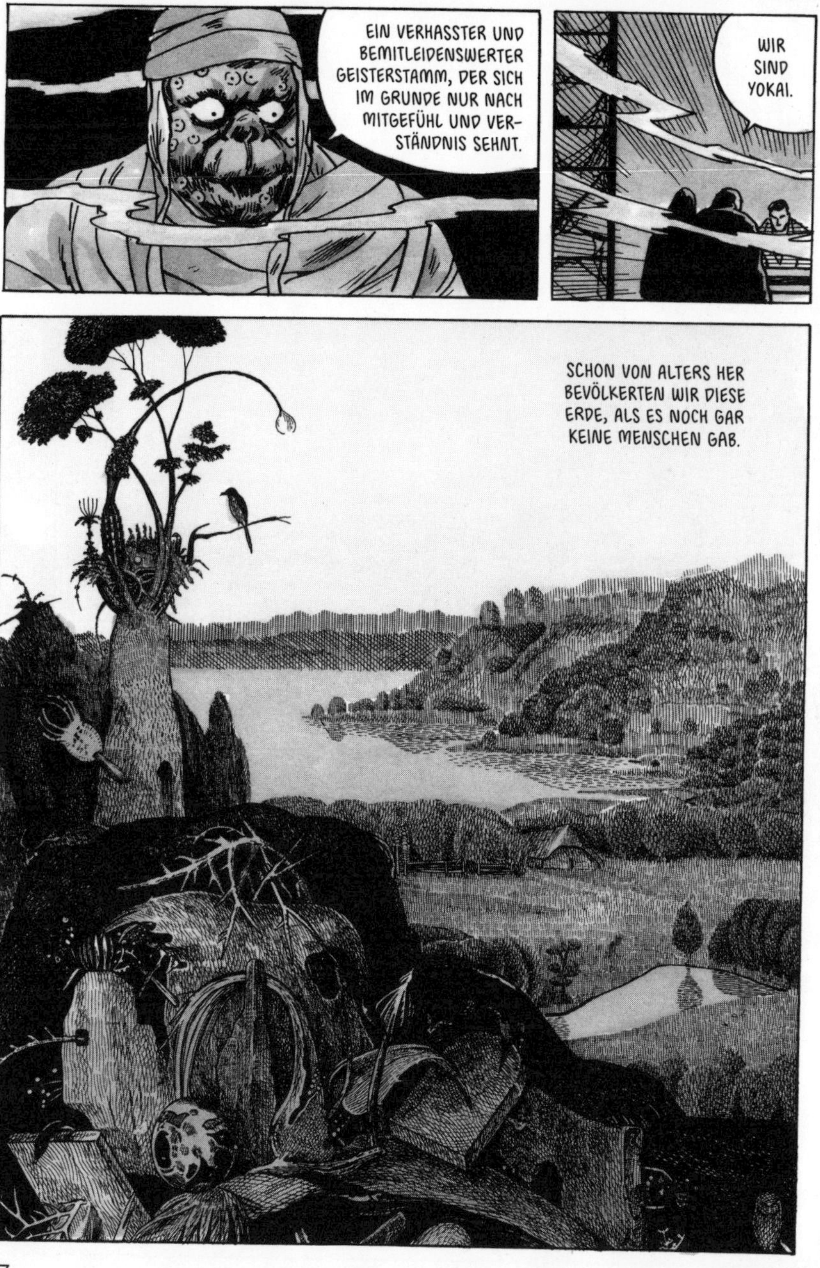
EIN VERHASSTER UND BEMITLEIDENSWERTER GEISTERSTAMM, DER SICH IM GRUNDE NUR NACH MITGEFÜHL UND VERSTÄNDNIS SEHNT.
WIR SIND YOKAI.
SCHON VON ALTERS HER BEVÖLKERTEN WIR DIESE ERDE, ALS ES NOCH GAR KEINE MENSCHEN GAB.

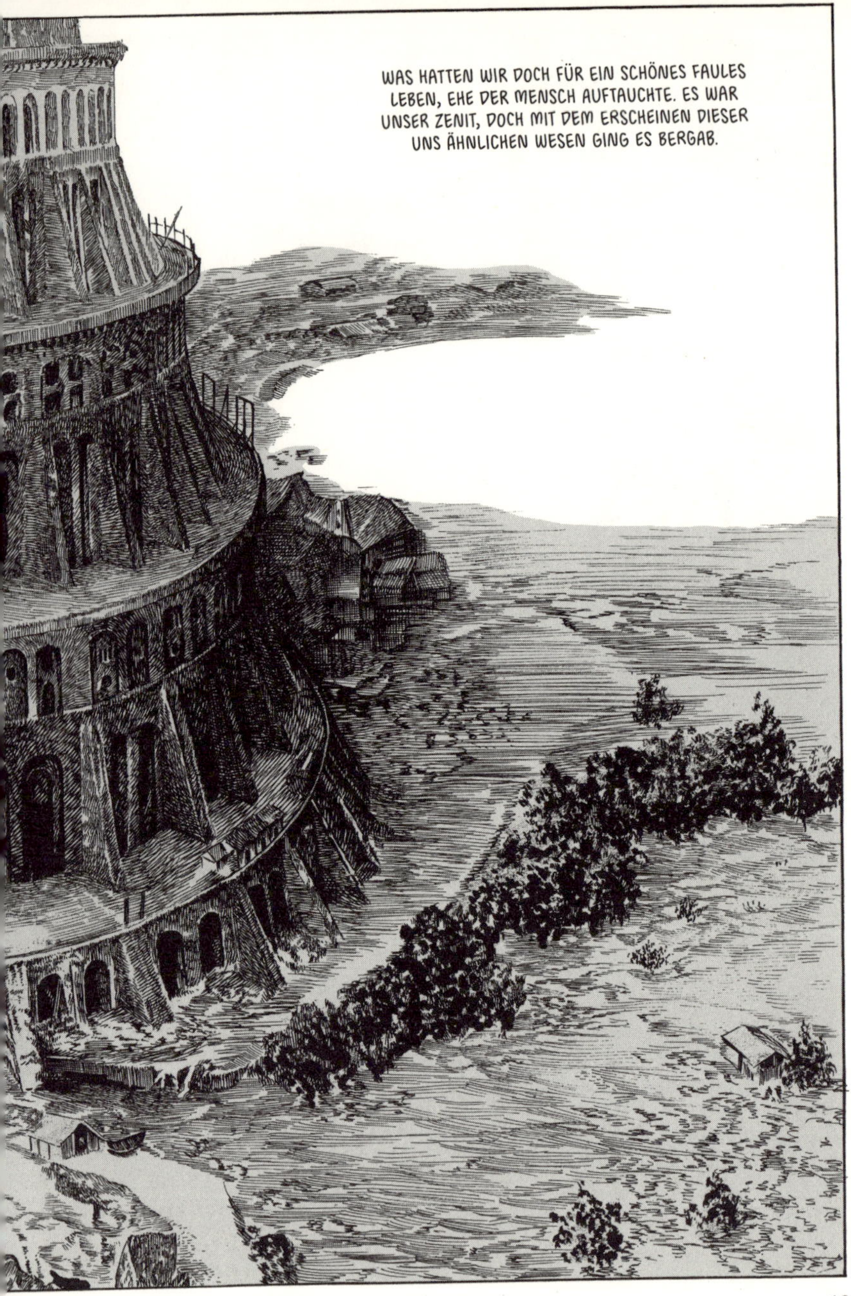
WAS HATTEN WIR DOCH FÜR EIN SCHÖNES FAULES LEBEN, EHE DER MENSCH AUFTAUCHTE. ES WAR UNSER ZENIT, DOCH MIT DEM ERSCHEINEN DIESER UNS ÄHNLICHEN WESEN GING ES BERGAB.

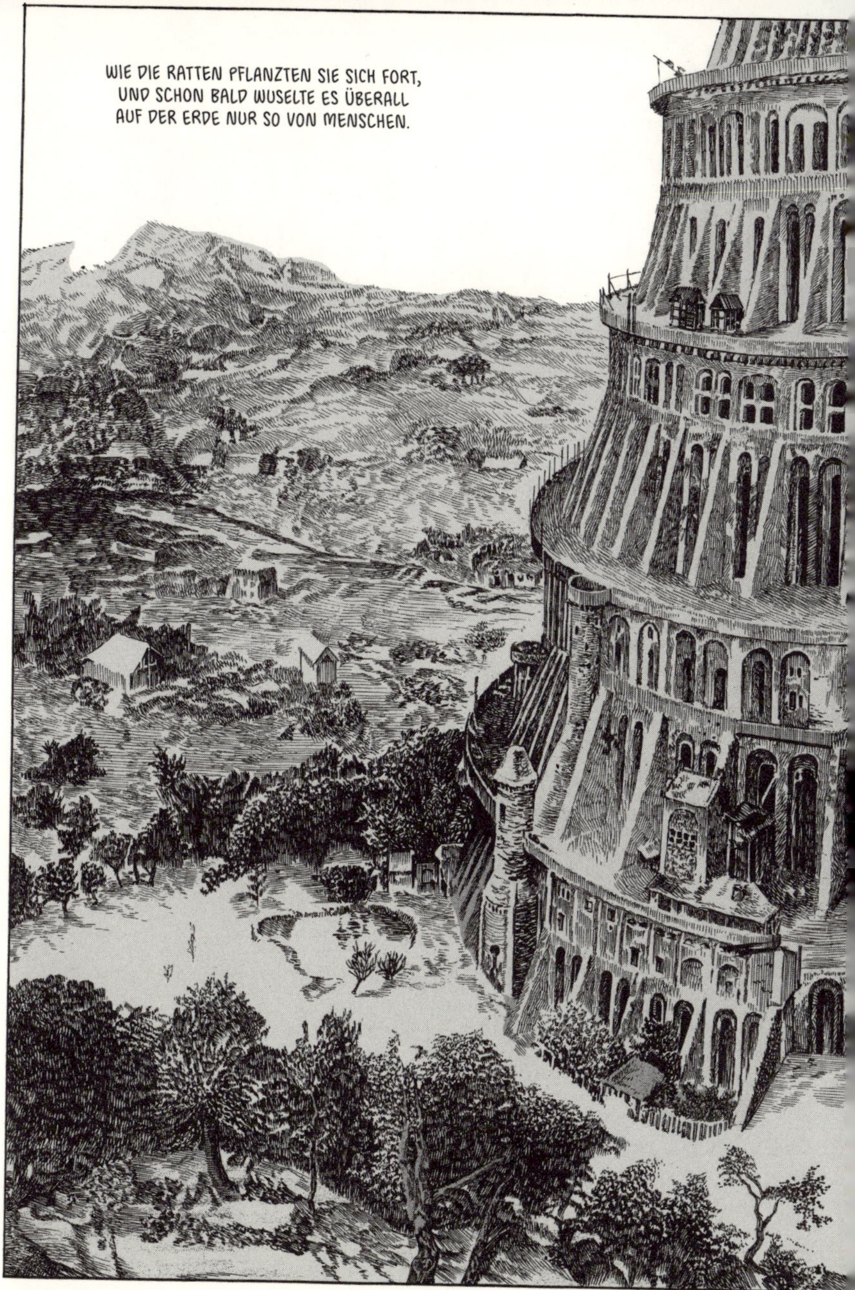
WIE DIE RATTEN PFLANZTEN SIE SICH FORT,
UND SCHON BALD WUSELTE ES ÜBERALL
AUF DER ERDE NUR SO VON MENSCHEN.

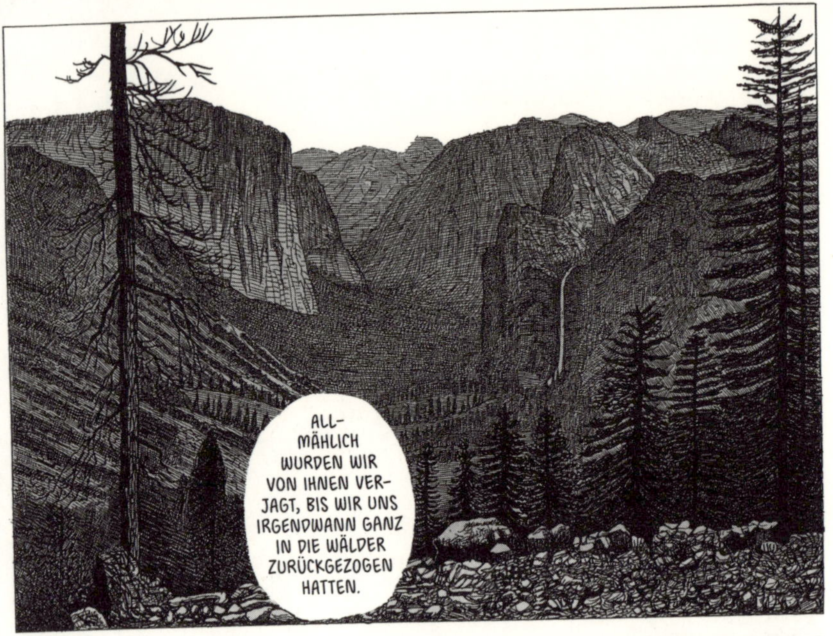
ALL-
MÄHLICH
WURDEN WIR
VON IHNEN VER-
JAGT, BIS WIR UNS
IRGENDWANN GANZ
IN DIE WÄLDER
ZURÜCKGEZOGEN
HATTEN.

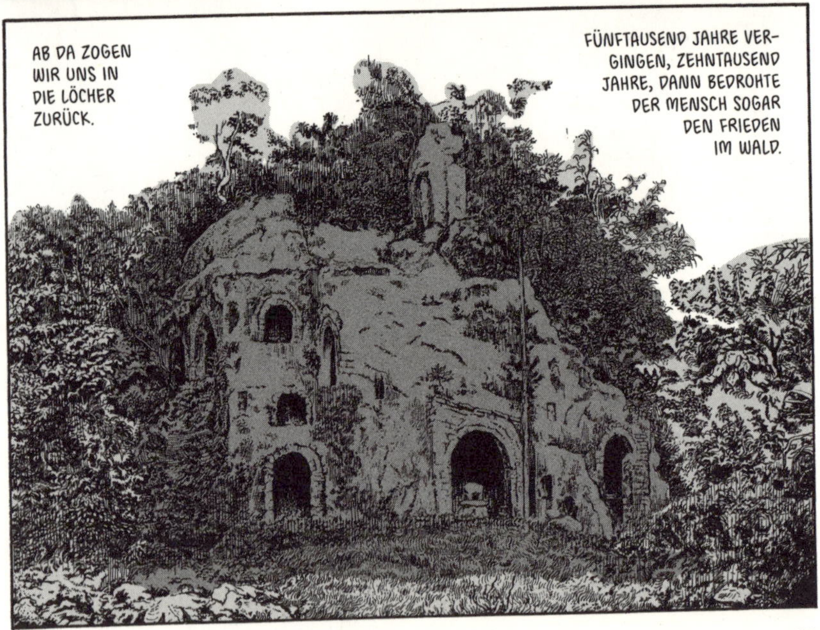
AB DA ZOGEN
WIR UNS IN
DIE LÖCHER
ZURÜCK.
FÜNFTAUSEND JAHRE VER-
GINGEN, ZEHNTAUSEND
JAHRE, DANN BEDROHTE
DER MENSCH SOGAR
DEN FRIEDEN
IM WALD.

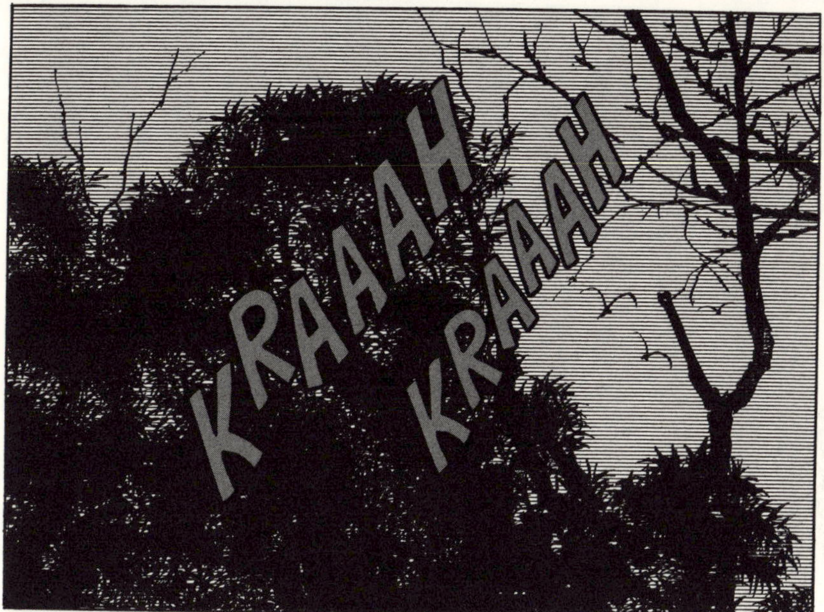

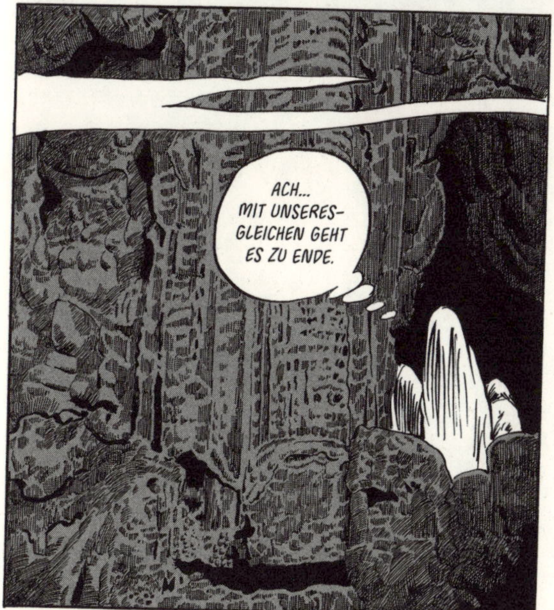

AUF DER SUCHE NACH SCHUTZ KROCH UNSER YOKAISTAMM IMMER TIEFER UND TIEFER IN DIE ERDE. WIR TATEN ES DEN MAULWÜRFEN GLEICH UND ERNÄHRTEN UNS LANGE ZEIT VON WÜRMERN UND ASSELN, BIS IRGENDWANN DAS GANZE ERDREICH LEER GEFEGT WAR. NACHDEM VIELE VON UNS VERHUNGERT WAREN, WAGTEN WIR UNS NACHTS, WENN DIE MENSCHEN SCHLIEFEN, WIEDER AUS DER TIEFE. DEM HUNGERTOD ENTKAMEN WIR MIT DEM ESSEN VON INSEKTEN UND FRÖSCHEN. VON UNSEREN GEFÄHRTEN IST NUN NIEMAND MEHR ÜBRIG, MEINE FRAU UND ICH SIND DIE LETZTEN ÜBERLEBENDEN UNSERES STAMMS.

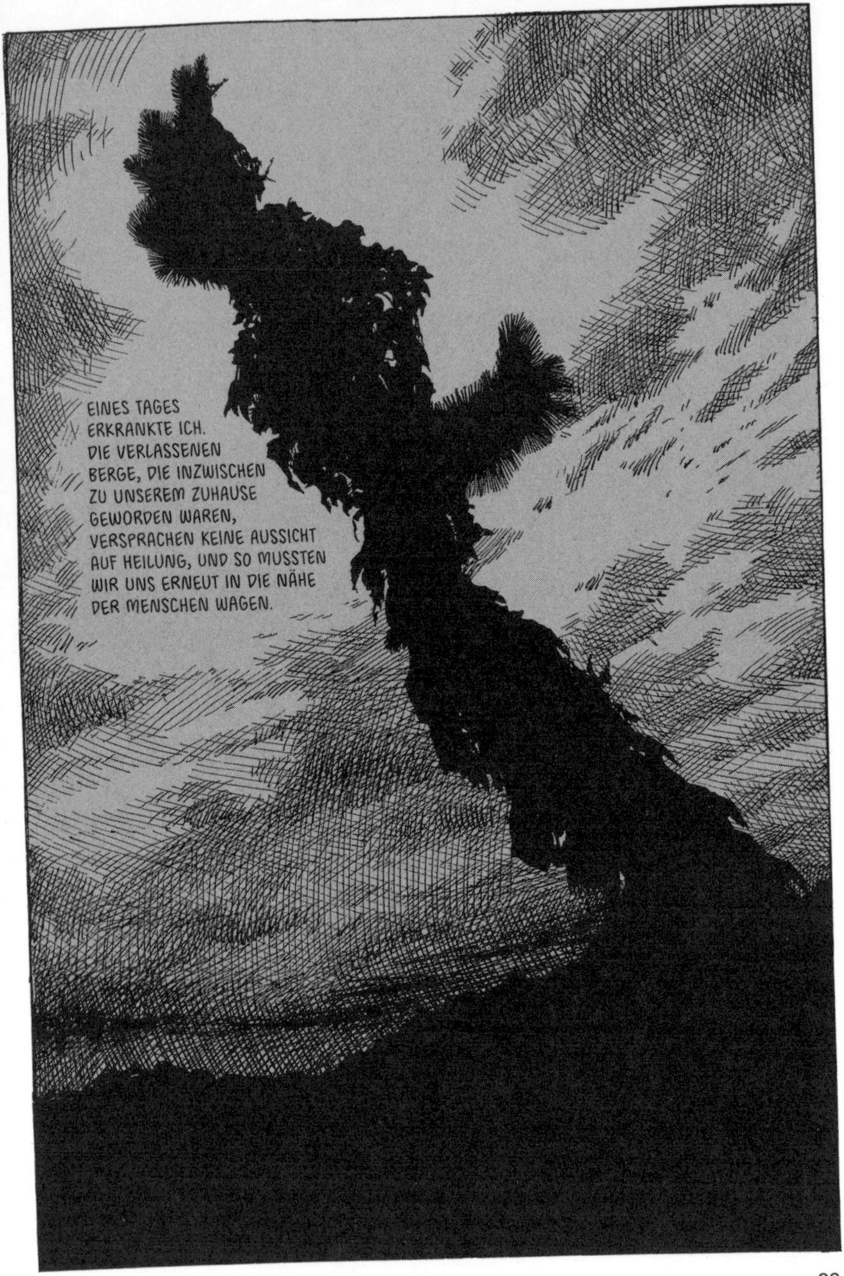
EINES TAGES ERKRANKTE ICH. DIE VERLASSENEN BERGE, DIE INZWISCHEN ZU UNSEREM ZUHAUSE GEWORDEN WAREN, VERSPRACHEN KEINE AUSSICHT AUF HEILUNG, UND SO MUSSTEN WIR UNS ERNEUT IN DIE NÄHE DER MENSCHEN WAGEN.

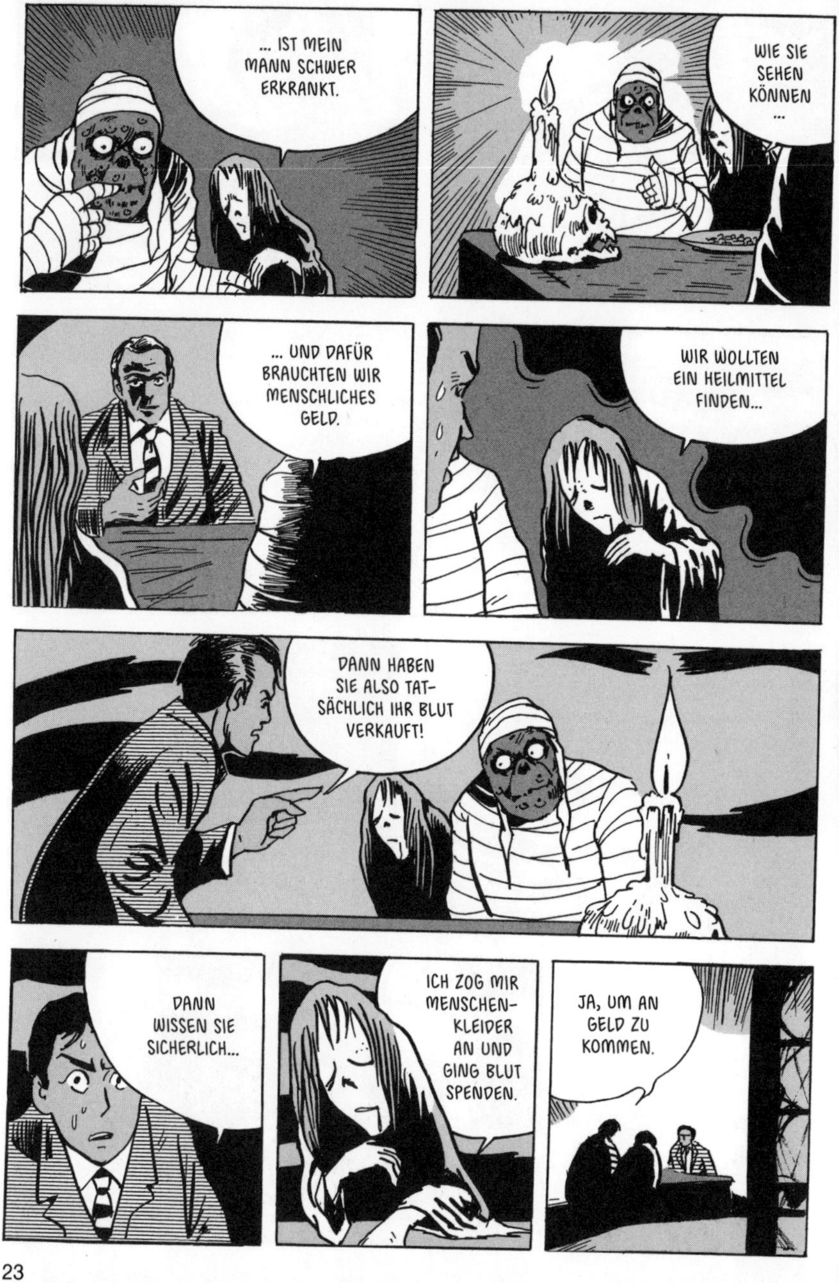
... IST MEIN MANN SCHWER ERKRANKT.
WIE SIE SEHEN KÖNNEN ...
... UND DAFÜR BRAUCHTEN WIR MENSCHLICHES GELD.
WIR WOLLTEN EIN HEILMITTEL FINDEN...
DANN HABEN SIE ALSO TAT-SÄCHLICH IHR BLUT VERKAUFT!
DANN WISSEN SIE SICHERLICH...
ICH ZOG MIR MENSCHEN-KLEIDER AN UND GING BLUT SPENDEN.
JA, UM AN GELD ZU KOMMEN.

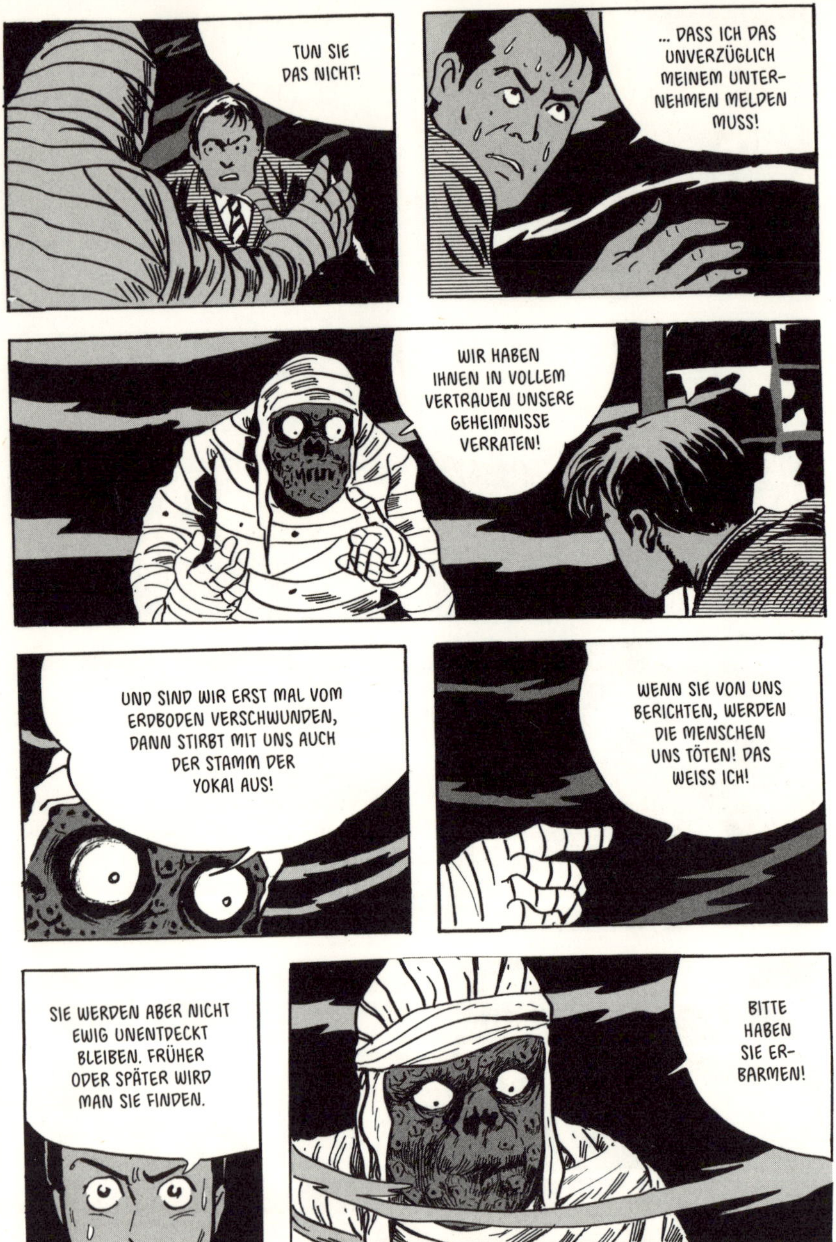
TUN SIE DAS NICHT!
... DASS ICH DAS UNVERZÜGLICH MEINEM UNTERNEHMEN MELDEN MUSS!
WIR HABEN IHNEN IN VOLLEM VERTRAUEN UNSERE GEHEIMNISSE VERRATEN!
UND SIND WIR ERST MAL VOM ERDBODEN VERSCHWUNDEN, DANN STIRBT MIT UNS AUCH DER STAMM DER YOKAI AUS!
WENN SIE VON UNS BERICHTEN, WERDEN DIE MENSCHEN UNS TÖTEN! DAS WEISS ICH!
SIE WERDEN ABER NICHT EWIG UNENTDECKT BLEIBEN. FRÜHER ODER SPÄTER WIRD MAN SIE FINDEN.
BITTE HABEN SIE ERBARMEN!

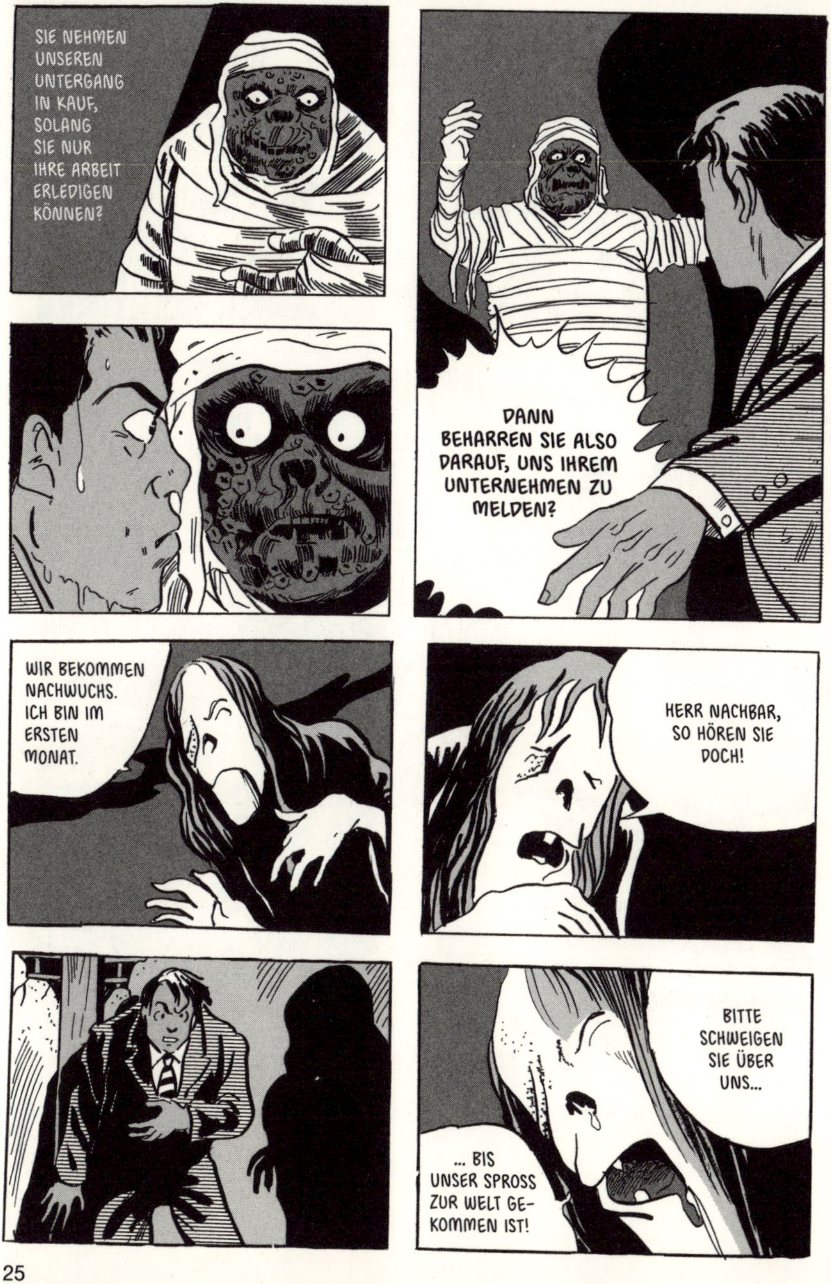
SIE NEHMEN UNSEREN UNTERGANG IN KAUF, SOLANG SIE NUR IHRE ARBEIT ERLEDIGEN KÖNNEN?
DANN BEHARREN SIE ALSO DARAUF, UNS IHREM UNTERNEHMEN ZU MELDEN?
WIR BEKOMMEN NACHWUCHS. ICH BIN IM ERSTEN MONAT.
HERR NACHBAR, SO HÖREN SIE DOCH!
BITTE SCHWEIGEN SIE ÜBER UNS...
... BIS UNSER SPROSS ZUR WELT GE-KOMMEN IST!

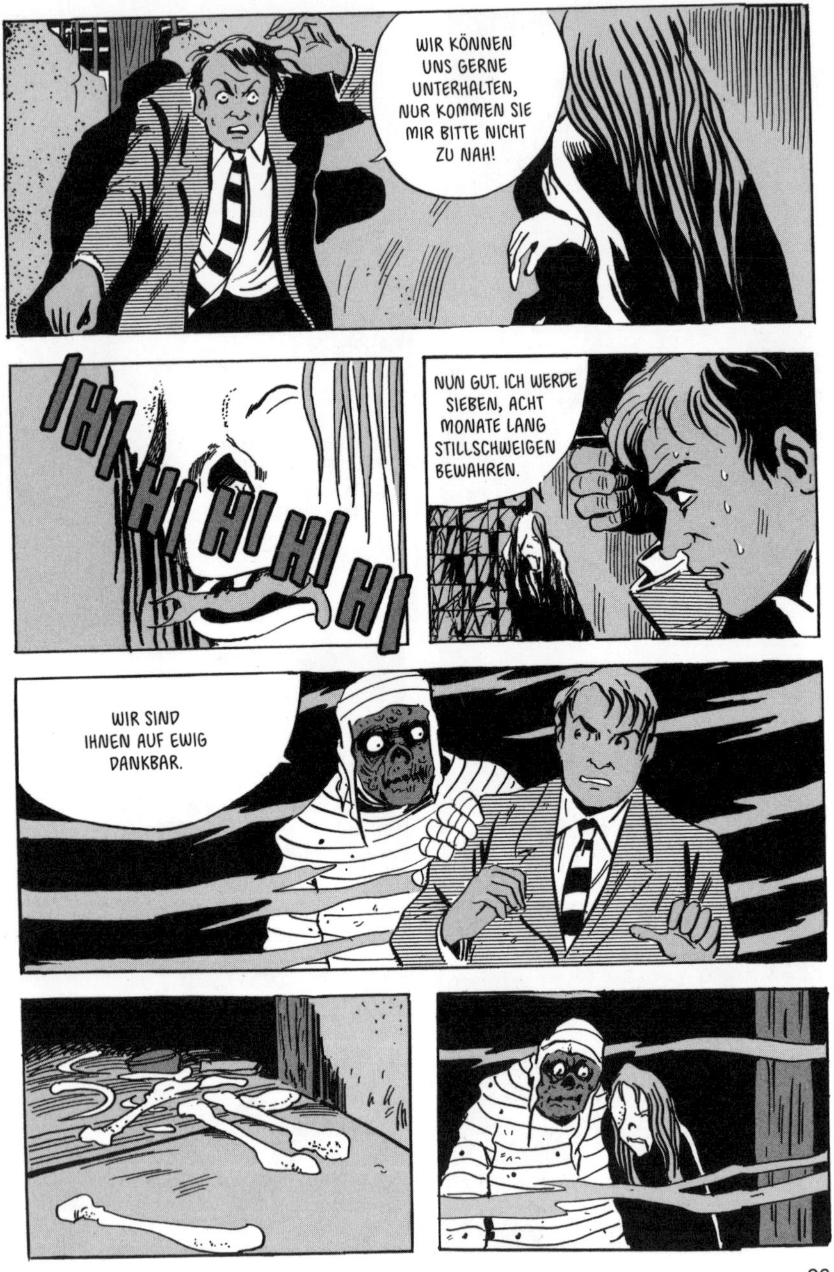

WIR KÖNNEN UNS GERNE UNTERHALTEN, NUR KOMMEN SIE MIR BITTE NICHT ZU NAH!
HI HI HI HI HI HI
NUN GUT. ICH WERDE SIEBEN, ACHT MONATE LANG STILLSCHWEIGEN BEWAHREN.
WIR SIND IHNEN AUF EWIG DANKBAR.

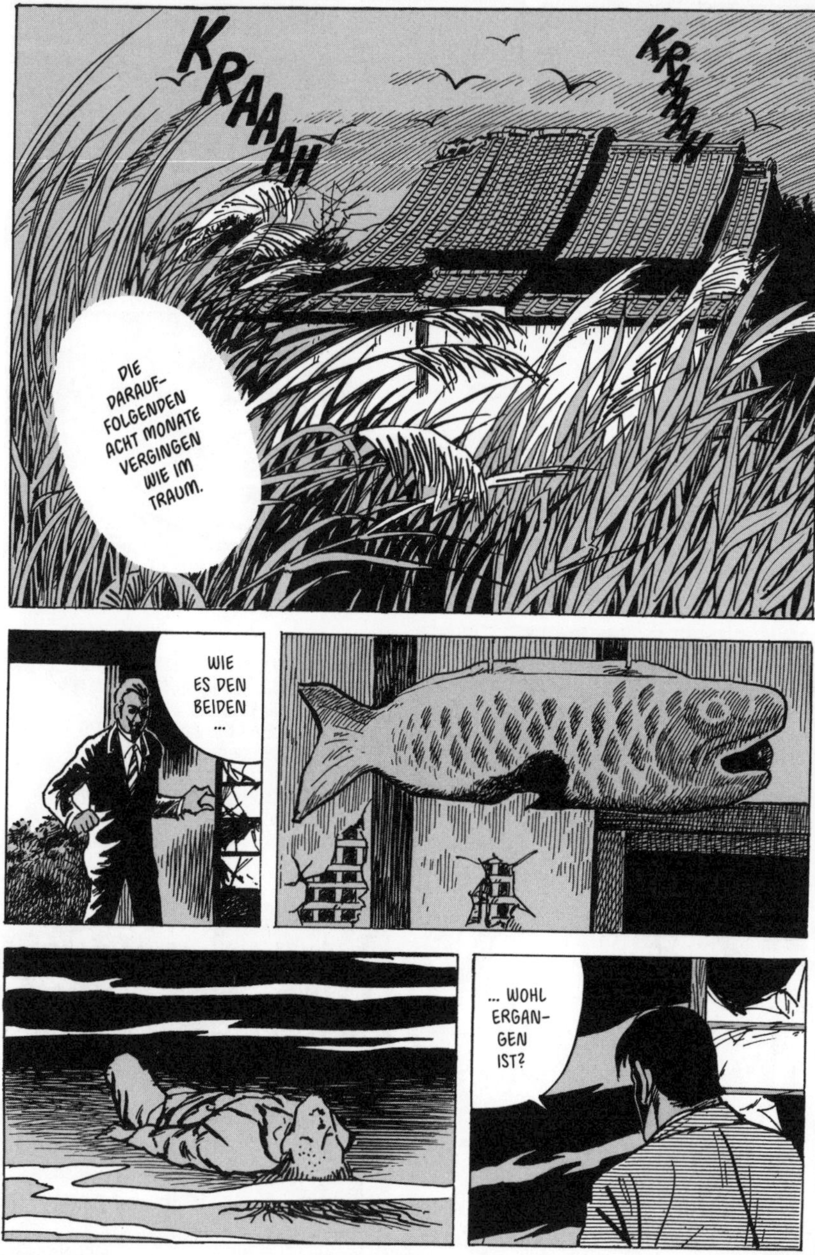
KRAAAAH
KRAAAAH
DIE DARAUF-FOLGENDEN ACHT MONATE VERGINGEN WIE IM TRAUM.
WIE ES DEN BEIDEN ...
... WOHL ERGANGEN IST?

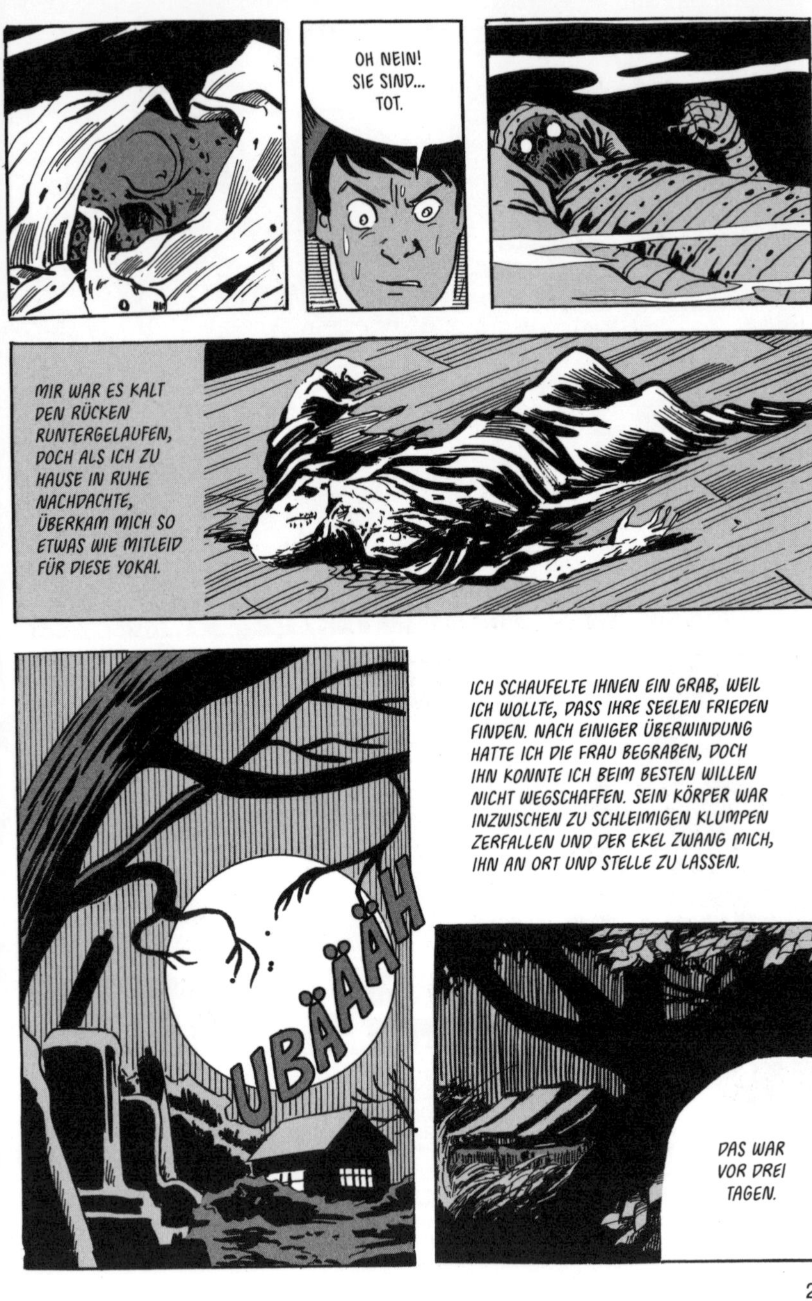
OH NEIN! SIE SIND... TOT.
MIR WAR ES KALT DEN RÜCKEN RUNTERGELAUFEN, DOCH ALS ICH ZU HAUSE IN RUHE NACHDACHTE, ÜBERKAM MICH SO ETWAS WIE MITLEID FÜR DIESE YOKAI.
ICH SCHAUFELTE IHNEN EIN GRAB, WEIL ICH WOLLTE, DASS IHRE SEELEN FRIEDEN FINDEN. NACH EINIGER ÜBERWINDUNG HATTE ICH DIE FRAU BEGRABEN, DOCH IHN KONNTE ICH BEIM BESTEN WILLEN NICHT WEGSCHAFFEN. SEIN KÖRPER WAR INZWISCHEN ZU SCHLEIMIGEN KLUMPEN ZERFALLEN UND DER EKEL ZWANG MICH, IHN AN ORT UND STELLE ZU LASSEN.
UBÄÄÄH
DAS WAR VOR DREI TAGEN.

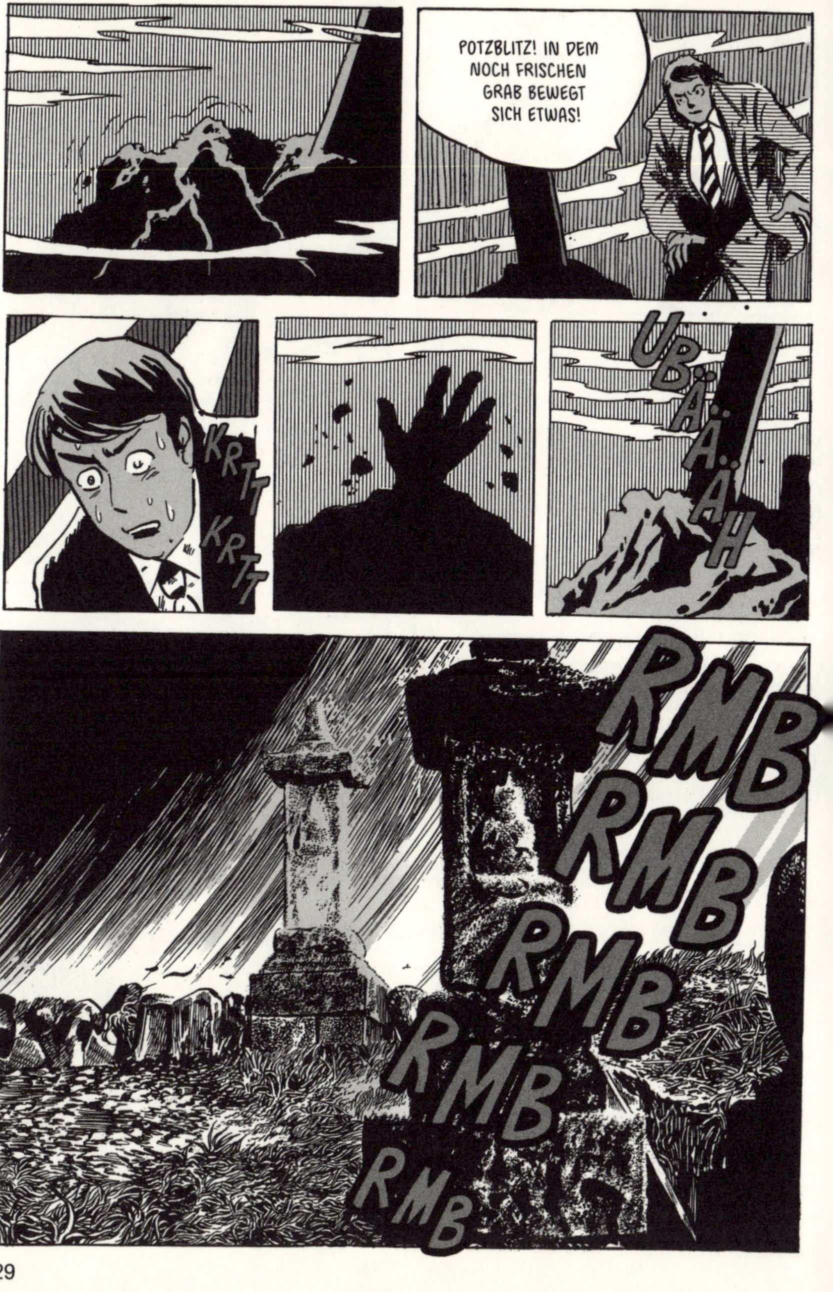

POTZBLITZ! IN DEM NOCH FRISCHEN GRAB BEWEGT SICH ETWAS!
KRTT KRTT
UBÄÄÄÄH
RMB RMB RMB RMB RMB

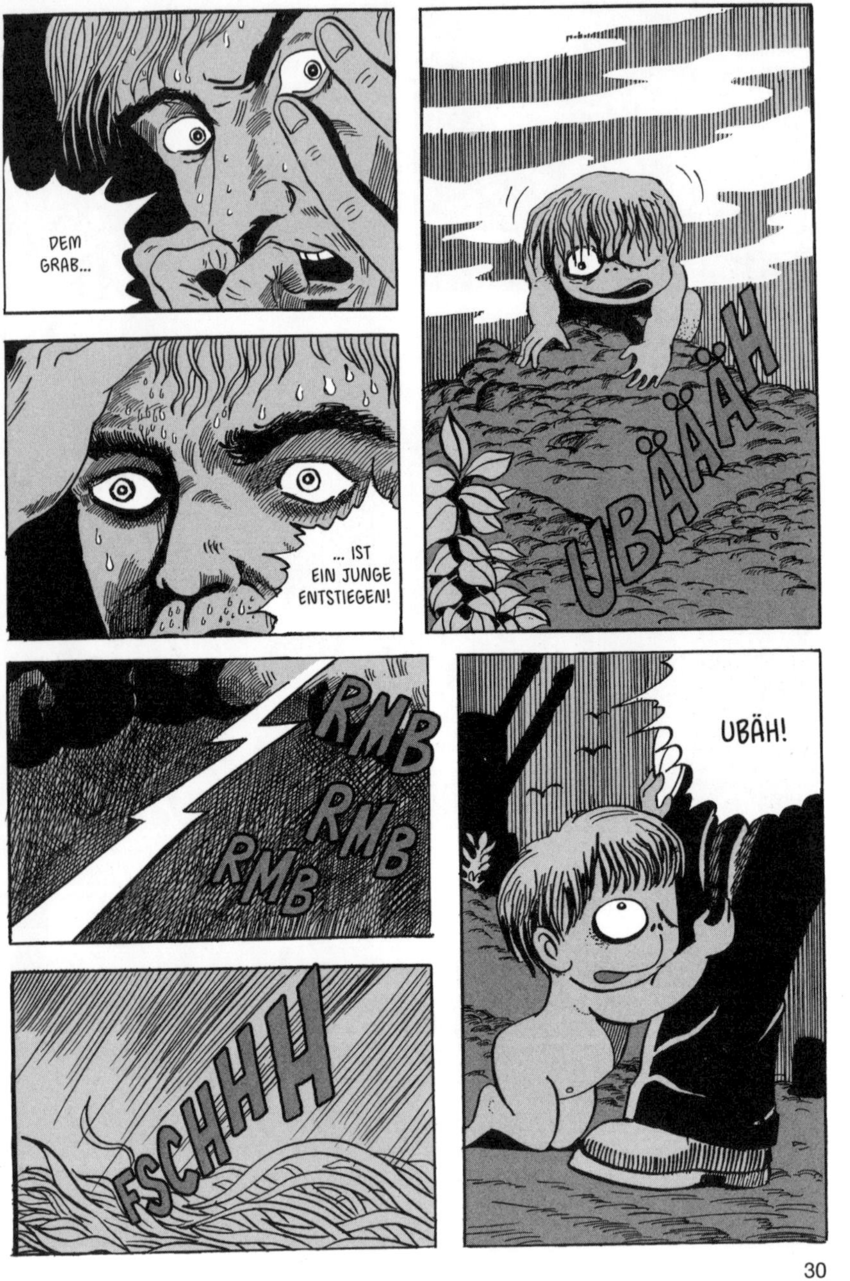
DEM GRAB...
... IST EIN JUNGE ENTSTIEGEN!
UBÄÄÄH
RMB
RMB
RMB
FSCHHH
UBÄH!

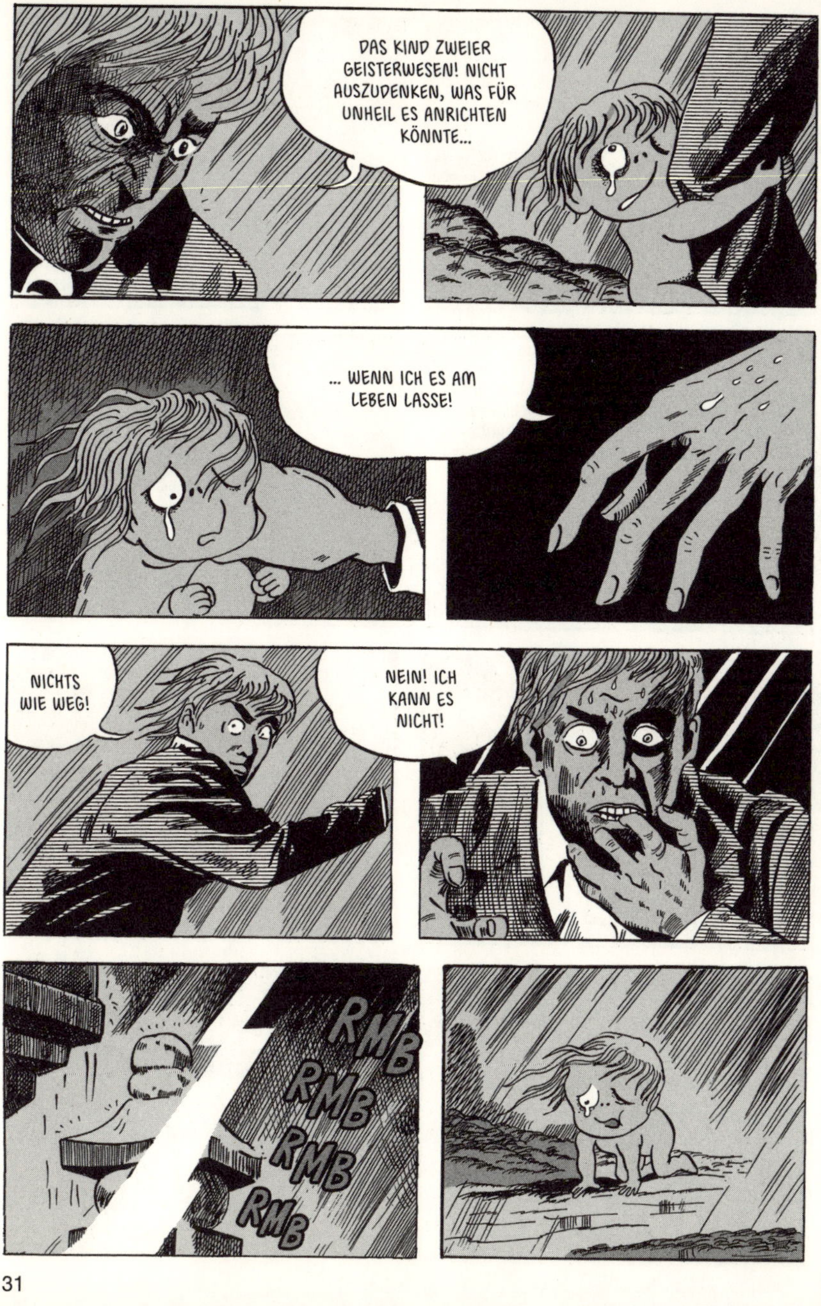
DAS KIND ZWEIER GEISTERWESEN! NICHT AUSZUDENKEN, WAS FÜR UNHEIL ES ANRICHTEN KÖNNTE...
... WENN ICH ES AM LEBEN LASSE!
NICHTS WIE WEG!
NEIN! ICH KANN ES NICHT!
RMB
RMB
RMB
RMB

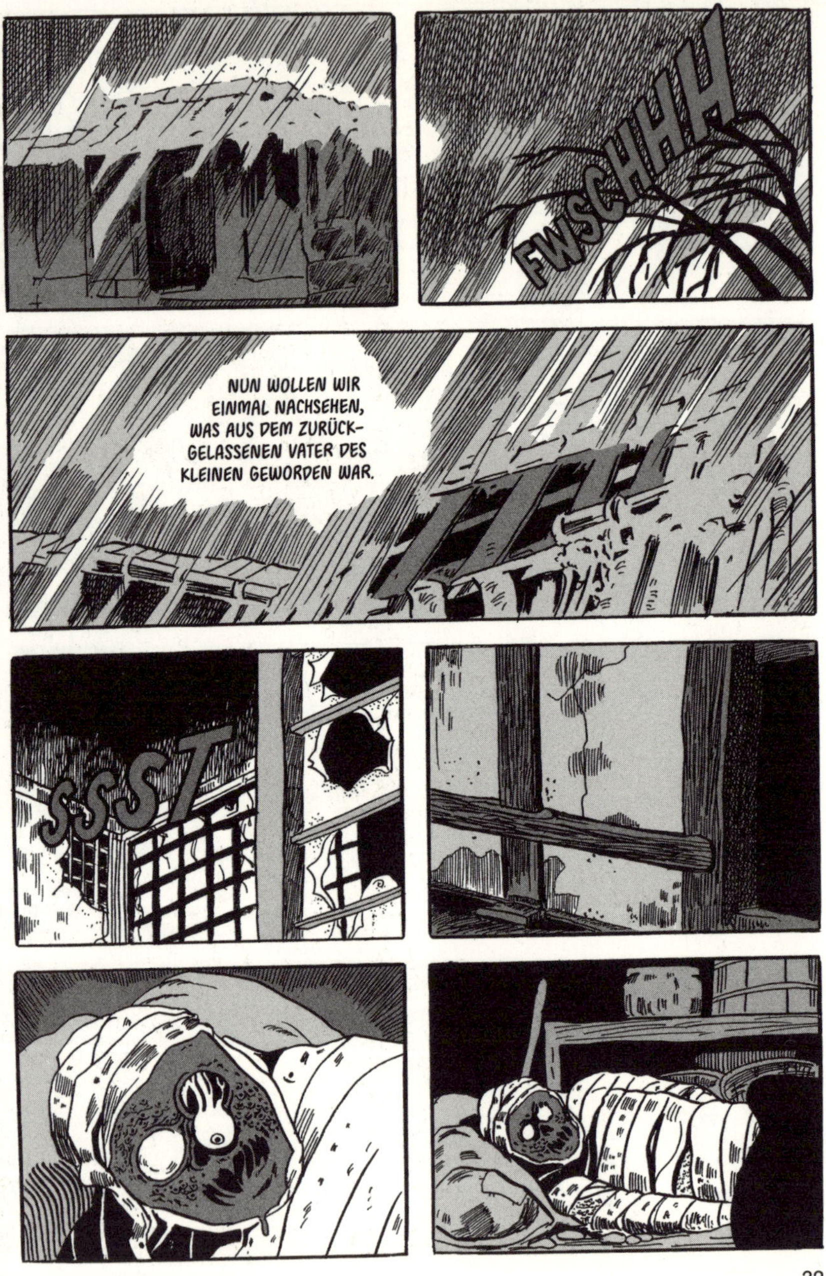
FWSCHHH
NUN WOLLEN WIR EINMAL NACHSEHEN, WAS AUS DEM ZURÜCK-GELASSENEN VATER DES KLEINEN GEWORDEN WAR.
SSST

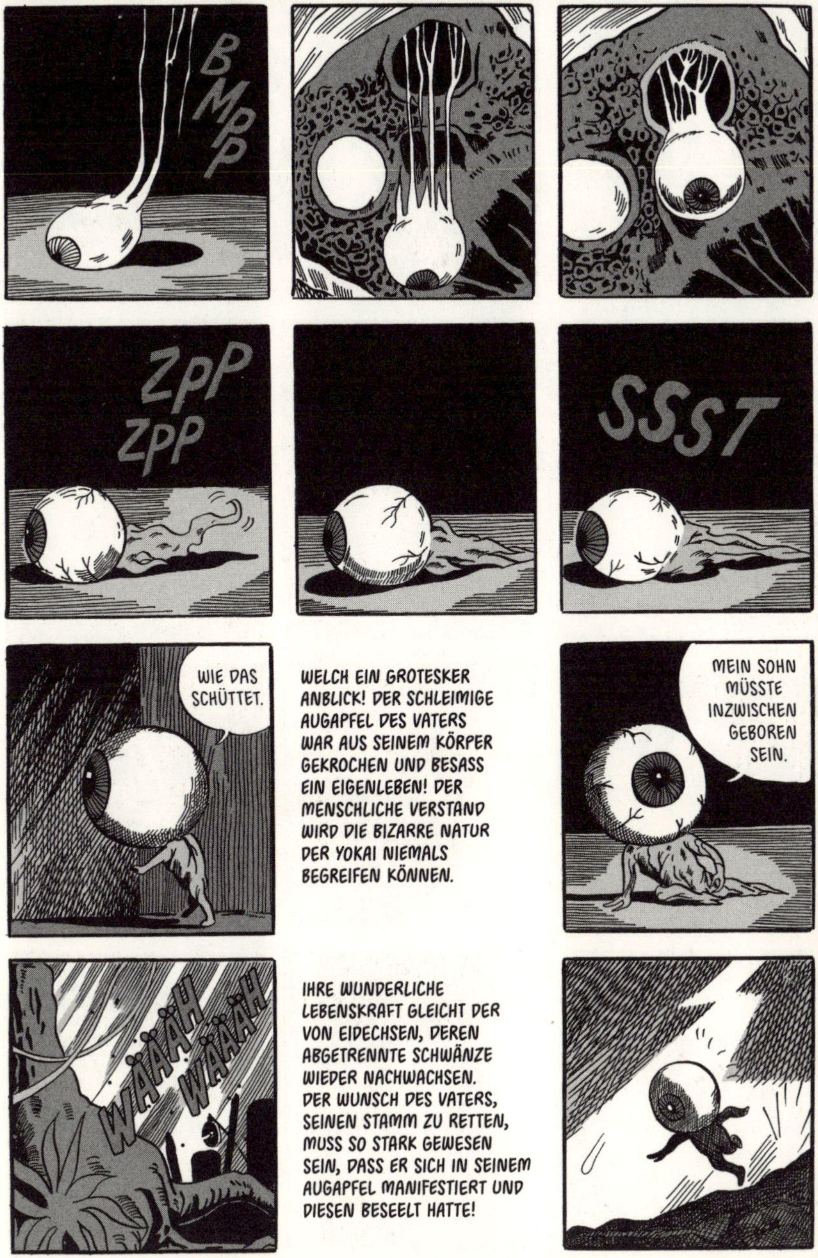
BMPP
ZPP
ZPP
SSST
WIE DAS SCHÜTTET.
WELCH EIN GROTESKER ANBLICK! DER SCHLEIMIGE AUGAPFEL DES VATERS WAR AUS SEINEM KÖRPER GEKROCHEN UND BESASS EIN EIGENLEBEN! DER MENSCHLICHE VERSTAND WIRD DIE BIZARRE NATUR DER YOKAI NIEMALS BEGREIFEN KÖNNEN.
MEIN SOHN MÜSSTE INZWISCHEN GEBOREN SEIN.
WÄÄÄH
WÄÄÄH
IHRE WUNDERLICHE LEBENSKRAFT GLEICHT DER VON EIDECHSEN, DEREN ABGETRENNTE SCHWÄNZE WIEDER NACHWACHSEN. DER WUNSCH DES VATERS, SEINEN STAMM ZU RETTEN, MUSS SO STARK GEWESEN SEIN, DASS ER SICH IN SEINEM AUGAPFEL MANIFESTIERT UND DIESEN BESEELT HATTE!

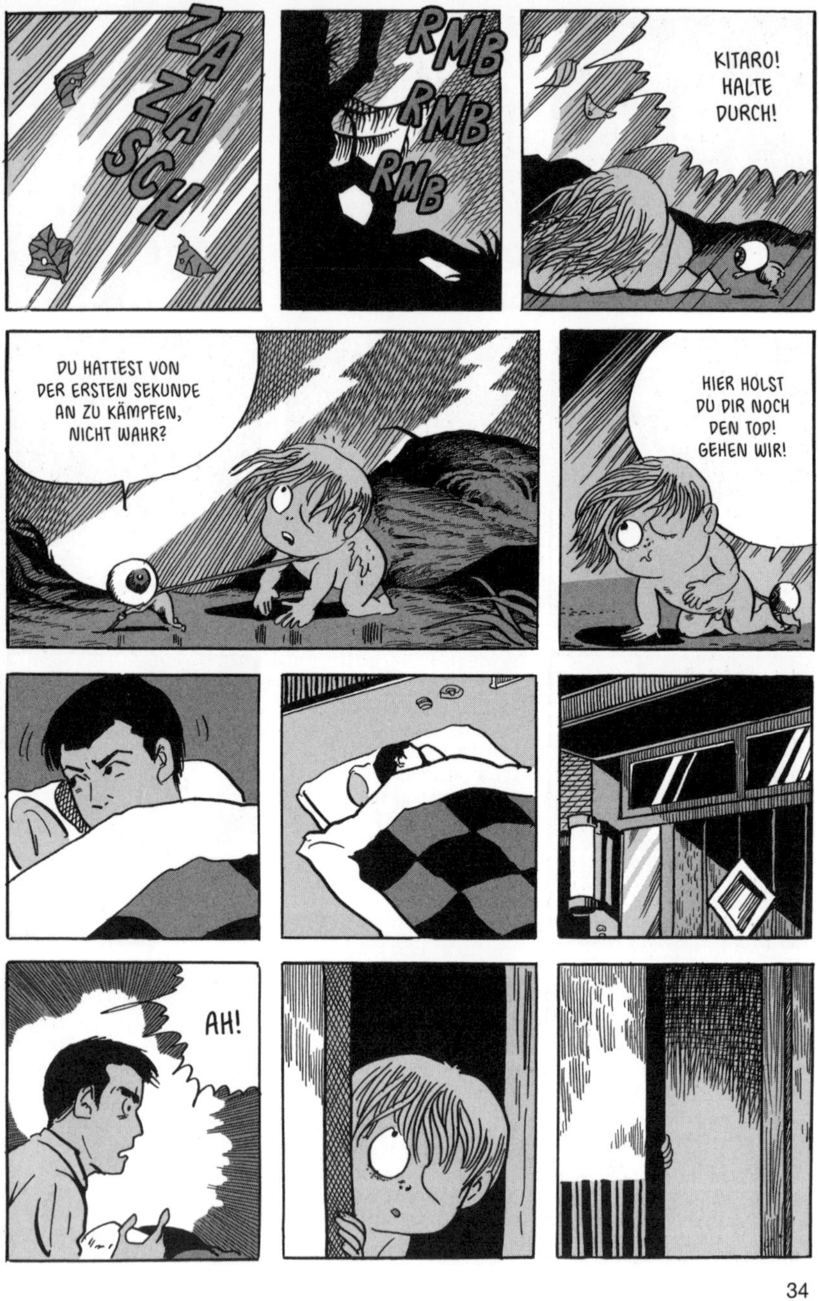
ZAZASCH
RMB RMB RMB
KITARO! HALTE DURCH!
DU HATTEST VON DER ERSTEN SEKUNDE AN ZU KÄMPFEN, NICHT WAHR?
HIER HOLST DU DIR NOCH DEN TOD! GEHEN WIR!
AH!

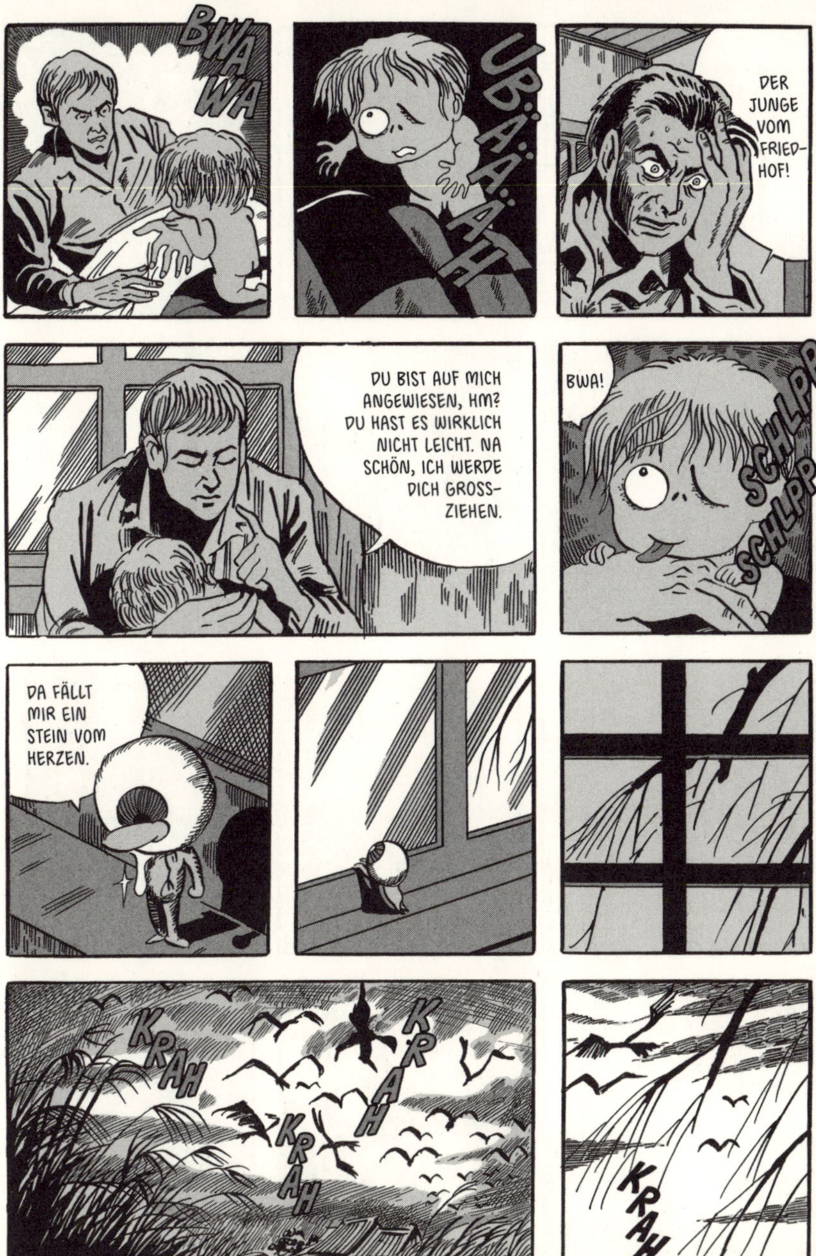
BWA WA
UBÄÄÄÄH
DER JUNGE VOM FRIED-HOF!
DU BIST AUF MICH ANGEWIESEN, HM? DU HAST ES WIRKLICH NICHT LEICHT. NA SCHÖN, ICH WERDE DICH GROSS-ZIEHEN.
BWA!
SCHLPP SCHLPP
DA FÄLLT MIR EIN STEIN VOM HERZEN.
KRAH
KRAH
KRAH
KRAH

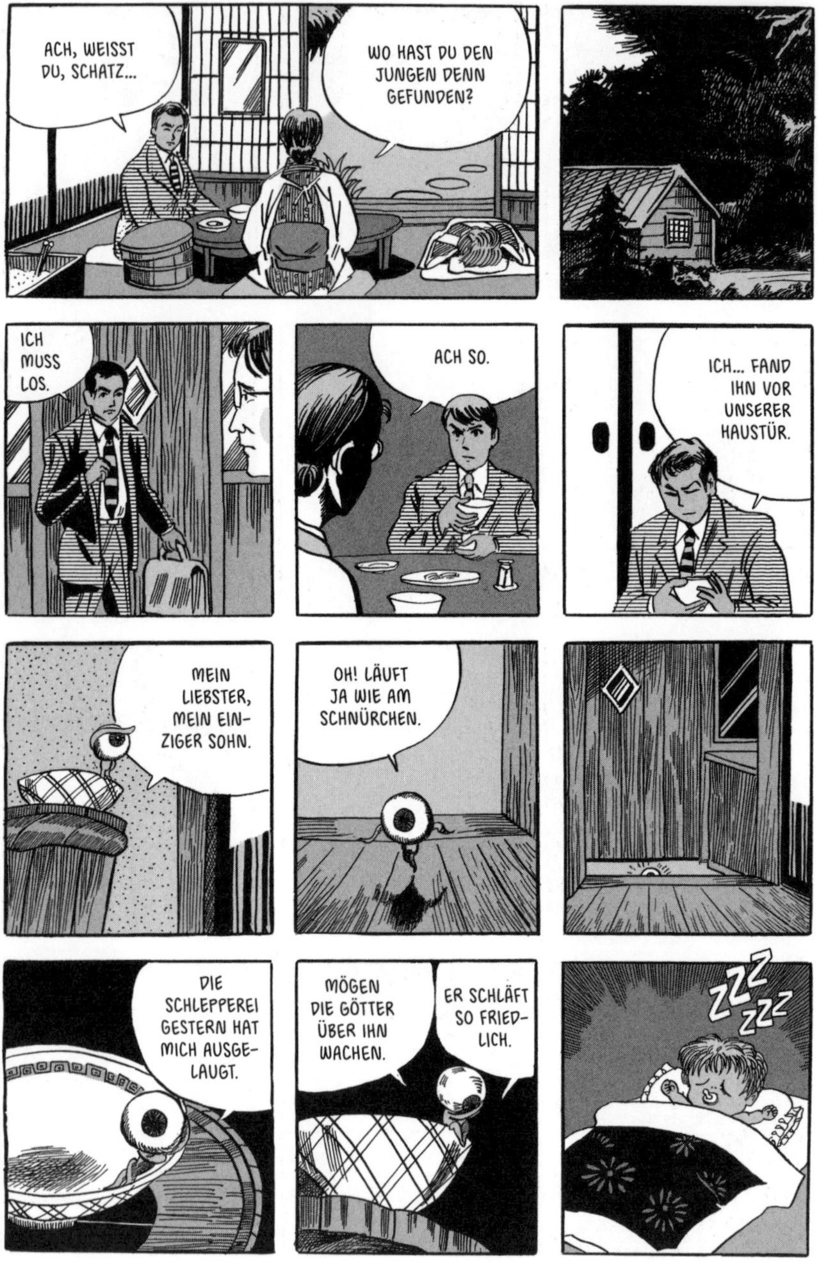
ACH, WEISST DU, SCHATZ...
WO HAST DU DEN JUNGEN DENN GEFUNDEN?
ICH MUSS LOS.
ACH SO.
ICH... FAND IHN VOR UNSERER HAUSTÜR.
MEIN LIEBSTER, MEIN EINZIGER SOHN.
OH! LÄUFT JA WIE AM SCHNÜRCHEN.
DIE SCHLEPPEREI GESTERN HAT MICH AUSGELAUGT.
MÖGEN DIE GÖTTER ÜBER IHN WACHEN.
ER SCHLÄFT SO FRIEDLICH.
ZZZ ZZZ

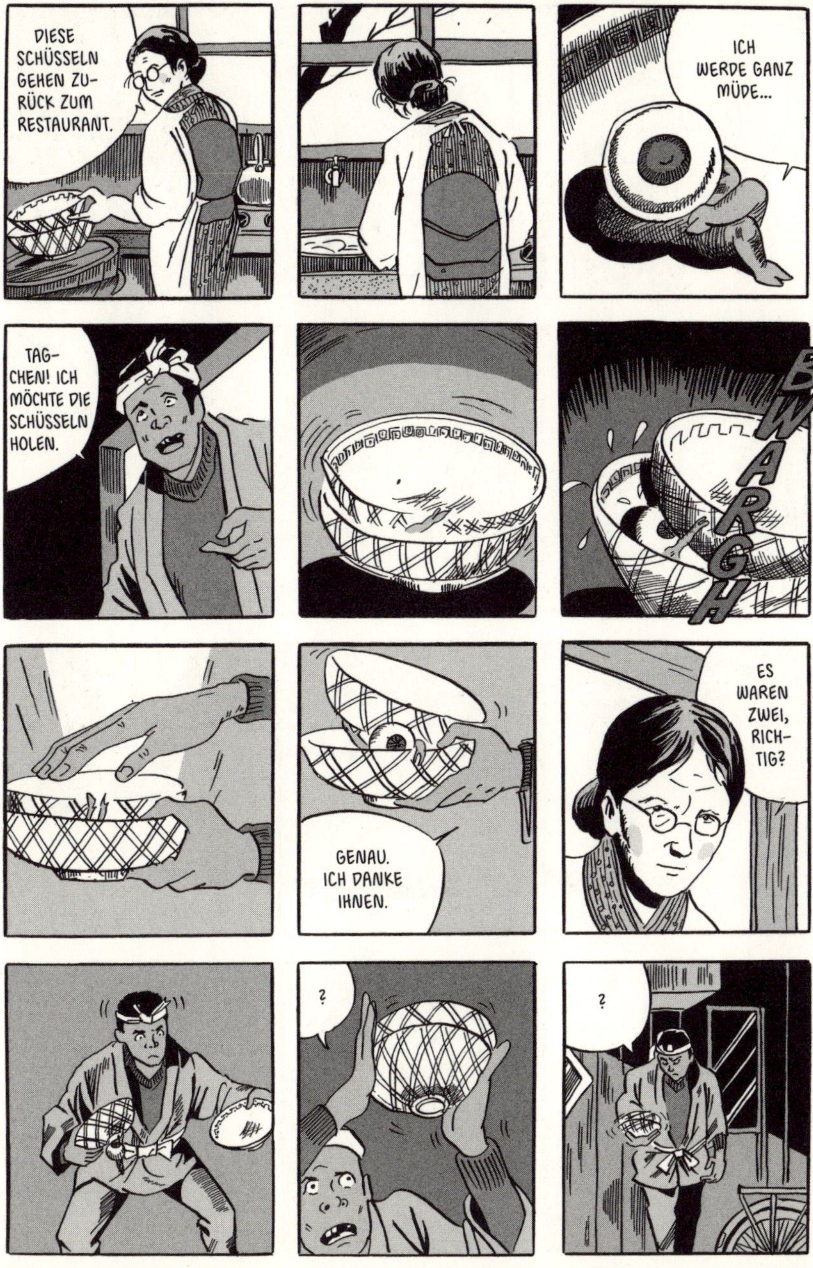
DIESE SCHÜSSELN GEHEN ZURÜCK ZUM RESTAURANT.
ICH WERDE GANZ MÜDE...
TAGCHEN! ICH MÖCHTE DIE SCHÜSSELN HOLEN.
BWARGH
GENAU. ICH DANKE IHNEN.
ES WAREN ZWEI, RICHTIG?
?
?

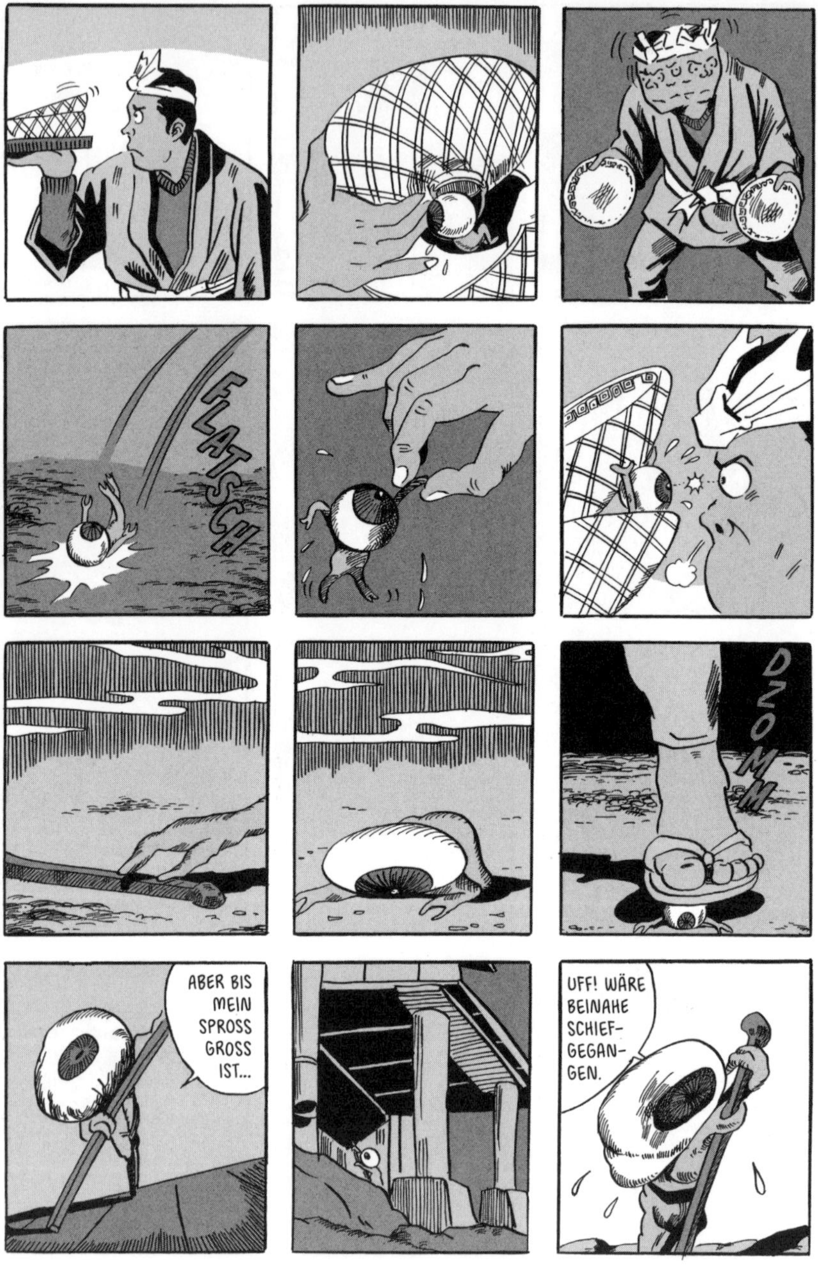
FLATSCH
DZOMM
ABER BIS MEIN SPROSS GROSS IST...
UFF! WÄRE BEINAHE SCHIEF-GEGAN-GEN.

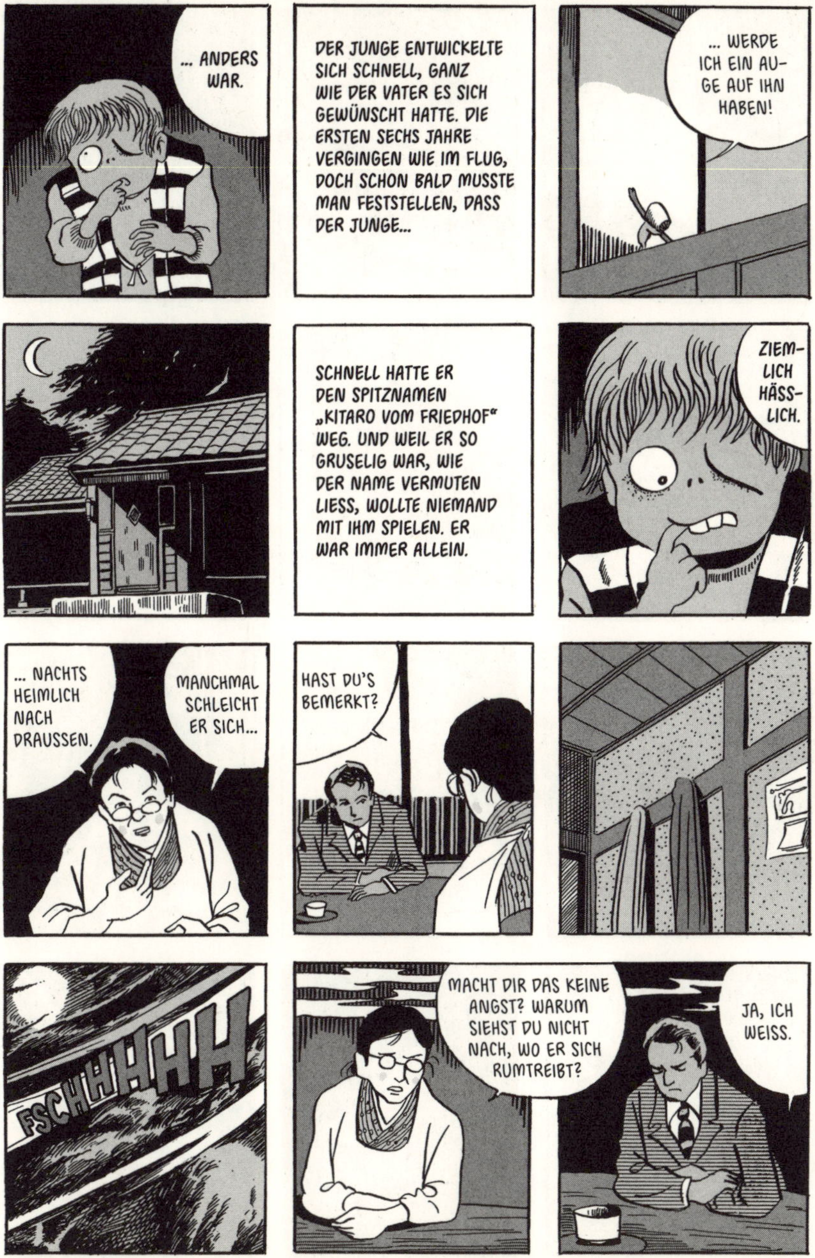
... ANDERS WAR.
DER JUNGE ENTWICKELTE SICH SCHNELL, GANZ WIE DER VATER ES SICH GEWÜNSCHT HATTE. DIE ERSTEN SECHS JAHRE VERGINGEN WIE IM FLUG, DOCH SCHON BALD MUSSTE MAN FESTSTELLEN, DASS DER JUNGE...
... WERDE ICH EIN AUGE AUF IHN HABEN!
SCHNELL HATTE ER DEN SPITZNAMEN „KITARO VOM FRIEDHOF" WEG. UND WEIL ER SO GRUSELIG WAR, WIE DER NAME VERMUTEN LIESS, WOLLTE NIEMAND MIT IHM SPIELEN. ER WAR IMMER ALLEIN.
ZIEMLICH HÄSSLICH.
MANCHMAL SCHLEICHT ER SICH...
... NACHTS HEIMLICH NACH DRAUSSEN.
HAST DU'S BEMERKT?
FSCHHHHHH
JA, ICH WEISS.
MACHT DIR DAS KEINE ANGST? WARUM SIEHST DU NICHT NACH, WO ER SICH RUMTREIBT?

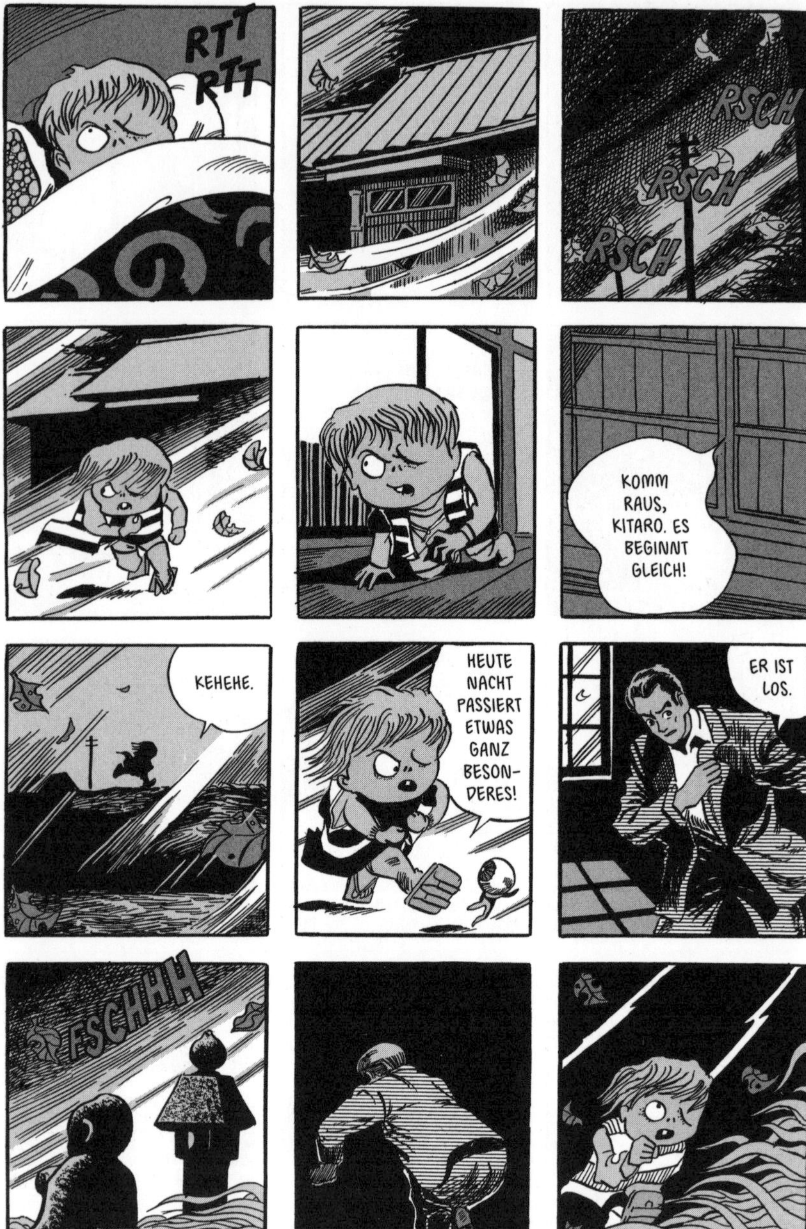
RTT RTT
RSCH
RSCH
RSCH
KOMM RAUS, KITARO. ES BEGINNT GLEICH!
KEHEHE.
HEUTE NACHT PASSIERT ETWAS GANZ BESON-DERES!
ER IST LOS.
FSCHHH

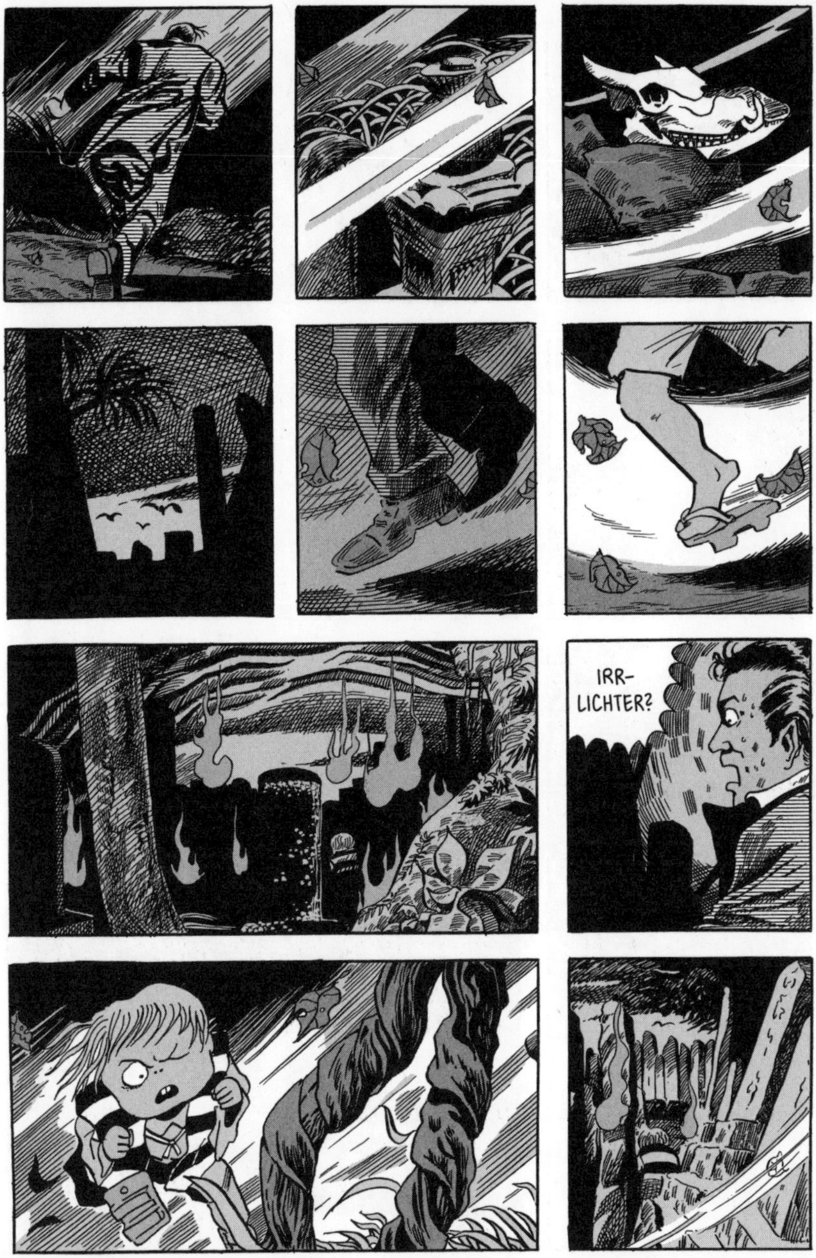
IRR-
LICHTER?

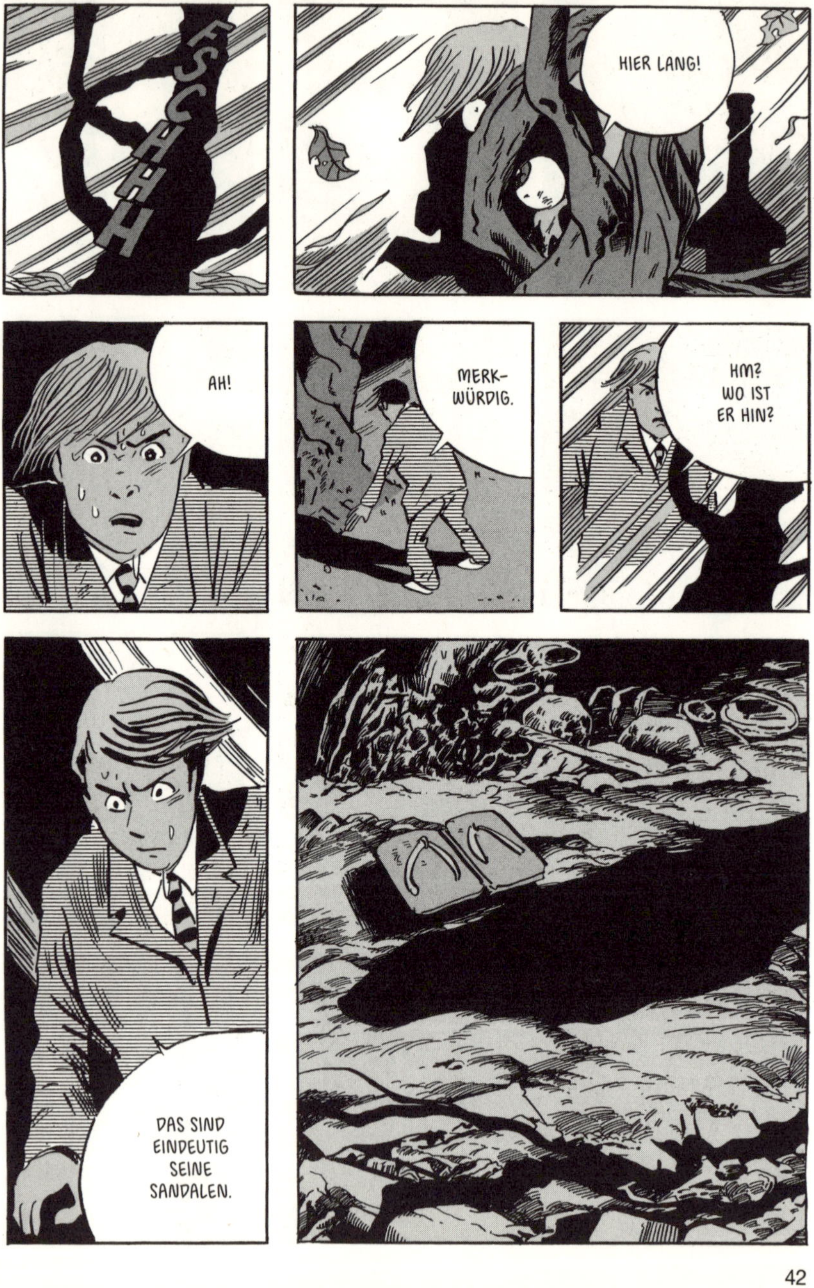
FSCHHHH
HIER LANG!
AH!
MERK-WÜRDIG.
HM? WO IST ER HIN?
DAS SIND EINDEUTIG SEINE SANDALEN.

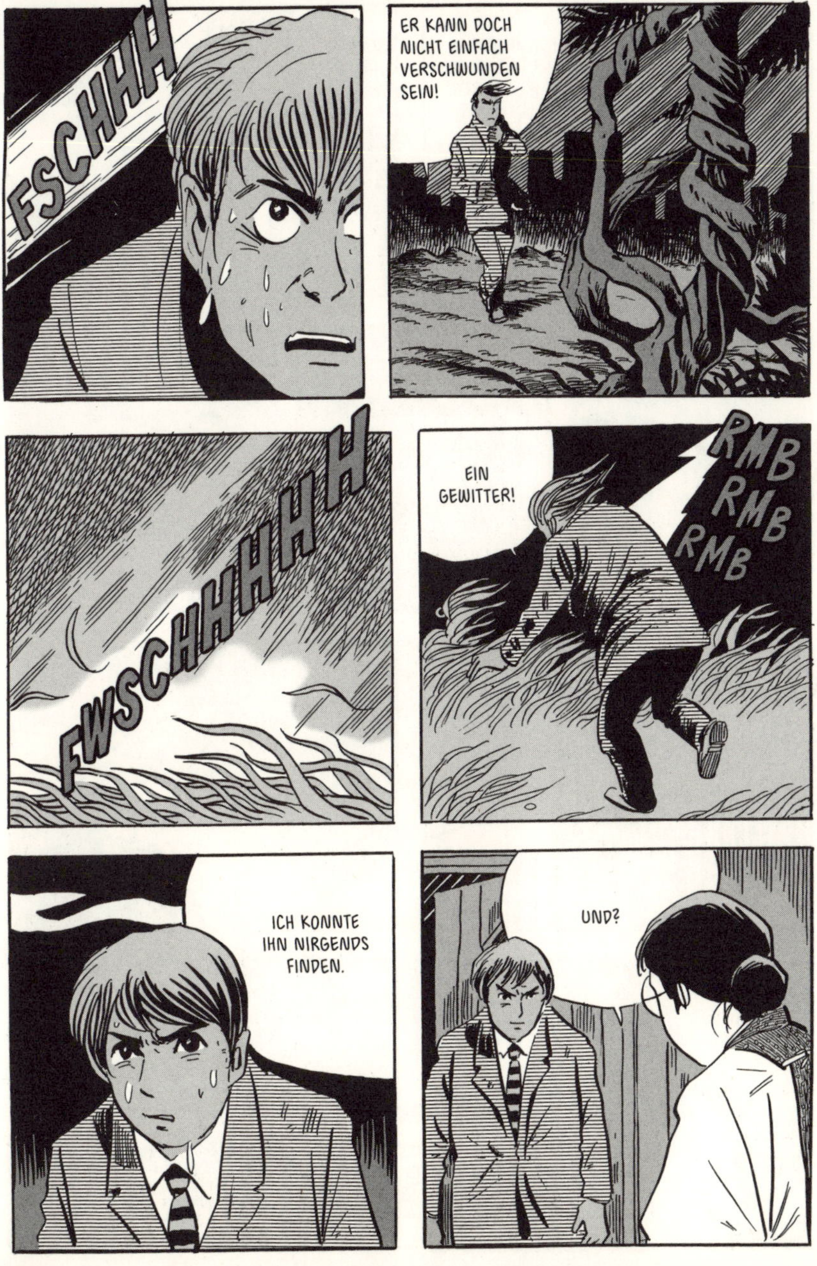
FSCHHH
ER KANN DOCH NICHT EINFACH VERSCHWUNDEN SEIN!
FWSCHHHHHH
EIN GEWITTER!
RMB RMB RMB
ICH KONNTE IHN NIRGENDS FINDEN.
UND?

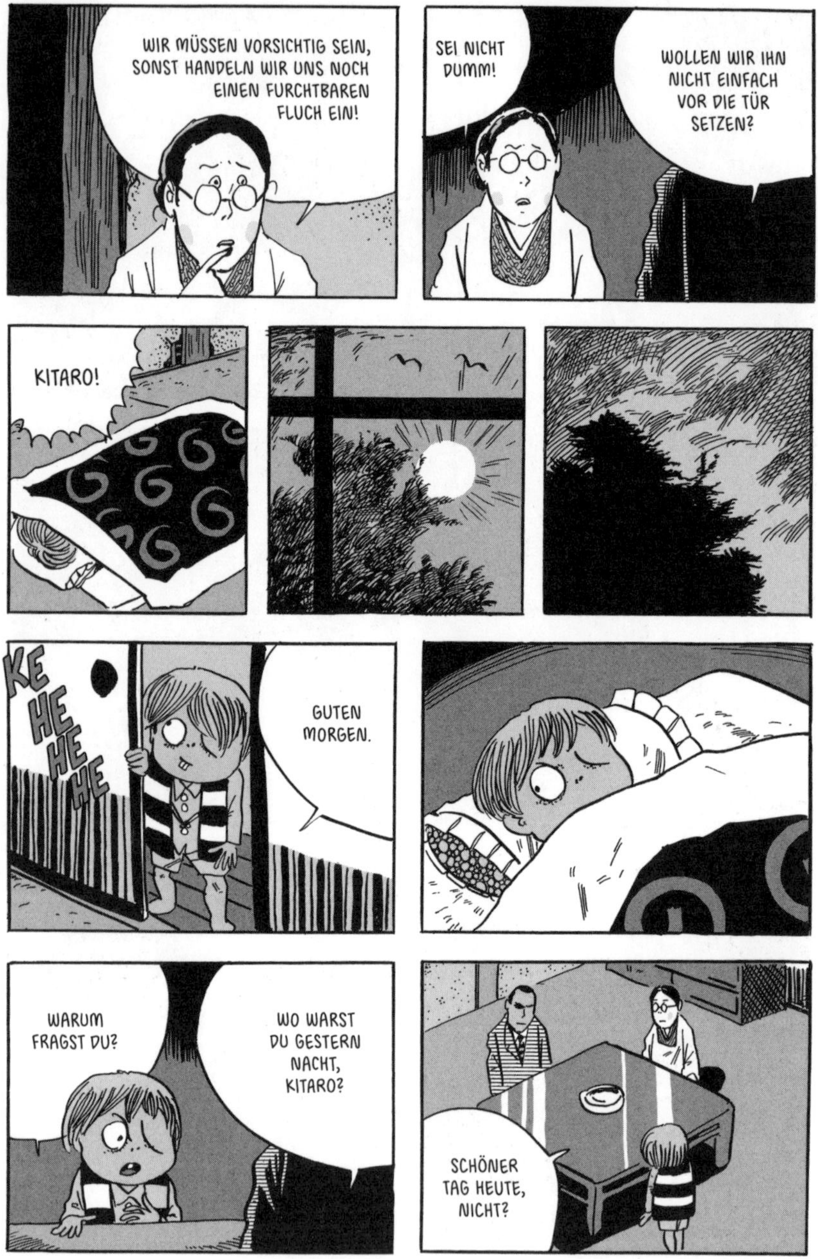
WIR MÜSSEN VORSICHTIG SEIN, SONST HANDELN WIR UNS NOCH EINEN FURCHTBAREN FLUCH EIN!
SEI NICHT DUMM!
WOLLEN WIR IHN NICHT EINFACH VOR DIE TÜR SETZEN?
KITARO!
KE HE HE HE
GUTEN MORGEN.
WARUM FRAGST DU?
WO WARST DU GESTERN NACHT, KITARO?
SCHÖNER TAG HEUTE, NICHT?

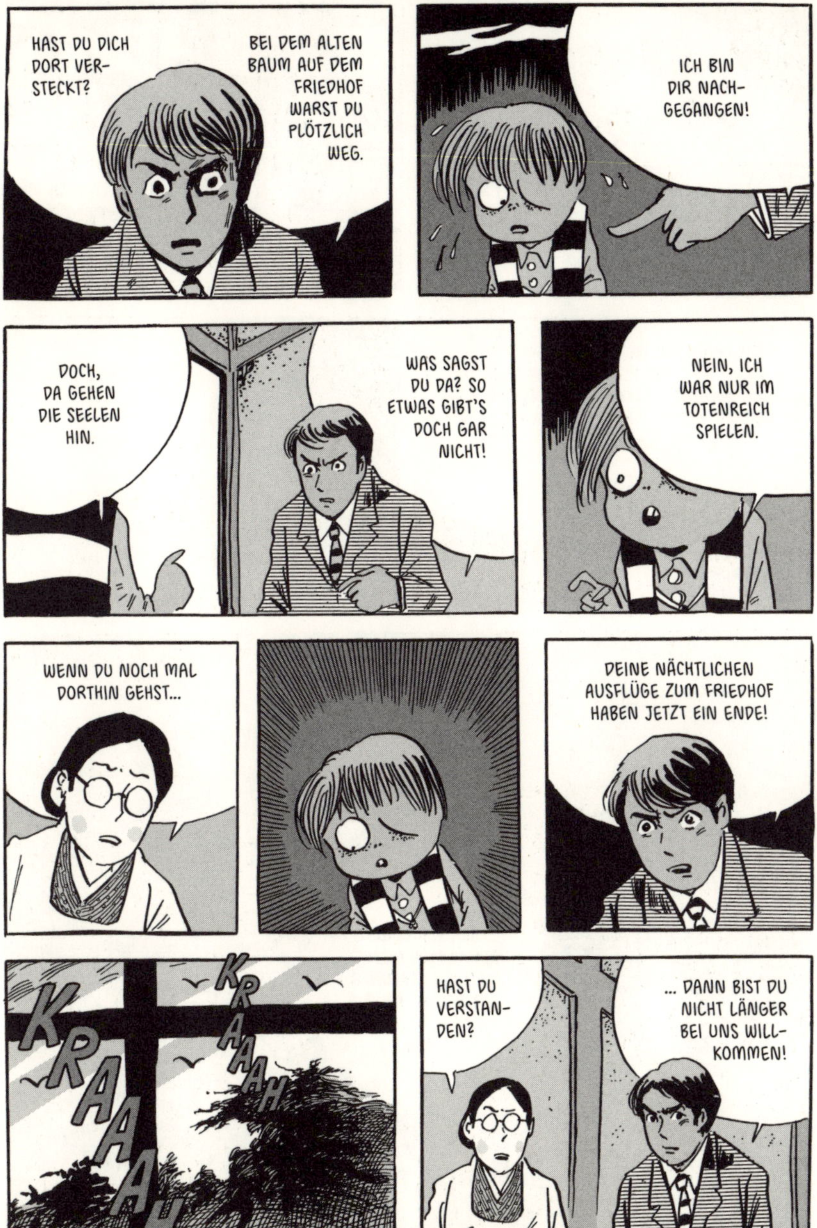

HAST DU DICH DORT VERSTECKT?
BEI DEM ALTEN BAUM AUF DEM FRIEDHOF WARST DU PLÖTZLICH WEG.
ICH BIN DIR NACHGEGANGEN!
DOCH, DA GEHEN DIE SEELEN HIN.
WAS SAGST DU DA? SO ETWAS GIBT'S DOCH GAR NICHT!
NEIN, ICH WAR NUR IM TOTENREICH SPIELEN.
WENN DU NOCH MAL DORTHIN GEHST...
DEINE NÄCHTLICHEN AUSFLÜGE ZUM FRIEDHOF HABEN JETZT EIN ENDE!
KRAAAAAH
KRAAAAH
HAST DU VERSTANDEN?
... DANN BIST DU NICHT LÄNGER BEI UNS WILLKOMMEN!

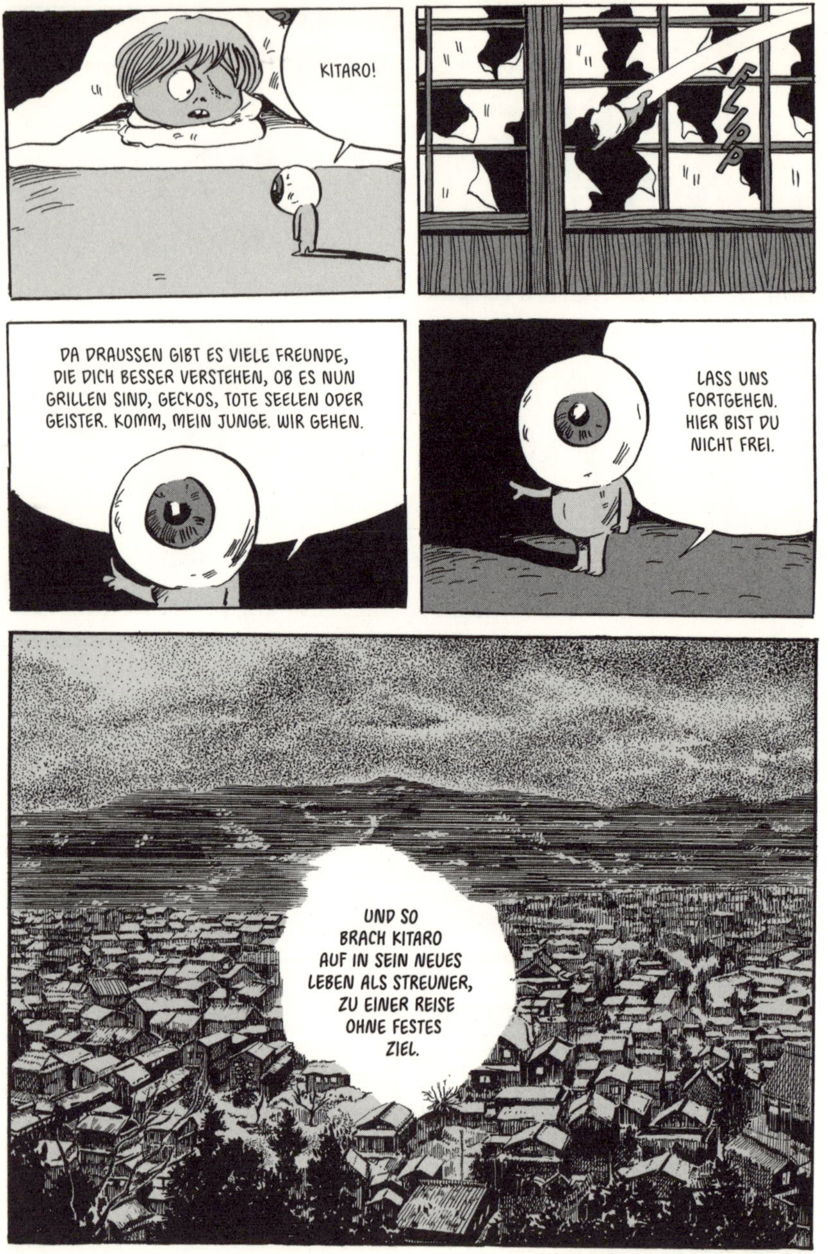
KITARO!
FLIPP
DA DRAUSSEN GIBT ES VIELE FREUNDE, DIE DICH BESSER VERSTEHEN, OB ES NUN GRILLEN SIND, GECKOS, TOTE SEELEN ODER GEISTER. KOMM, MEIN JUNGE. WIR GEHEN.
LASS UNS FORTGEHEN. HIER BIST DU NICHT FREI.
UND SO BRACH KITARO AUF IN SEIN NEUES LEBEN ALS STREUNER, ZU EINER REISE OHNE FESTES ZIEL.

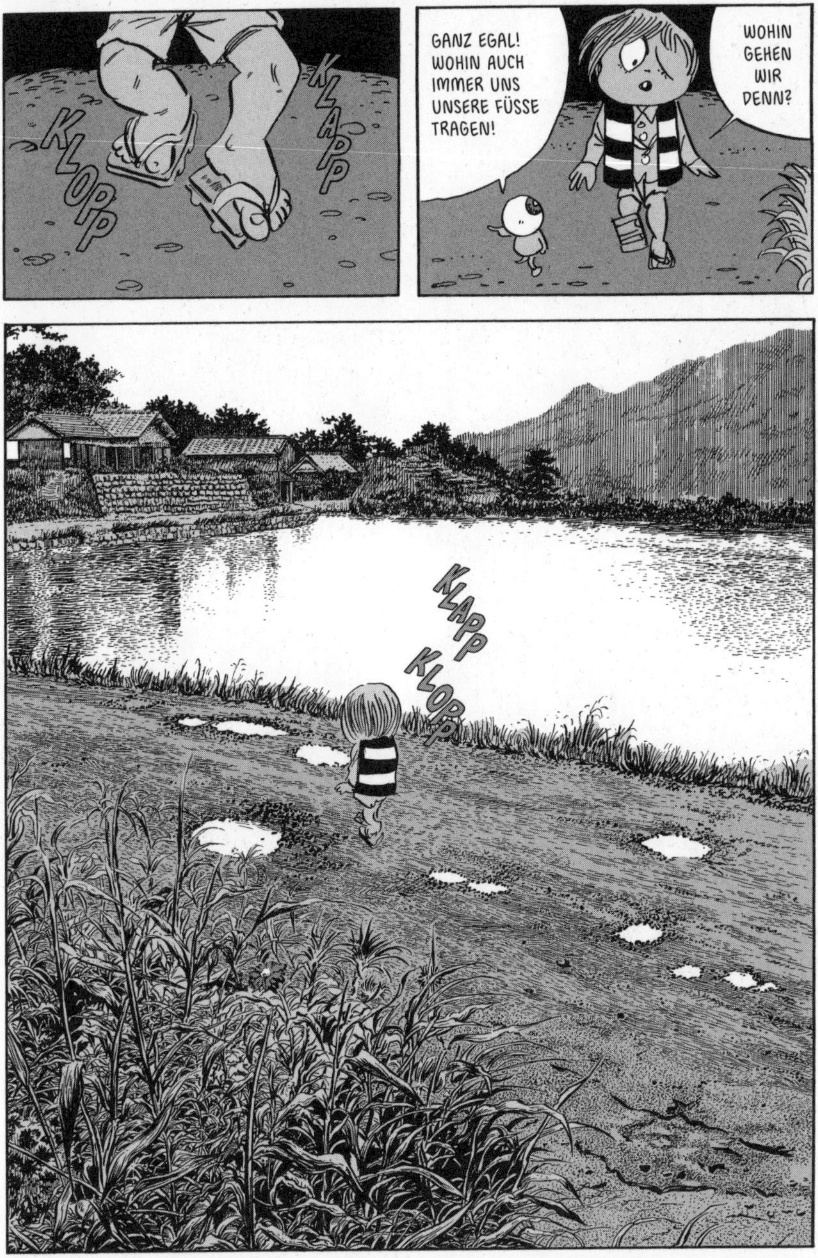
WOHIN GEHEN WIR DENN?
GANZ EGAL! WOHIN AUCH IMMER UNS UNSERE FÜSSE TRAGEN!
KLAPP
KLOPP
KLAPP
KLOPP

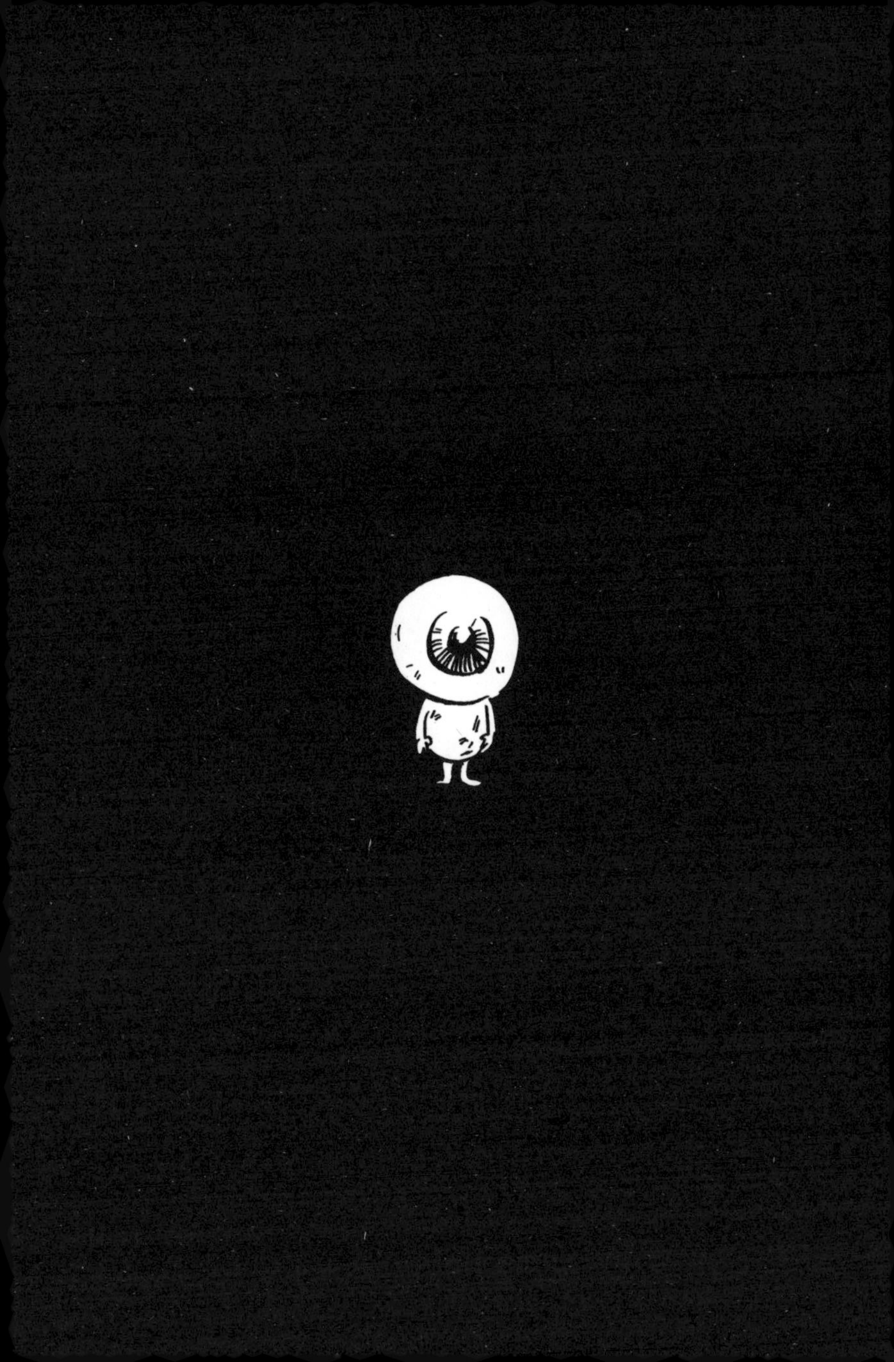

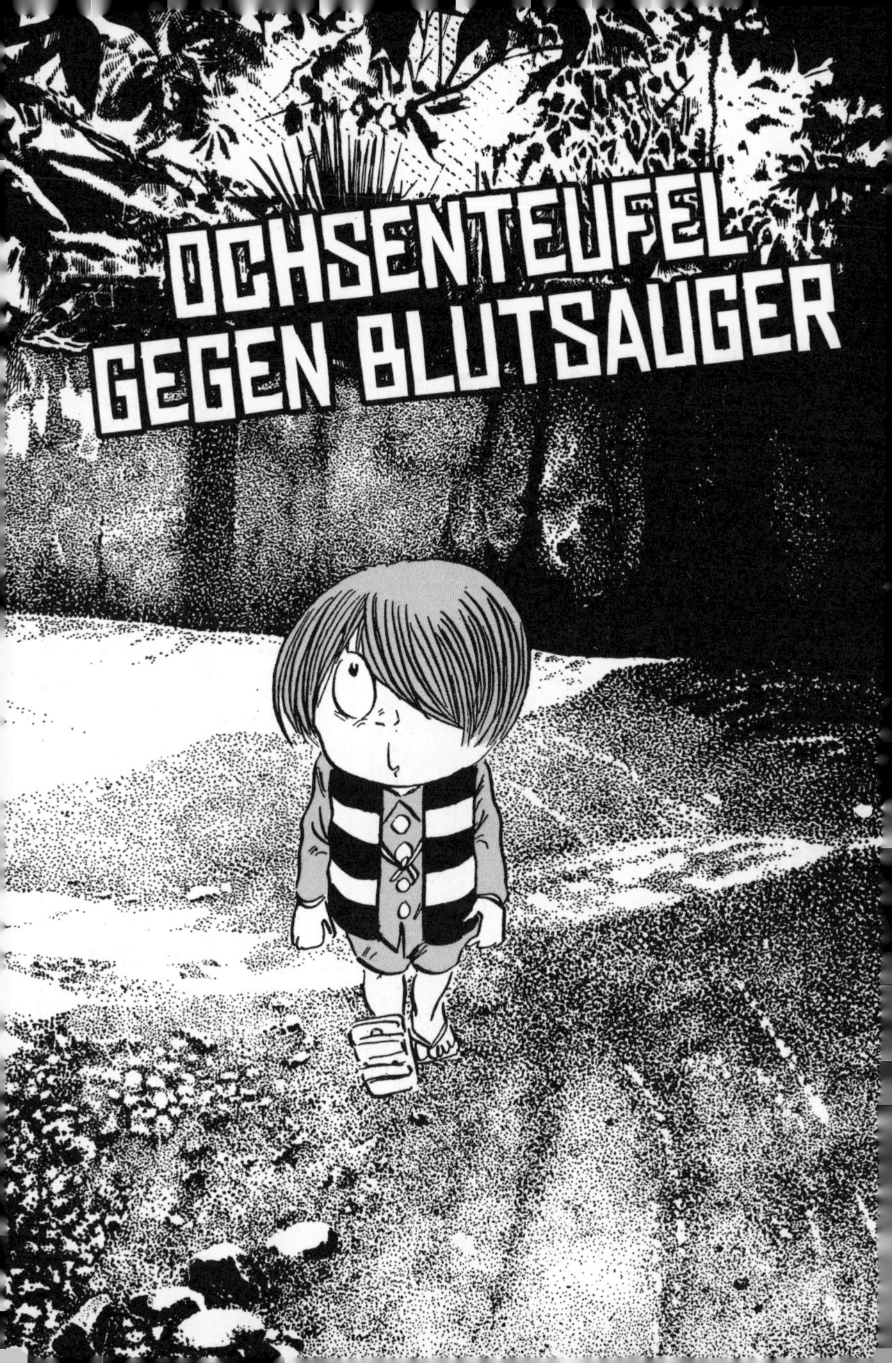
OCHSENTEUFEL
GEGEN BLUTSAUGER

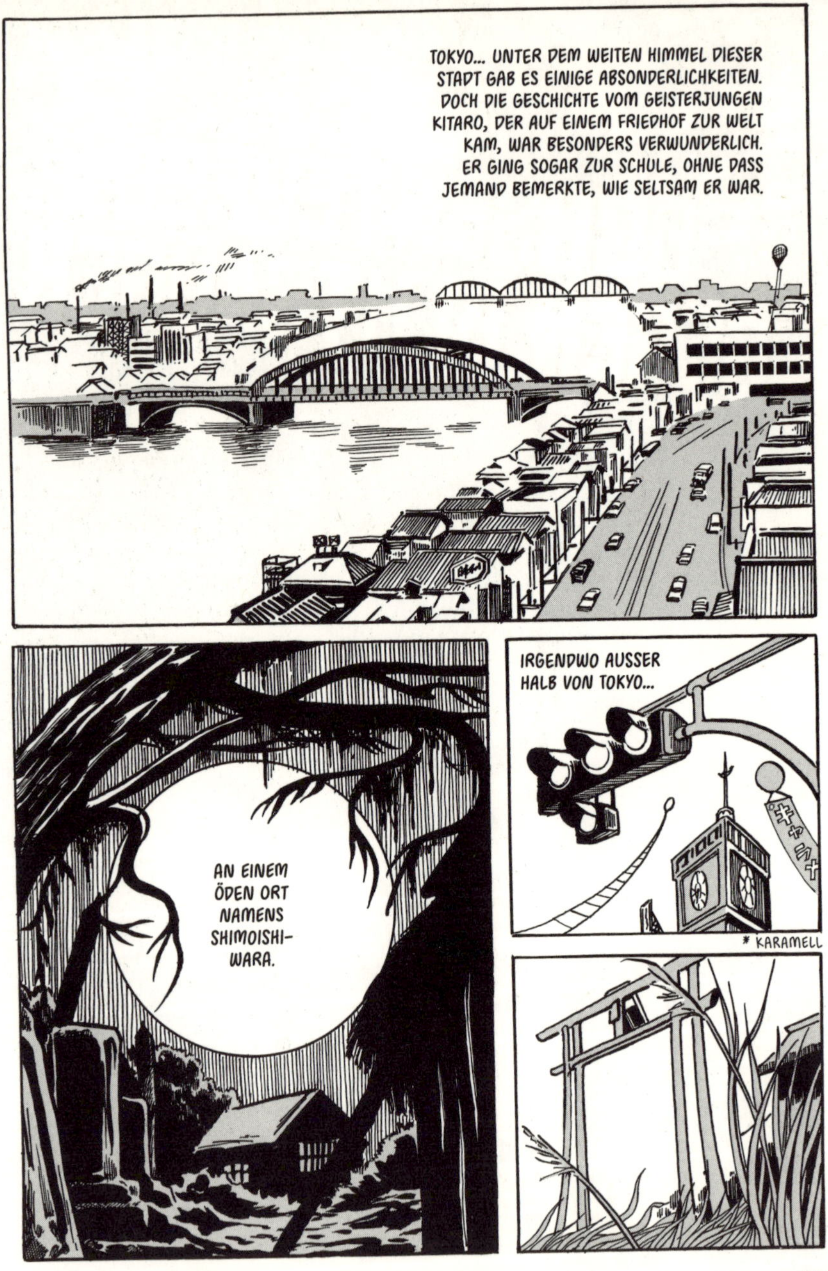
TOKYO... UNTER DEM WEITEN HIMMEL DIESER STADT GAB ES EINIGE ABSONDERLICHKEITEN. DOCH DIE GESCHICHTE VOM GEISTERJUNGEN KITARO, DER AUF EINEM FRIEDHOF ZUR WELT KAM, WAR BESONDERS VERWUNDERLICH. ER GING SOGAR ZUR SCHULE, OHNE DASS JEMAND BEMERKTE, WIE SELTSAM ER WAR.
IRGENDWO AUSSER HALB VON TOKYO...
* KARAMELL
AN EINEM ÖDEN ORT NAMENS SHIMOISHI-WARA.

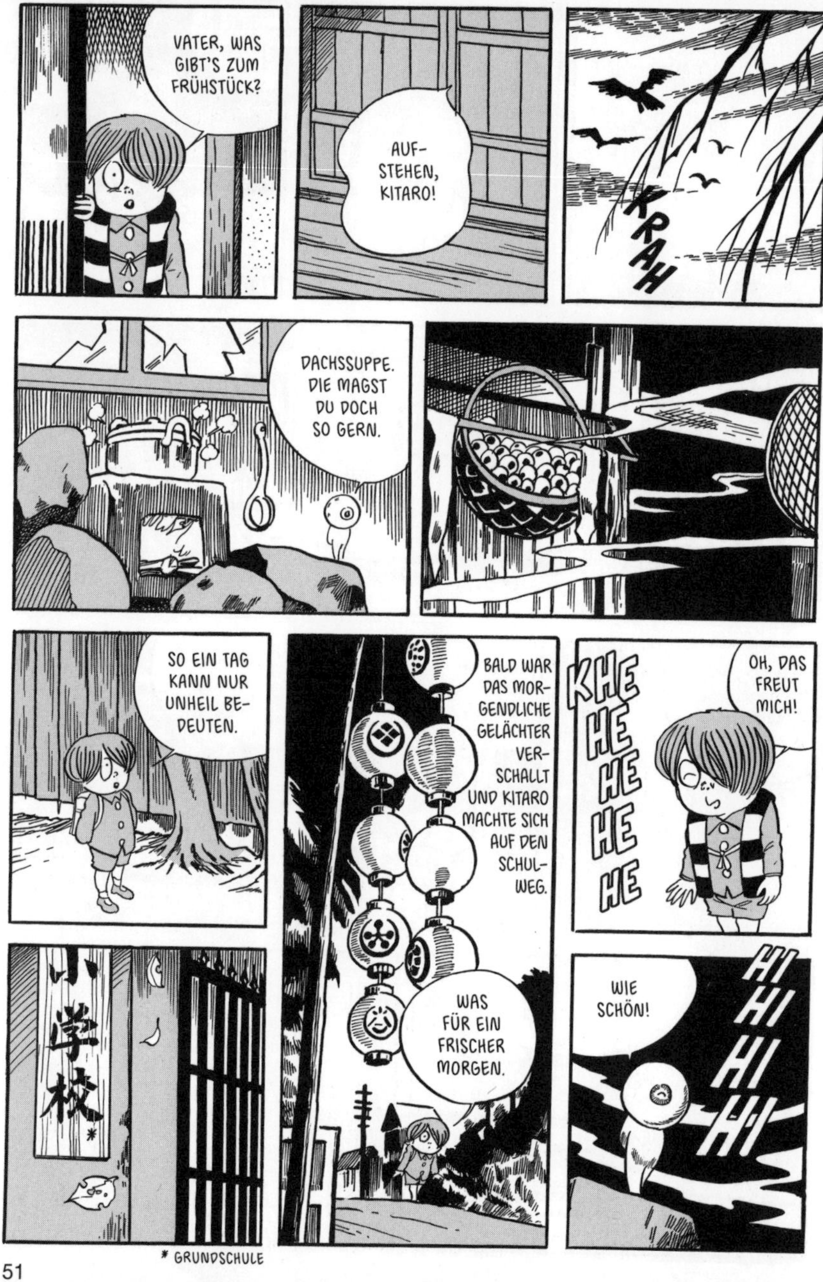

* GRUNDSCHULE

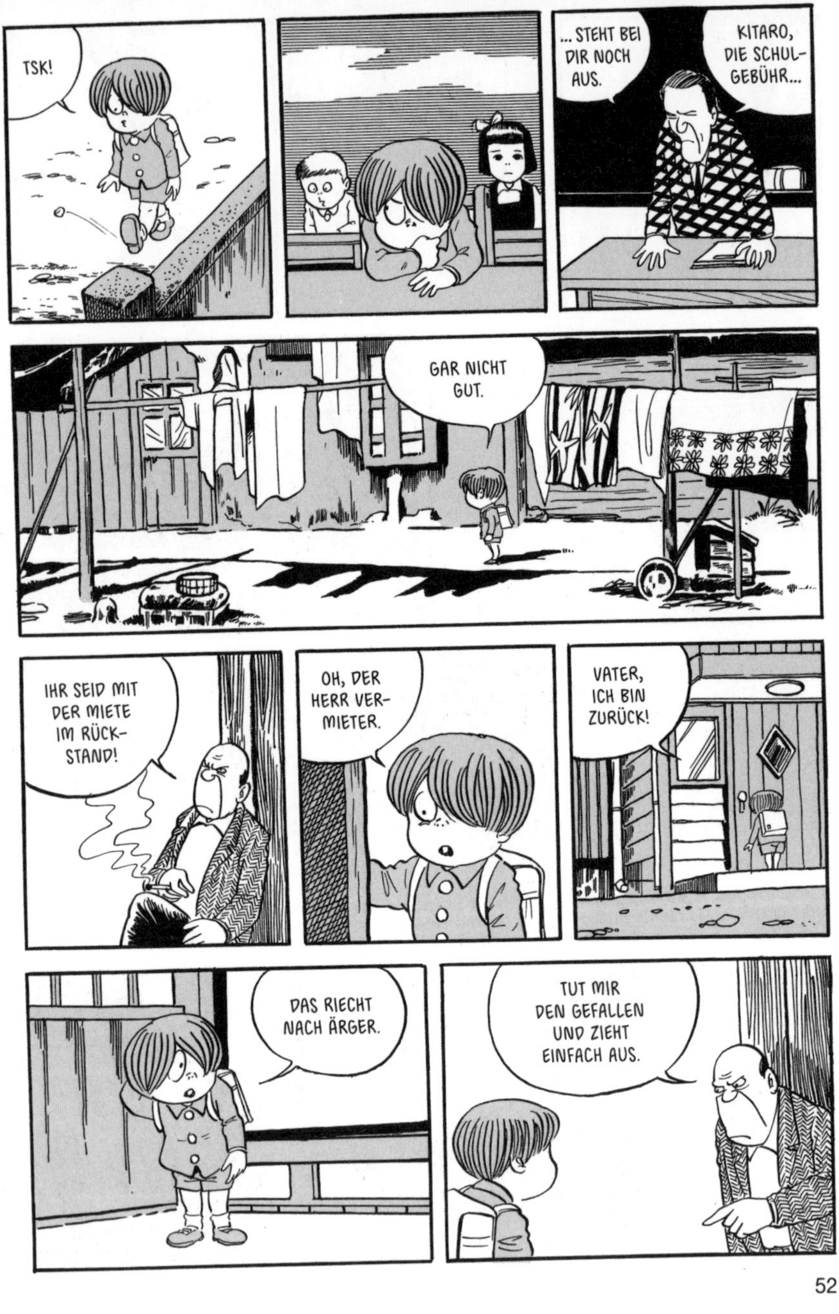
KITARO, DIE SCHULGEBÜHR...
... STEHT BEI DIR NOCH AUS.
TSK!
GAR NICHT GUT.
VATER, ICH BIN ZURÜCK!
OH, DER HERR VERMIETER.
IHR SEID MIT DER MIETE IM RÜCKSTAND!
TUT MIR DEN GEFALLEN UND ZIEHT EINFACH AUS.
DAS RIECHT NACH ÄRGER.

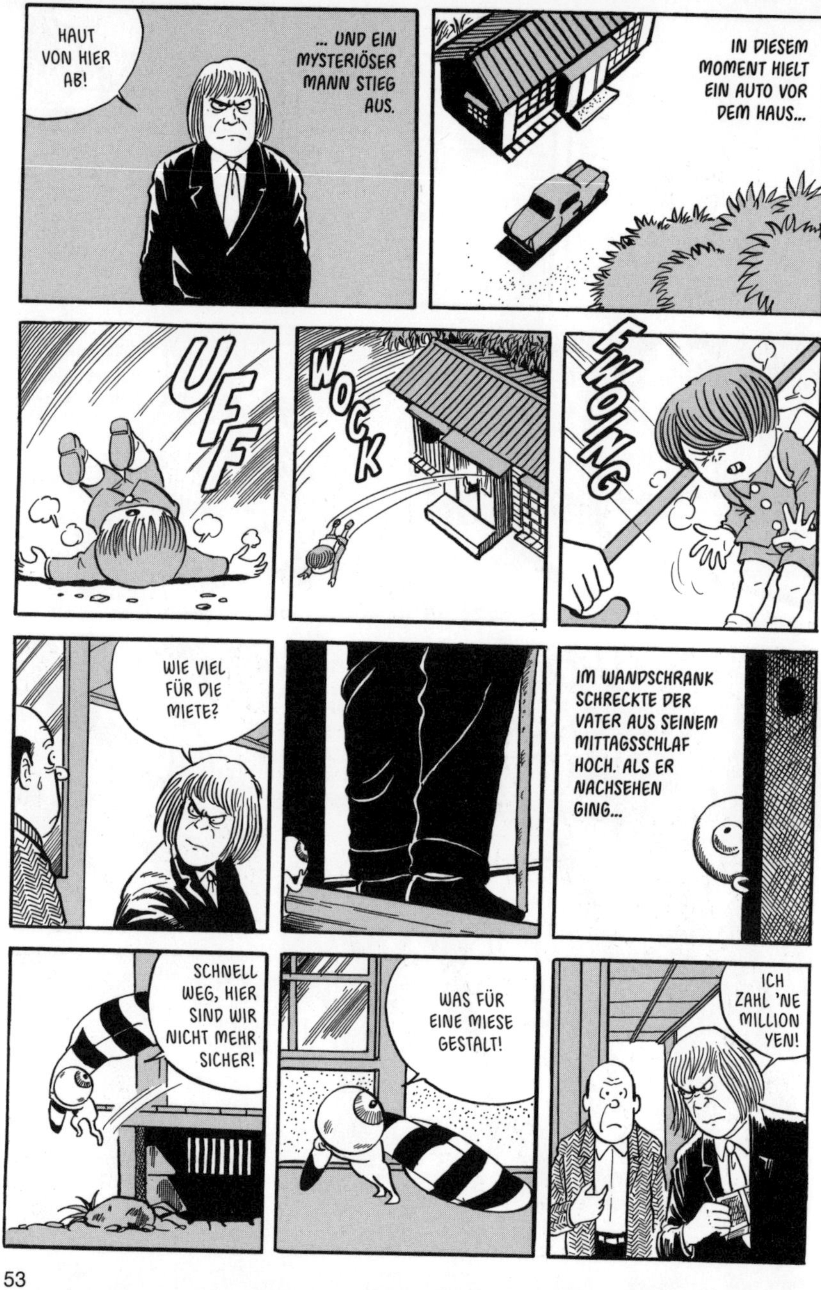
IN DIESEM MOMENT HIELT EIN AUTO VOR DEM HAUS...
... UND EIN MYSTERIÖSER MANN STIEG AUS.
HAUT VON HIER AB!
FWOING
WOCK
UFF
IM WANDSCHRANK SCHRECKTE DER VATER AUS SEINEM MITTAGSSCHLAF HOCH. ALS ER NACHSEHEN GING...
WIE VIEL FÜR DIE MIETE?
ICH ZAHL 'NE MILLION YEN!
WAS FÜR EINE MIESE GESTALT!
SCHNELL WEG, HIER SIND WIR NICHT MEHR SICHER!

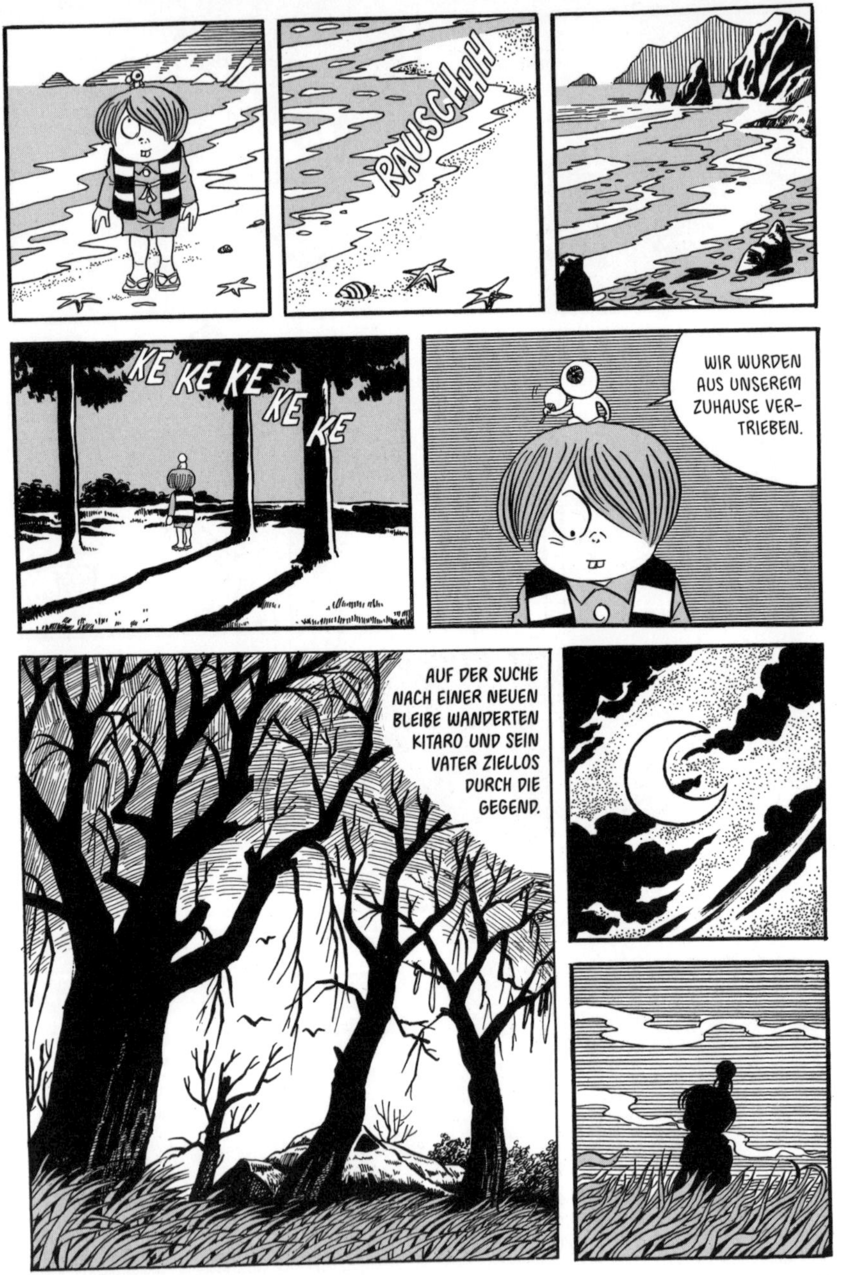
RAUSCHHH
KE KE KE
KE KE
KE
WIR WURDEN AUS UNSEREM ZUHAUSE VERTRIEBEN.
AUF DER SUCHE NACH EINER NEUEN BLEIBE WANDERTEN KITARO UND SEIN VATER ZIELLOS DURCH DIE GEGEND.

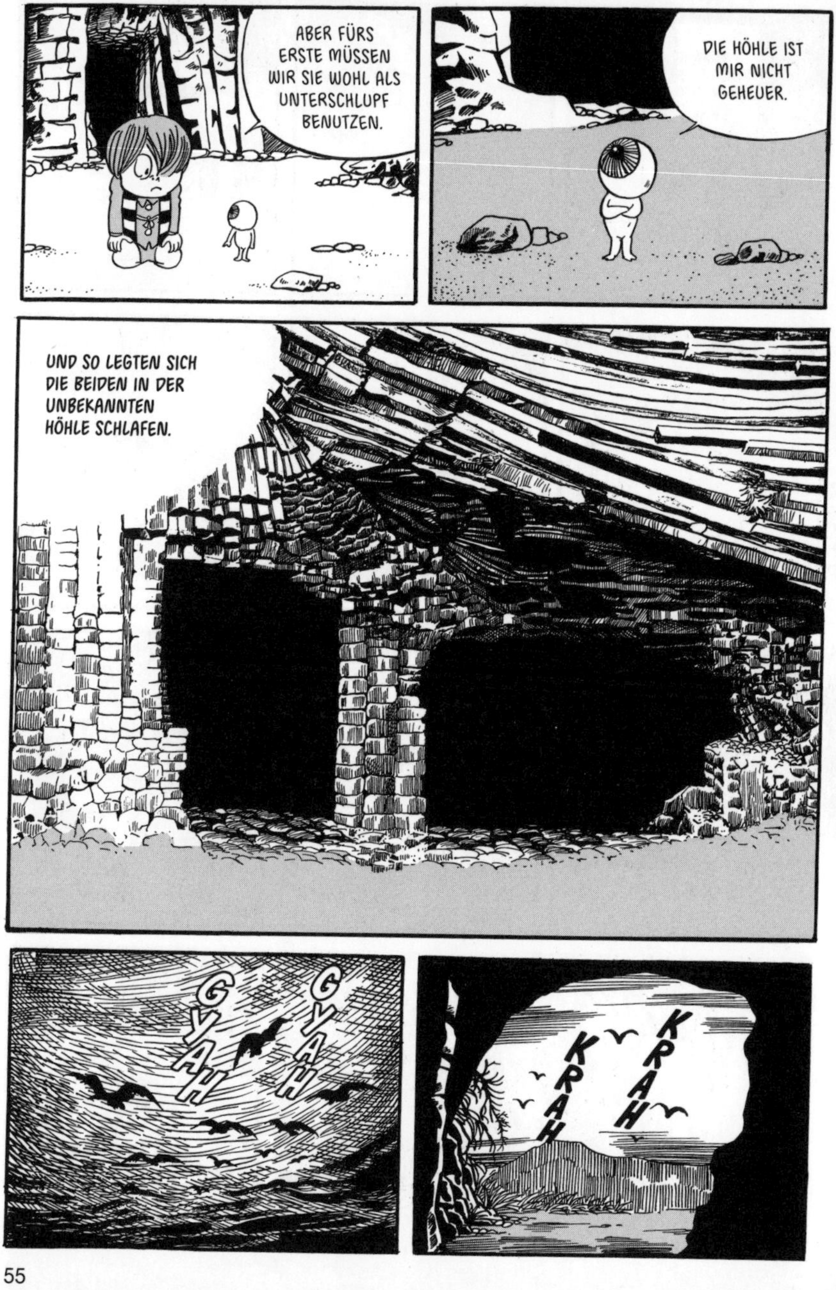
ABER FÜRS ERSTE MÜSSEN WIR SIE WOHL ALS UNTERSCHLUPF BENUTZEN.
DIE HÖHLE IST MIR NICHT GEHEUER.
UND SO LEGTEN SICH DIE BEIDEN IN DER UNBEKANNTEN HÖHLE SCHLAFEN.
GYAH
GYAH
KRAH
KRAH

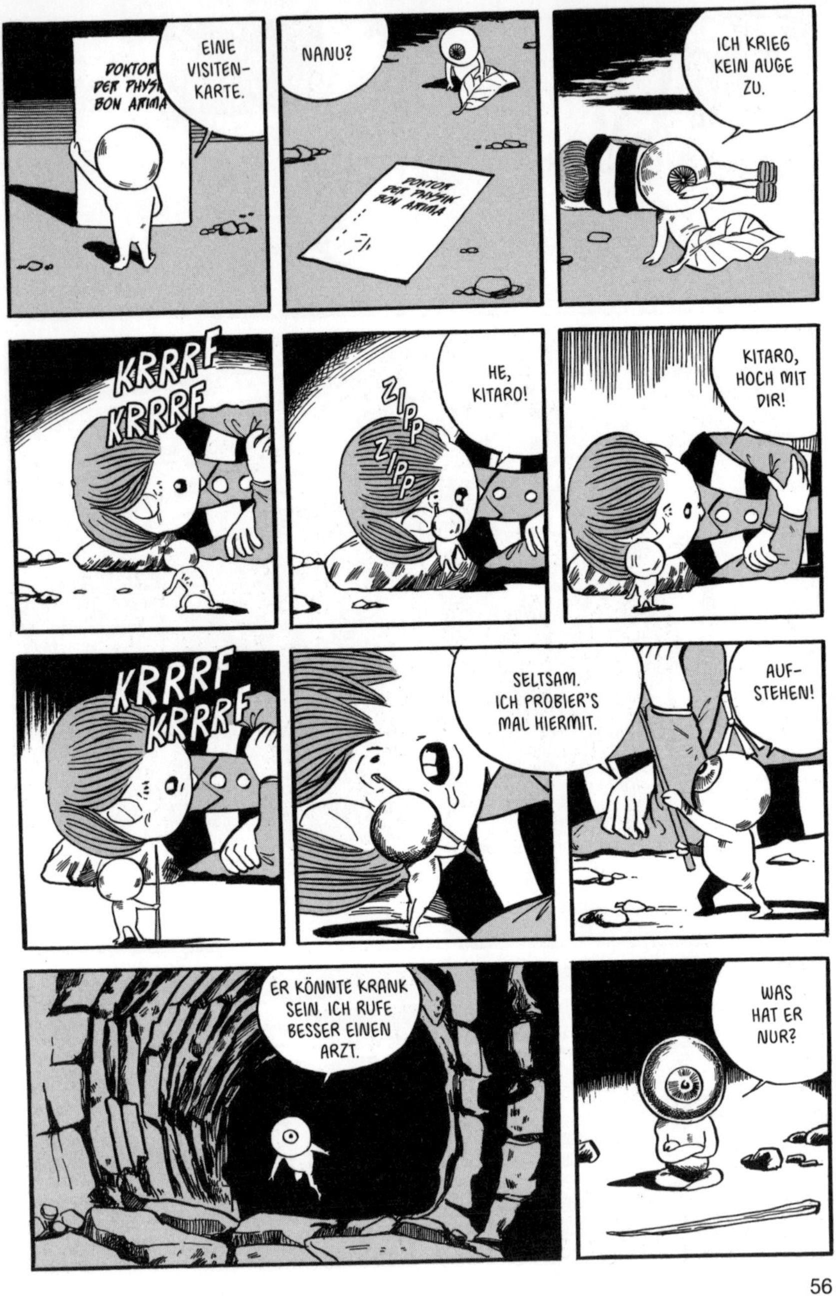
DOKTOR DER PHYSIK BON ARIMA
EINE VISITEN-KARTE.
NANU?
DOKTOR DER PHYSIK BON ARIMA
ICH KRIEG KEIN AUGE ZU.
KRRRF KRRRF
ZIPP ZIPP
HE, KITARO!
KITARO, HOCH MIT DIR!
KRRRF KRRRF
SELTSAM. ICH PROBIER'S MAL HIERMIT.
AUF-STEHEN!
ER KÖNNTE KRANK SEIN. ICH RUFE BESSER EINEN ARZT.
WAS HAT ER NUR?

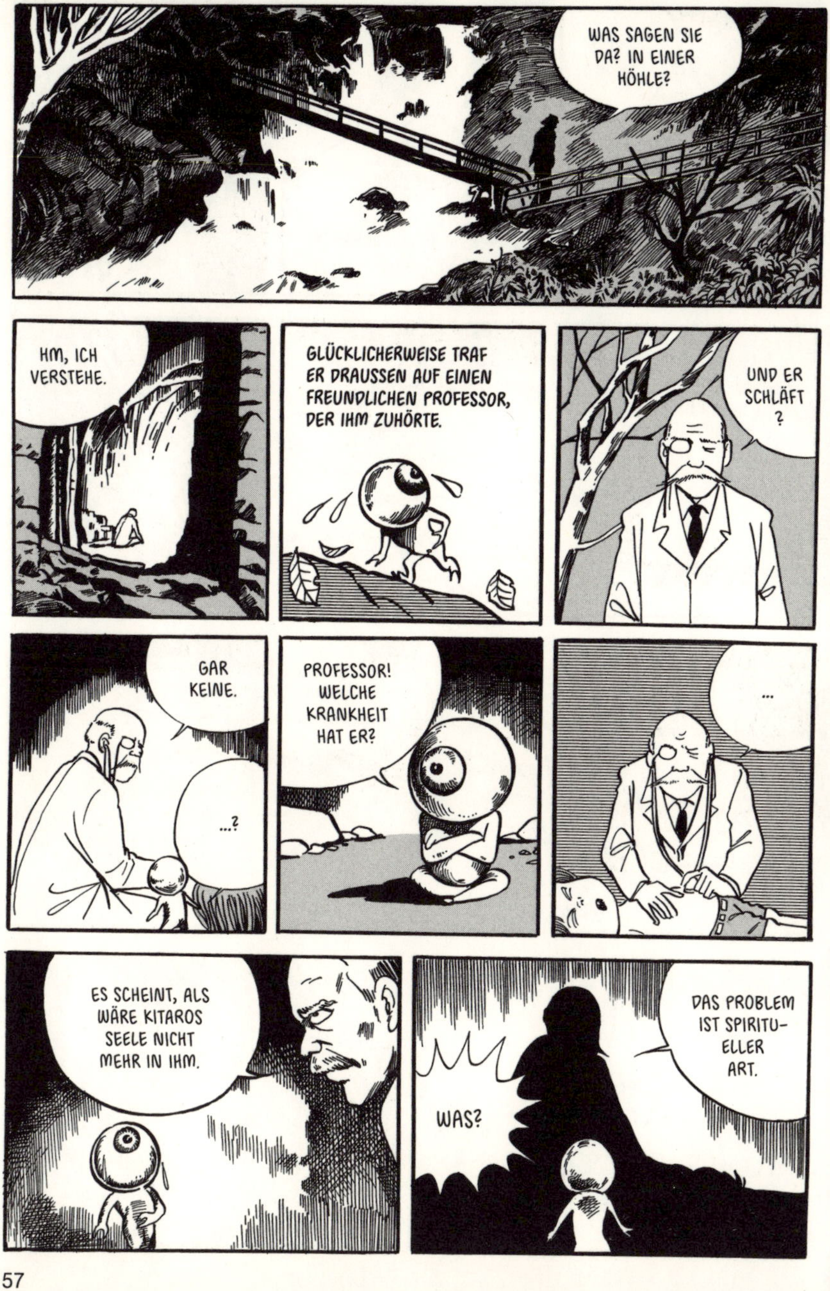
WAS SAGEN SIE DA? IN EINER HÖHLE?
HM, ICH VERSTEHE.
GLÜCKLICHERWEISE TRAF ER DRAUSSEN AUF EINEN FREUNDLICHEN PROFESSOR, DER IHM ZUHÖRTE.
UND ER SCHLÄFT ?
GAR KEINE.
...?
PROFESSOR! WELCHE KRANKHEIT HAT ER?
...
ES SCHEINT, ALS WÄRE KITAROS SEELE NICHT MEHR IN IHM.
DAS PROBLEM IST SPIRITU-ELLER ART.
WAS?

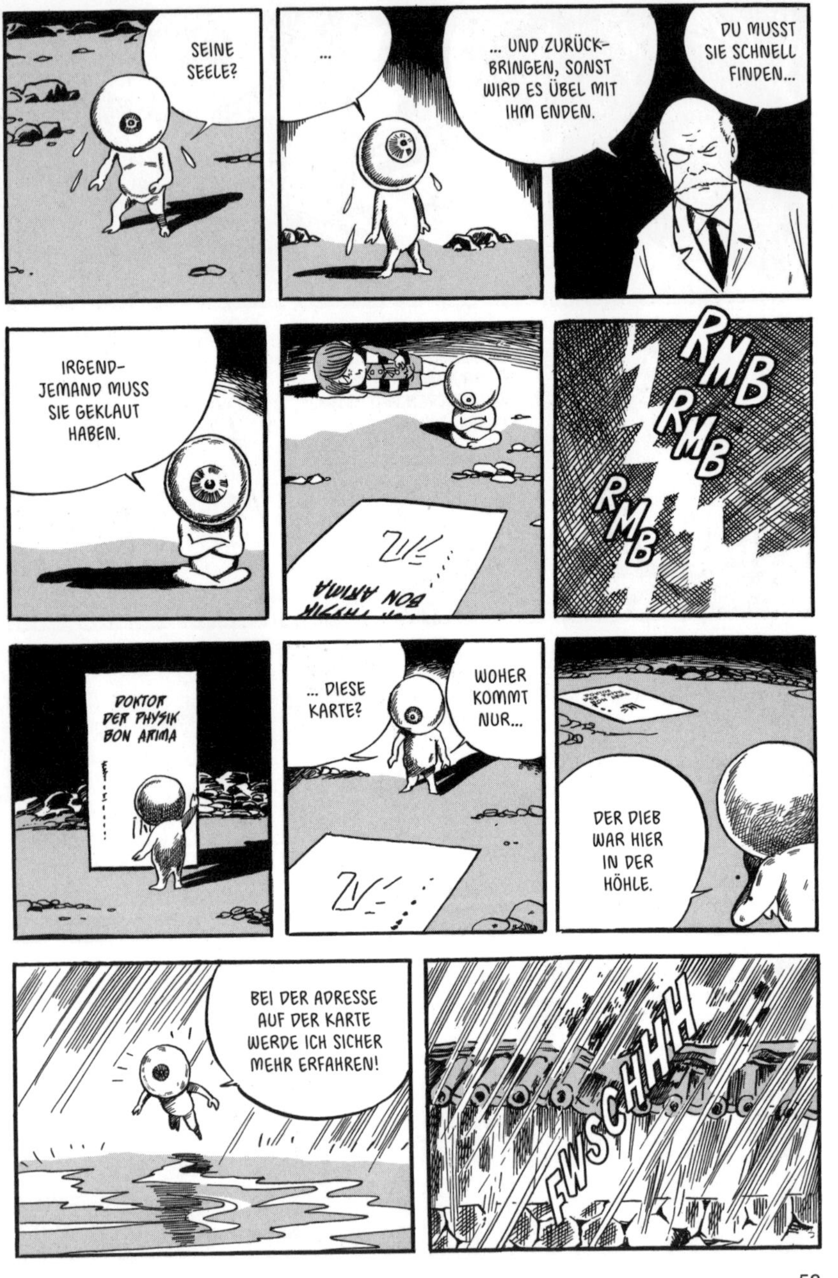
SEINE SEELE?
...
... UND ZURÜCKBRINGEN, SONST WIRD ES ÜBEL MIT IHM ENDEN.
DU MUSST SIE SCHNELL FINDEN...
IRGENDJEMAND MUSS SIE GEKLAUT HABEN.
BON ARIMA
RMB
RMB
RMB
DOKTOR DER PHYSIK BON ARIMA
... DIESE KARTE?
WOHER KOMMT NUR...
DER DIEB WAR HIER IN DER HÖHLE.
BEI DER ADRESSE AUF DER KARTE WERDE ICH SICHER MEHR ERFAHREN!
FWSCHHH

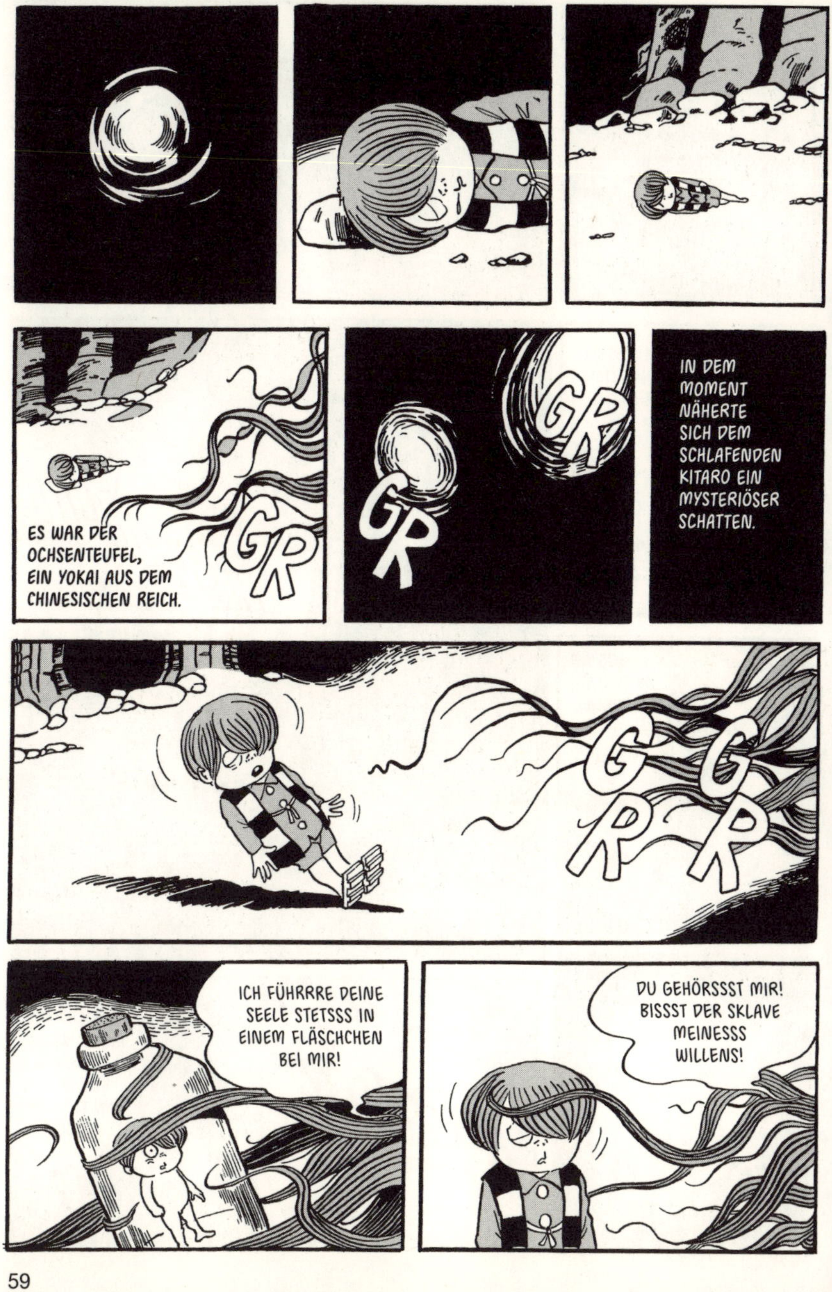
IN DEM MOMENT NÄHERTE SICH DEM SCHLAFENDEN KITARO EIN MYSTERIÖSER SCHATTEN.
GR
GR
ES WAR DER OCHSENTEUFEL, EIN YOKAI AUS DEM CHINESISCHEN REICH.
GR
G R G R
ICH FÜHRRRE DEINE SEELE STETSSS IN EINEM FLÄSCHCHEN BEI MIR!
DU GEHÖRSSST MIR! BISSST DER SKLAVE MEINESSS WILLENS!

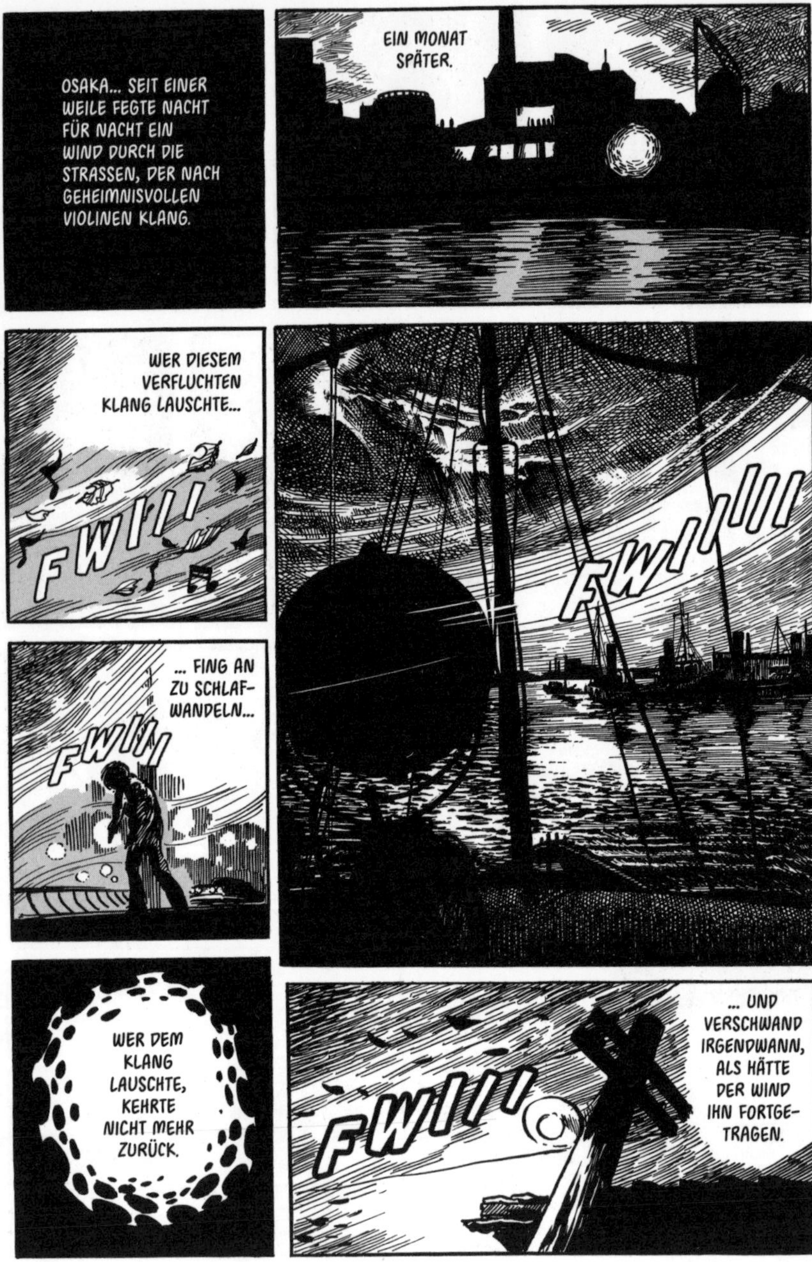
OSAKA... SEIT EINER WEILE FEGTE NACHT FÜR NACHT EIN WIND DURCH DIE STRASSEN, DER NACH GEHEIMNISVOLLEN VIOLINEN KLANG.
EIN MONAT SPÄTER.
WER DIESEM VERFLUCHTEN KLANG LAUSCHTE...
FWIII
FWIIIIII
... FING AN ZU SCHLAF-WANDELN...
FWIII
WER DEM KLANG LAUSCHTE, KEHRTE NICHT MEHR ZURÜCK.
FWIII
... UND VERSCHWAND IRGENDWANN, ALS HÄTTE DER WIND IHN FORTGE-TRAGEN.

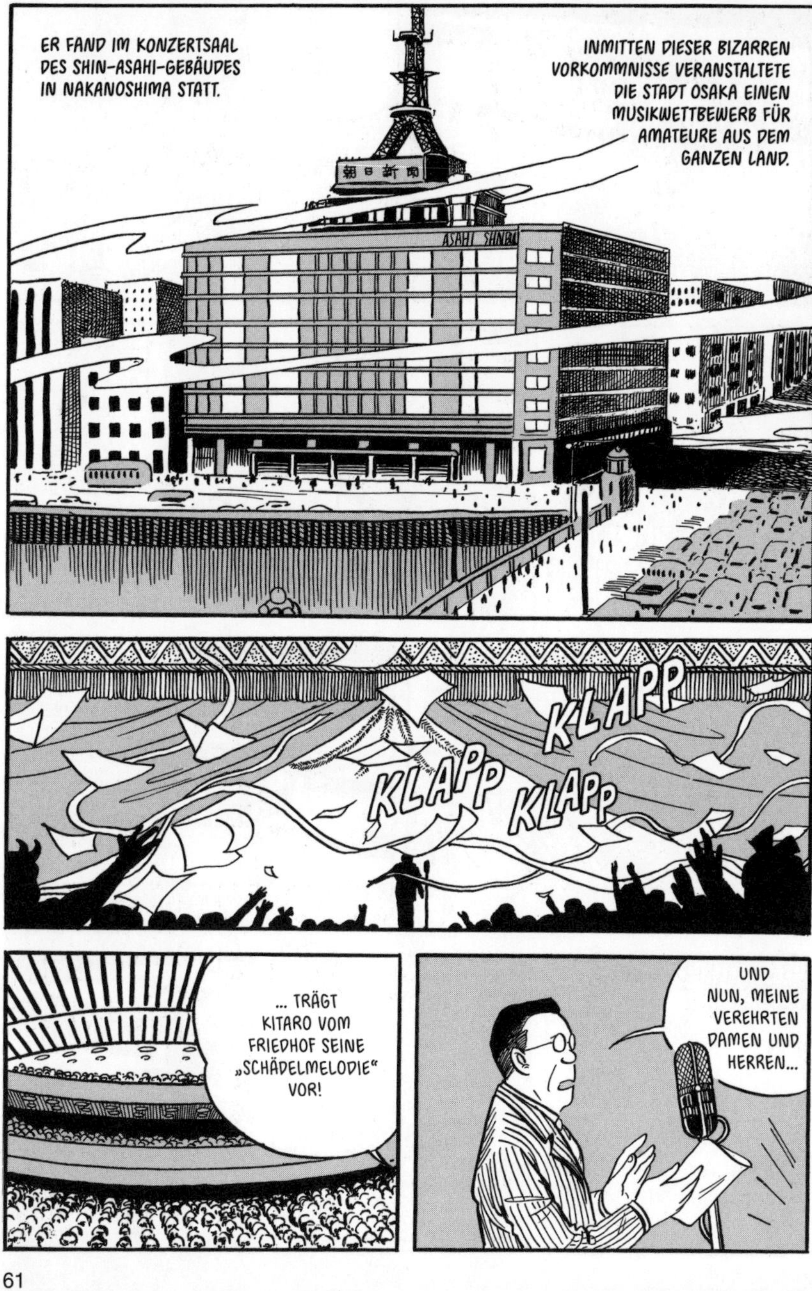
INMITTEN DIESER BIZARREN VORKOMMNISSE VERANSTALTETE DIE STADT OSAKA EINEN MUSIKWETTBEWERB FÜR AMATEURE AUS DEM GANZEN LAND.
ER FAND IM KONZERTSAAL DES SHIN-ASAHI-GEBÄUDES IN NAKANOSHIMA STATT.
ASAHI SHINBU
KLAPP
KLAPP
KLAPP
UND NUN, MEINE VEREHRTEN DAMEN UND HERREN...
... TRÄGT KITARO VOM FRIEDHOF SEINE „SCHÄDELMELODIE“ VOR!

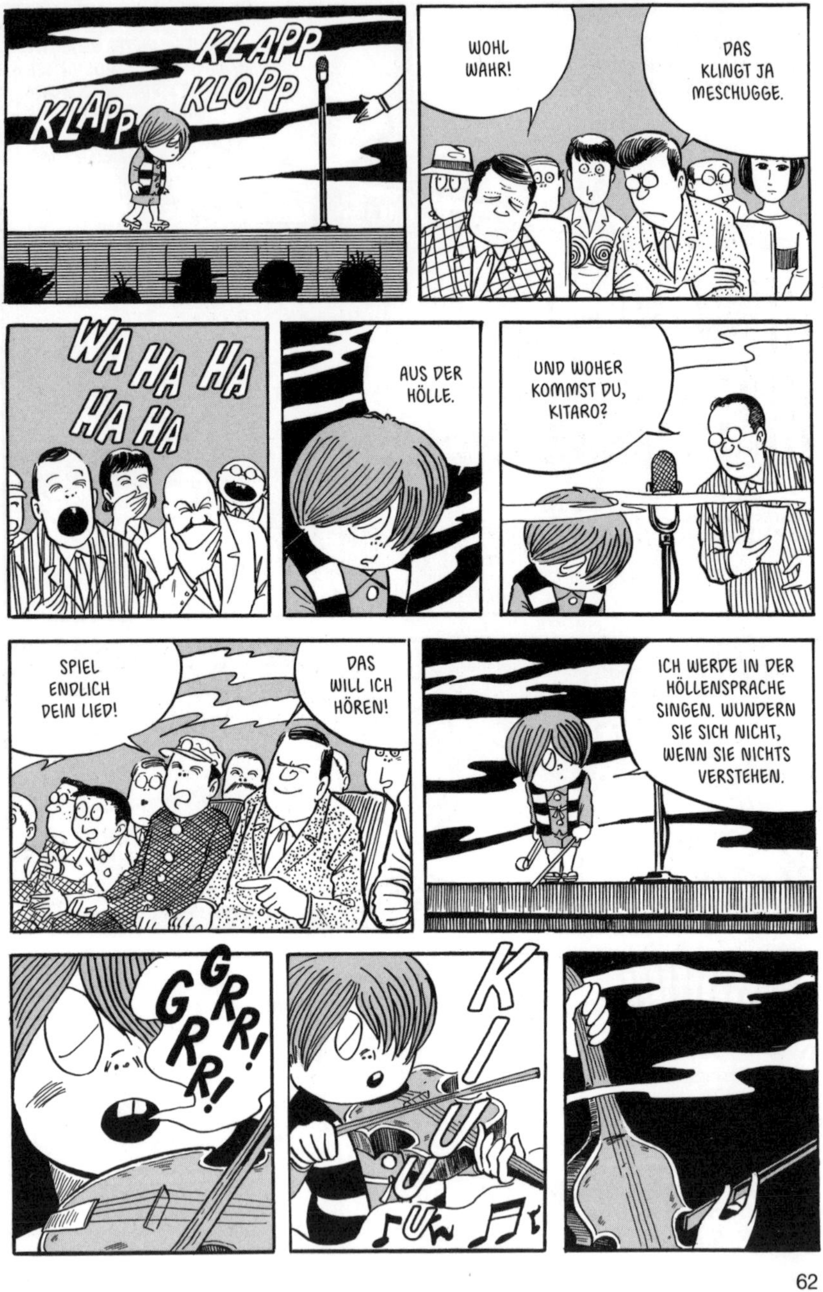
KLAPP
KLAPP
KLOPP
WOHL WAHR!
DAS KLINGT JA MESCHUGGE.
WA HA HA HA HA HA
AUS DER HÖLLE.
UND WOHER KOMMST DU, KITARO?
SPIEL ENDLICH DEIN LIED!
DAS WILL ICH HÖREN!
ICH WERDE IN DER HÖLLENSPRACHE SINGEN. WUNDERN SIE SICH NICHT, WENN SIE NICHTS VERSTEHEN.
GRRR! GRRR!
KIUUUUW

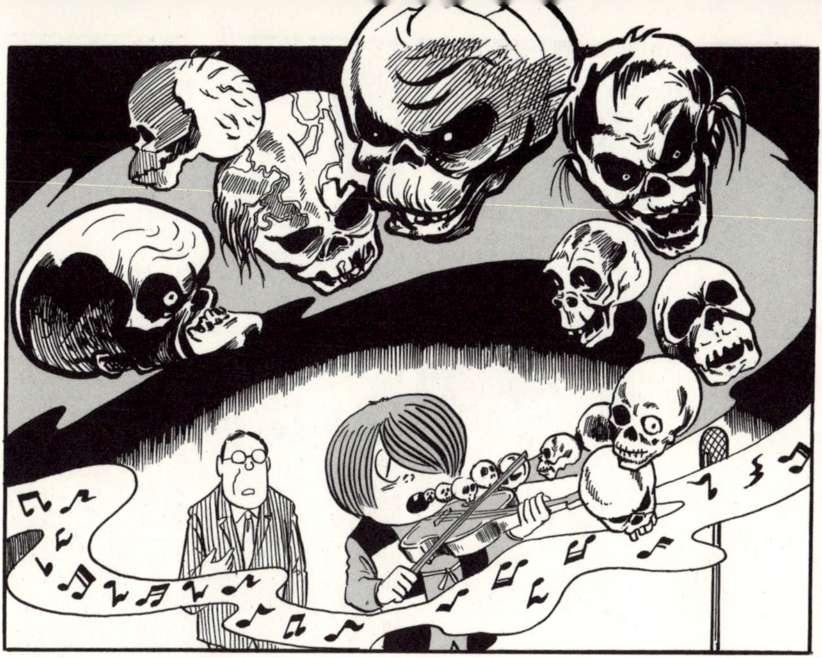

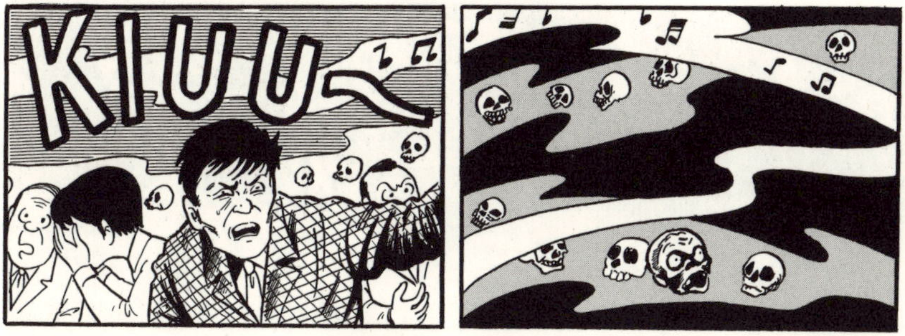

DANK DER SCHNELLEN REAKTION DES MODERATORS WURDE DAS LIED RECHTZEITIG ABGEBROCHEN. ES GLICH ZU SEHR DEM KLANG DES WINDES, DER DIE MENSCHEN WEGLOCKTE. DER OCHSENTEUFEL HATTE MITHILFE VON KITARO VERSUCHT, ALLE GÄSTE IN SEIN REICH ZU LOCKEN. ZUM GLÜCK WAR IM PUBLIKUM EIN ERFAHRENER DETEKTIV ANWESEND, DER DAS LIED IN RUHE ANALYSIERTE.

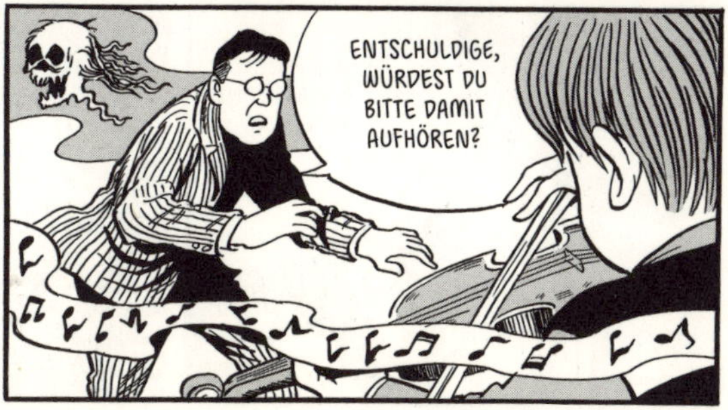

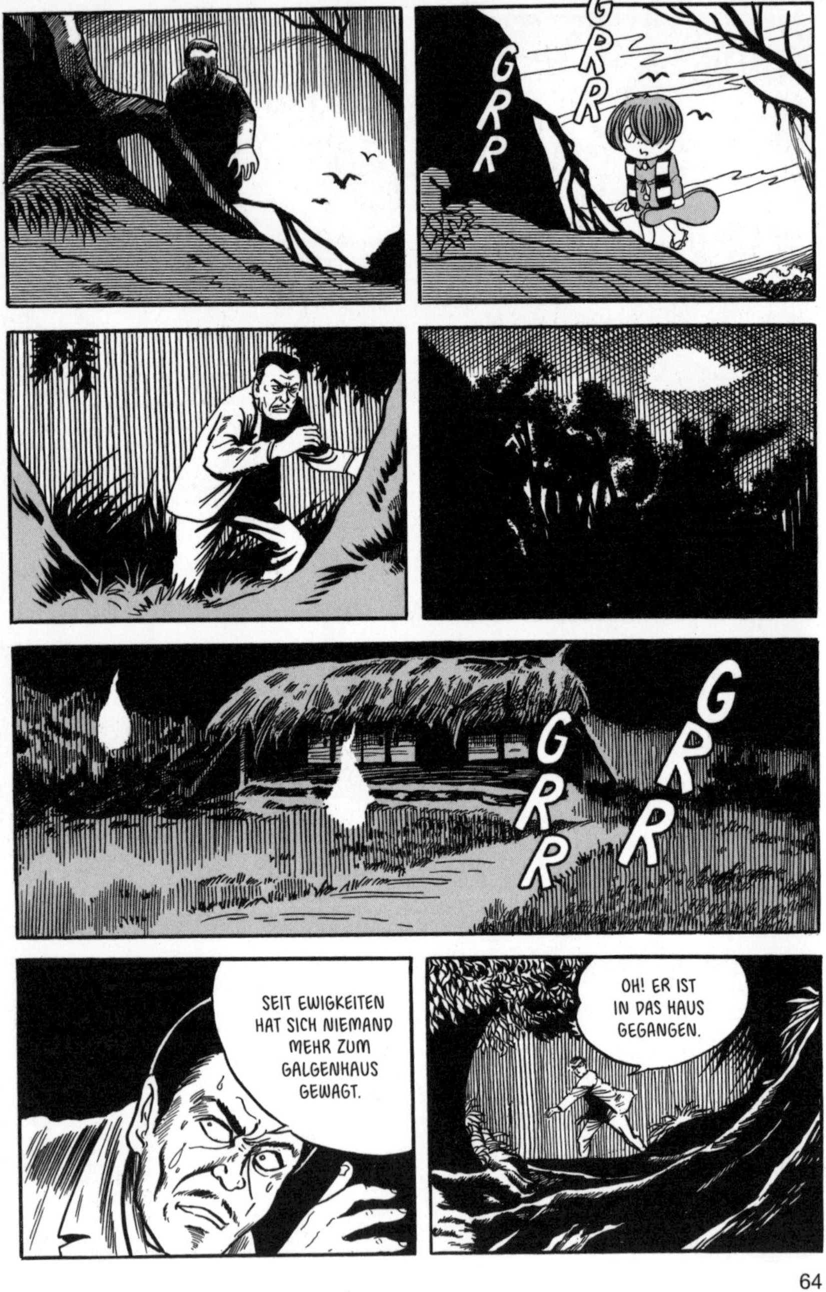
GRR
GRR
GRR
GRR
OH! ER IST IN DAS HAUS GEGANGEN.
SEIT EWIGKEITEN HAT SICH NIEMAND MEHR ZUM GALGENHAUS GEWAGT.

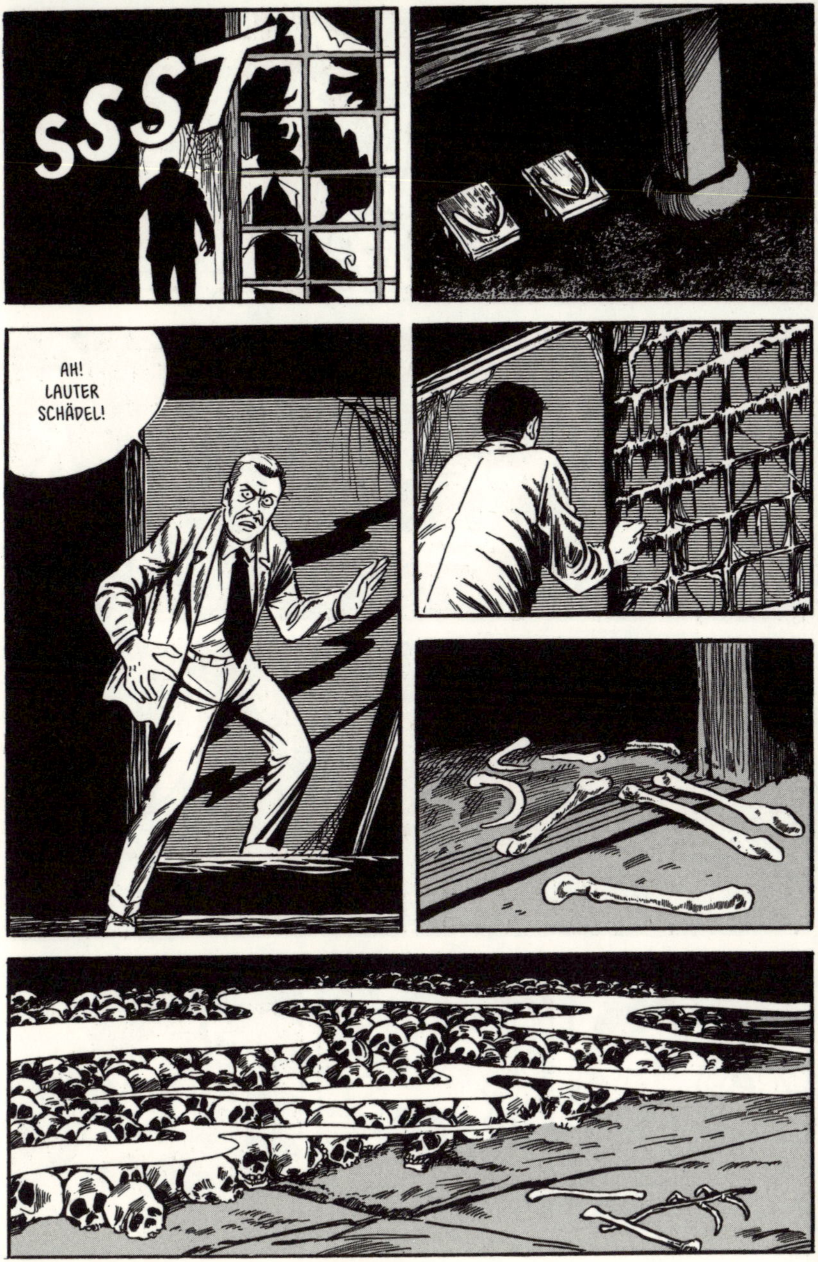
SSST
AH!
LAUTER
SCHÄDEL!

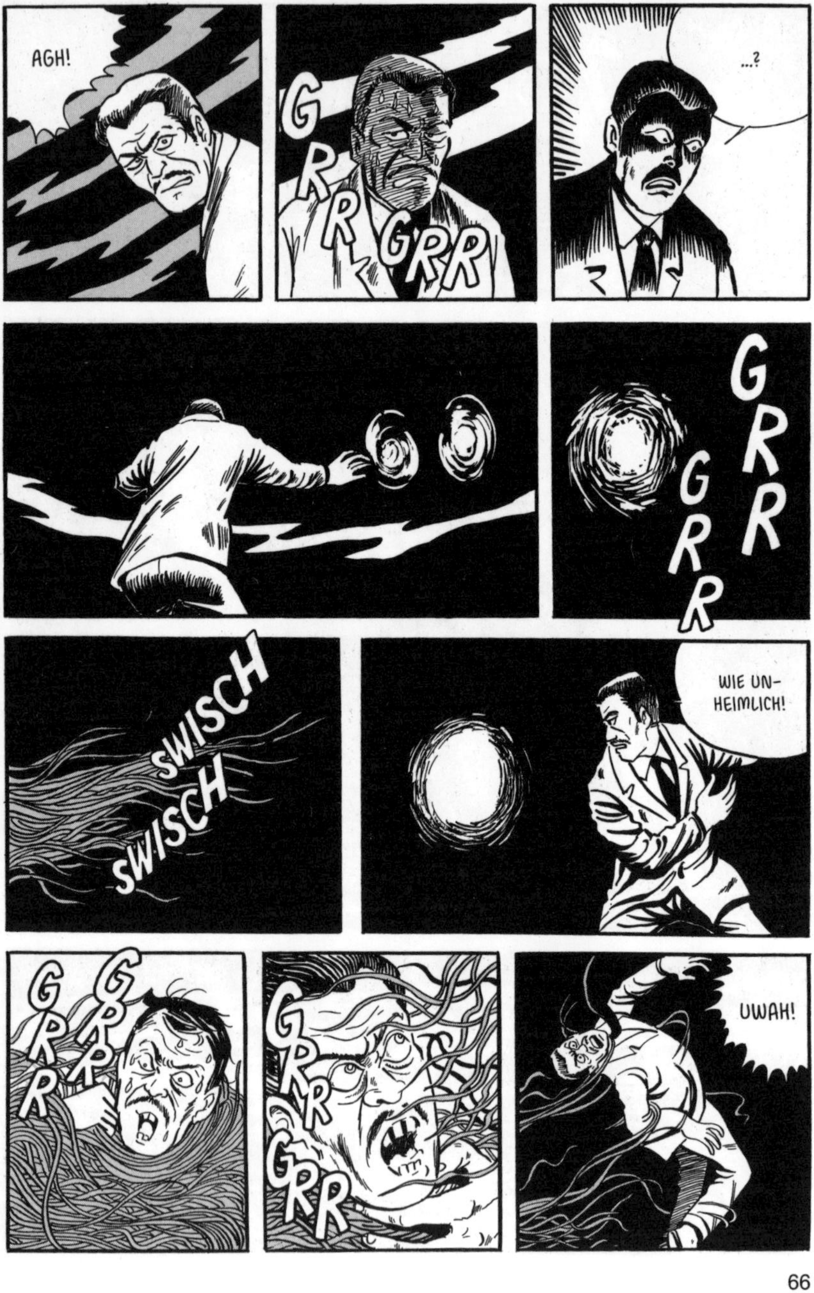
AGH!
GRR GRR
...?
GRR GRR
SWISCH
SWISCH
WIE UN-
HEIMLICH!
GRR
GRR
GRR GRR
UWAH!

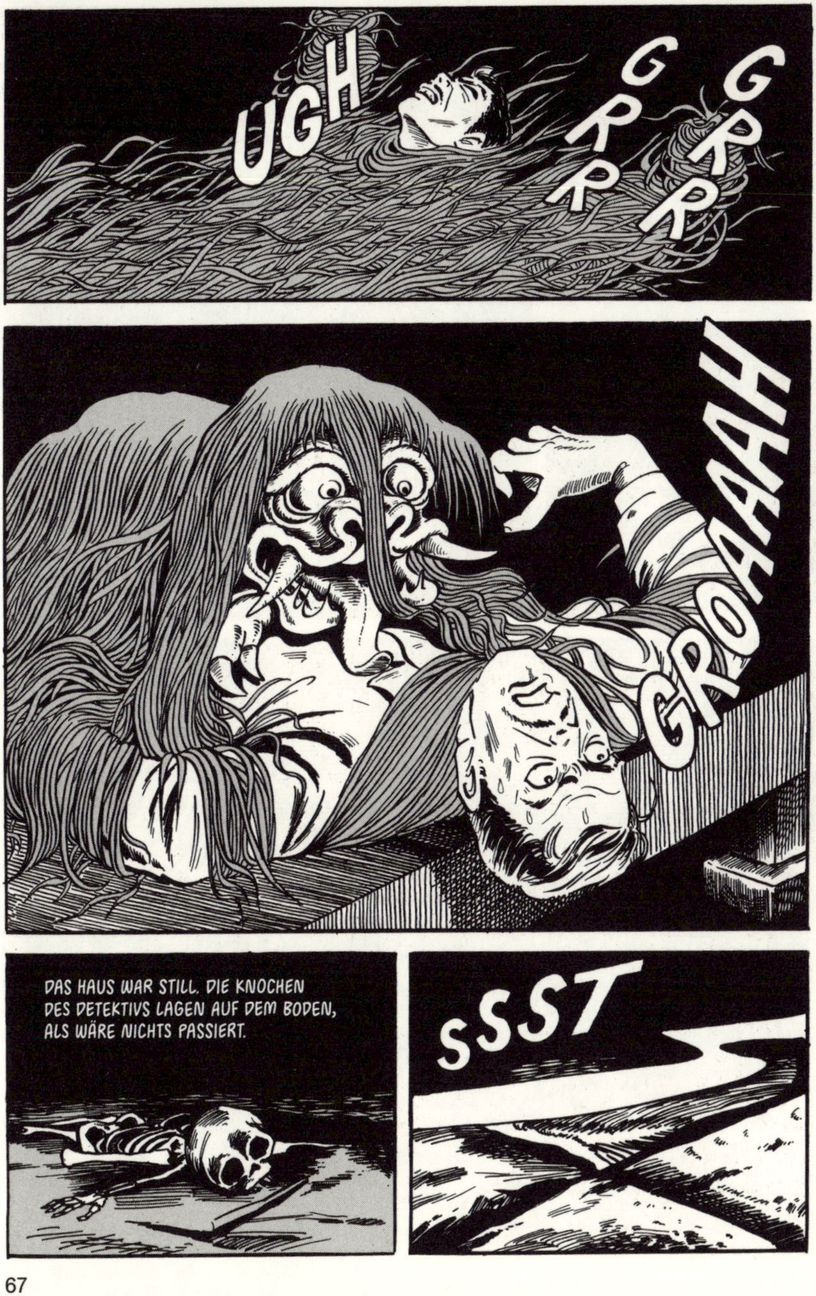
UGH
GRR
GRR
GROAAAH
DAS HAUS WAR STILL. DIE KNOCHEN DES DETEKTIVS LAGEN AUF DEM BODEN, ALS WÄRE NICHTS PASSIERT.
SSST

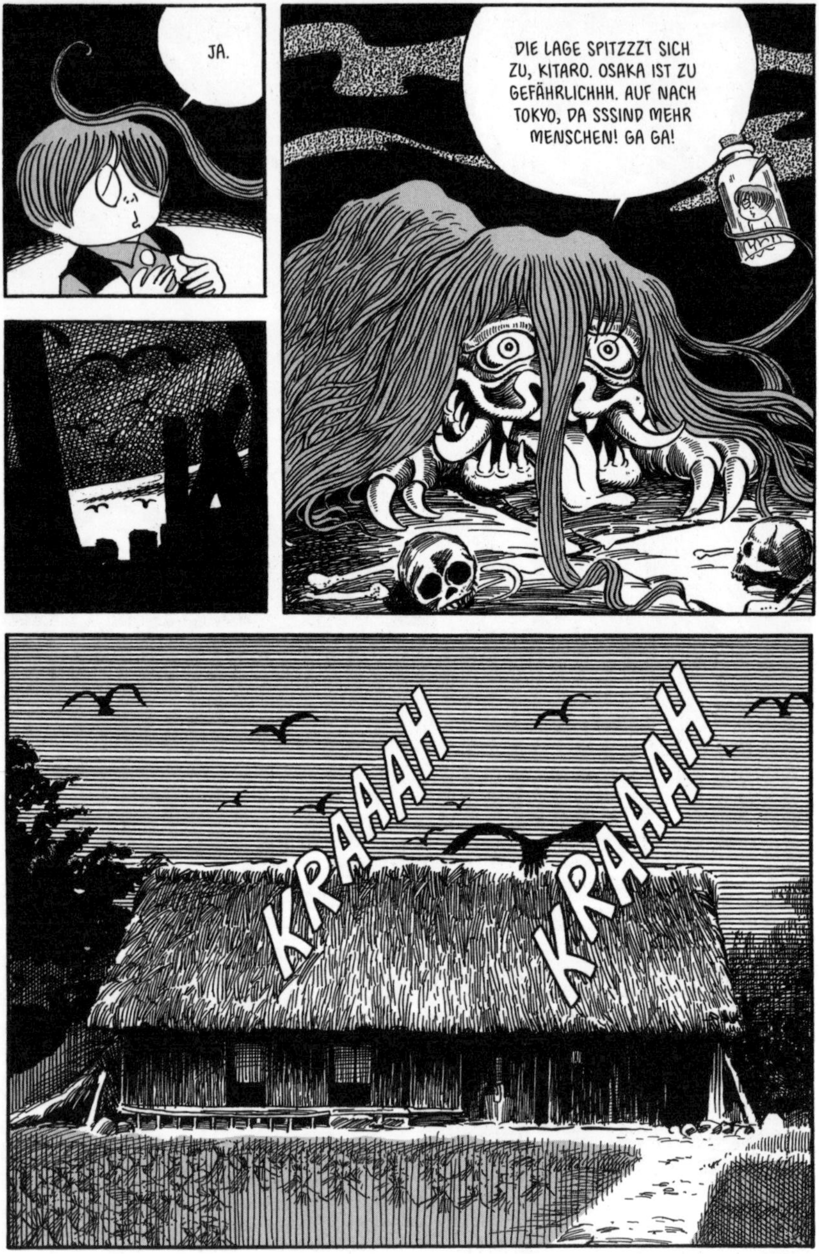
DIE LAGE SPITZZZT SICH ZU, KITARO. OSAKA IST ZU GEFÄHRLICHHH. AUF NACH TOKYO, DA SSSIND MEHR MENSCHEN! GA GA!
JA.
KRAAAH
KRAAAH

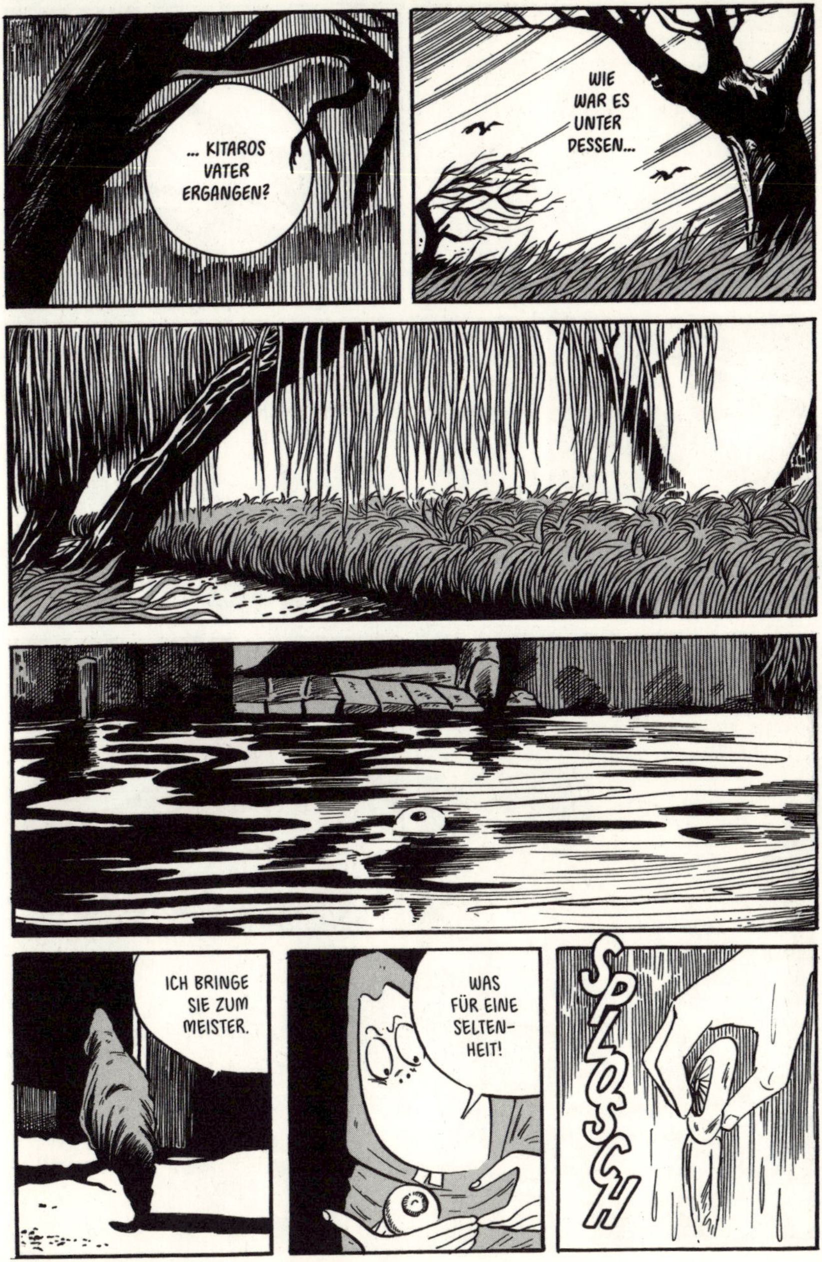
WIE WAR ES UNTER DESSEN...
... KITAROS VATER ERGANGEN?
SPLOSCH
WAS FÜR EINE SELTEN-HEIT!
ICH BRINGE SIE ZUM MEISTER.

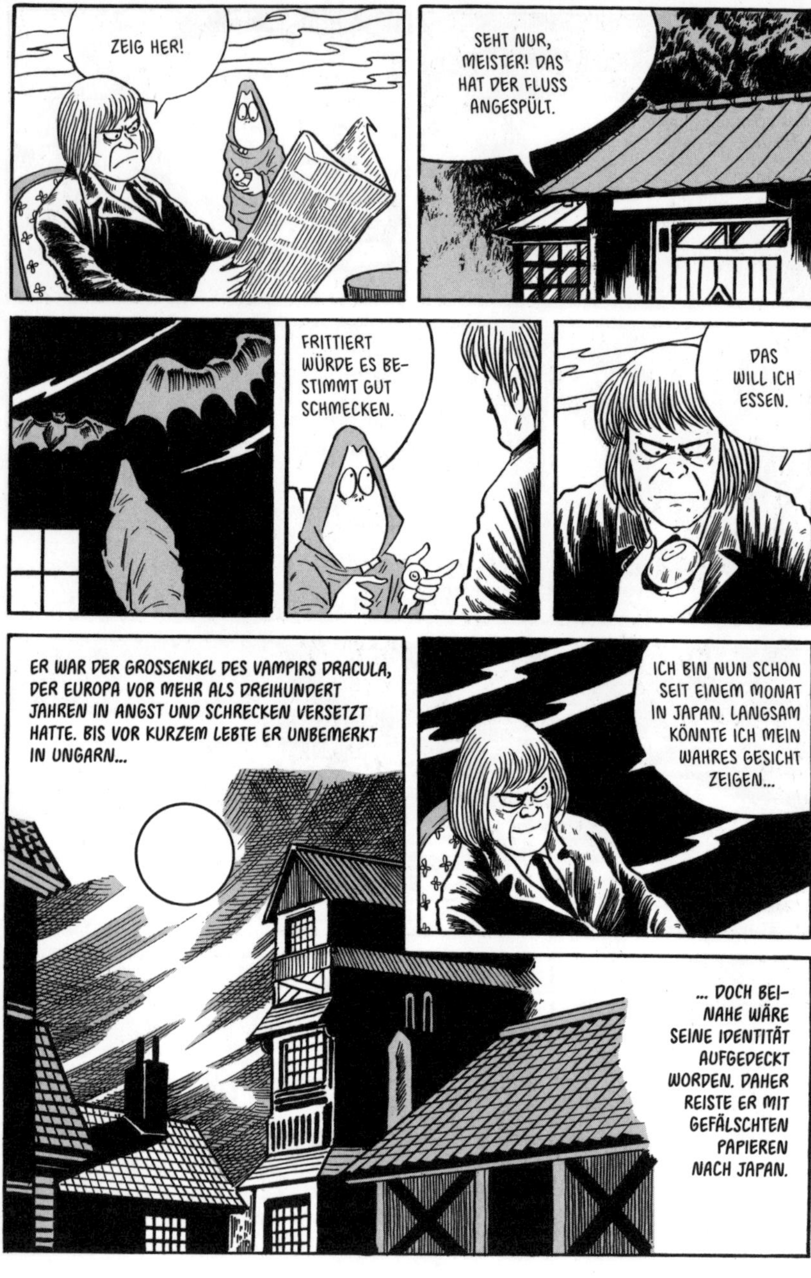
ZEIG HER!
SEHT NUR, MEISTER! DAS HAT DER FLUSS ANGESPÜLT.
FRITTIERT WÜRDE ES BESTIMMT GUT SCHMECKEN.
DAS WILL ICH ESSEN.
ER WAR DER GROSSENKEL DES VAMPIRS DRACULA, DER EUROPA VOR MEHR ALS DREIHUNDERT JAHREN IN ANGST UND SCHRECKEN VERSETZT HATTE. BIS VOR KURZEM LEBTE ER UNBEMERKT IN UNGARN...
ICH BIN NUN SCHON SEIT EINEM MONAT IN JAPAN. LANGSAM KÖNNTE ICH MEIN WAHRES GESICHT ZEIGEN...
... DOCH BEINAHE WÄRE SEINE IDENTITÄT AUFGEDECKT WORDEN. DAHER REISTE ER MIT GEFÄLSCHTEN PAPIEREN NACH JAPAN.

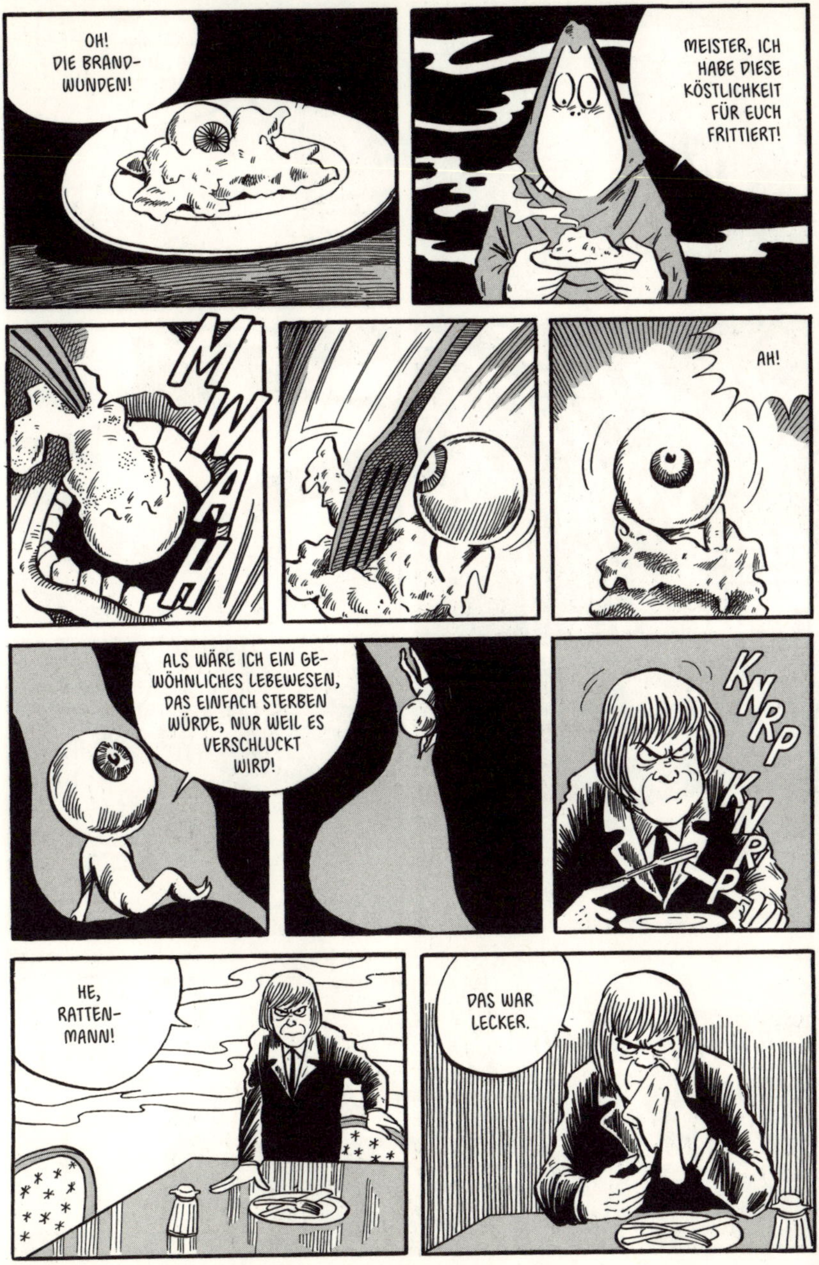
OH! DIE BRAND-WUNDEN!
MEISTER, ICH HABE DIESE KÖSTLICHKEIT FÜR EUCH FRITTIERT!
MWAHH
AH!
ALS WÄRE ICH EIN GE-WÖHNLICHES LEBEWESEN, DAS EINFACH STERBEN WÜRDE, NUR WEIL ES VERSCHLUCKT WIRD!
KNRP KNRP
HE, RATTEN-MANN!
DAS WAR LECKER.

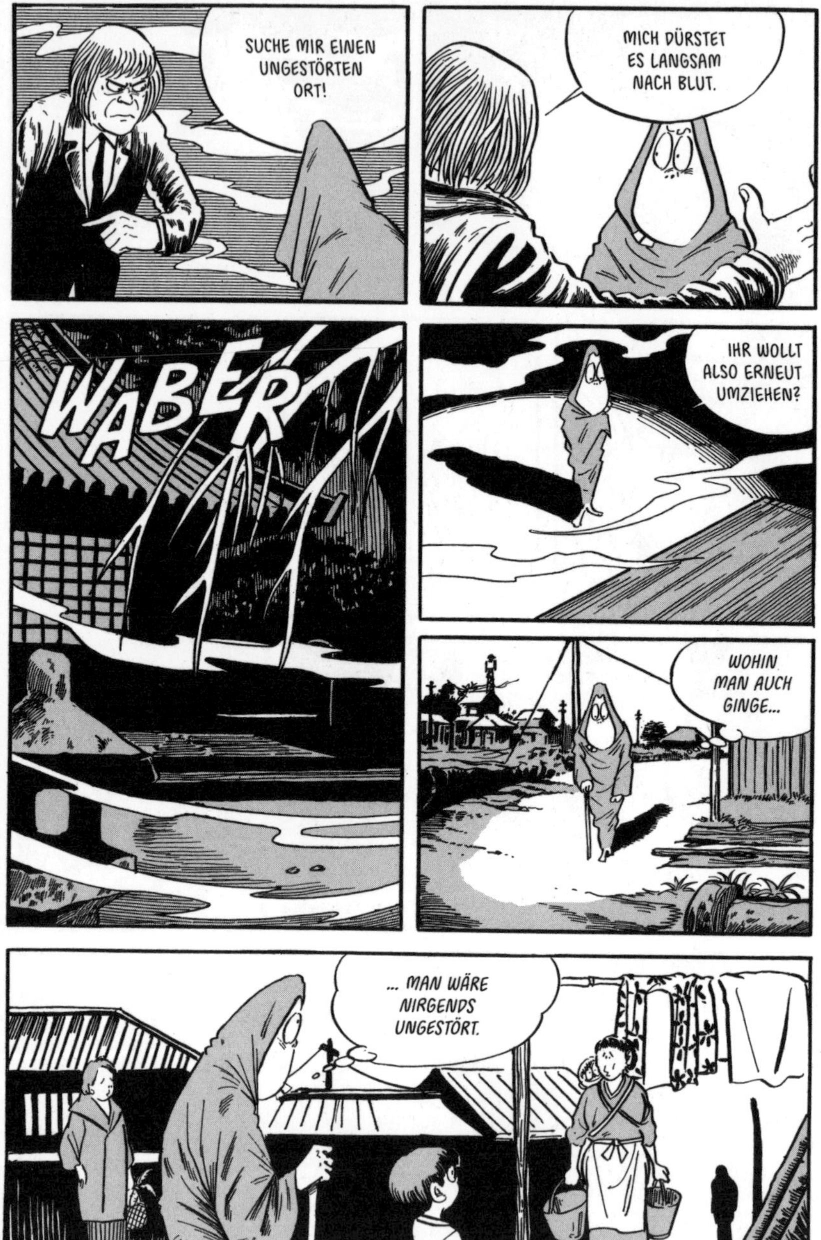
SUCHE MIR EINEN UNGESTÖRTEN ORT!
MICH DÜRSTET ES LANGSAM NACH BLUT.
WABER
IHR WOLLT ALSO ERNEUT UMZIEHEN?
WOHIN MAN AUCH GINGE...
... MAN WÄRE NIRGENDS UNGESTÖRT.

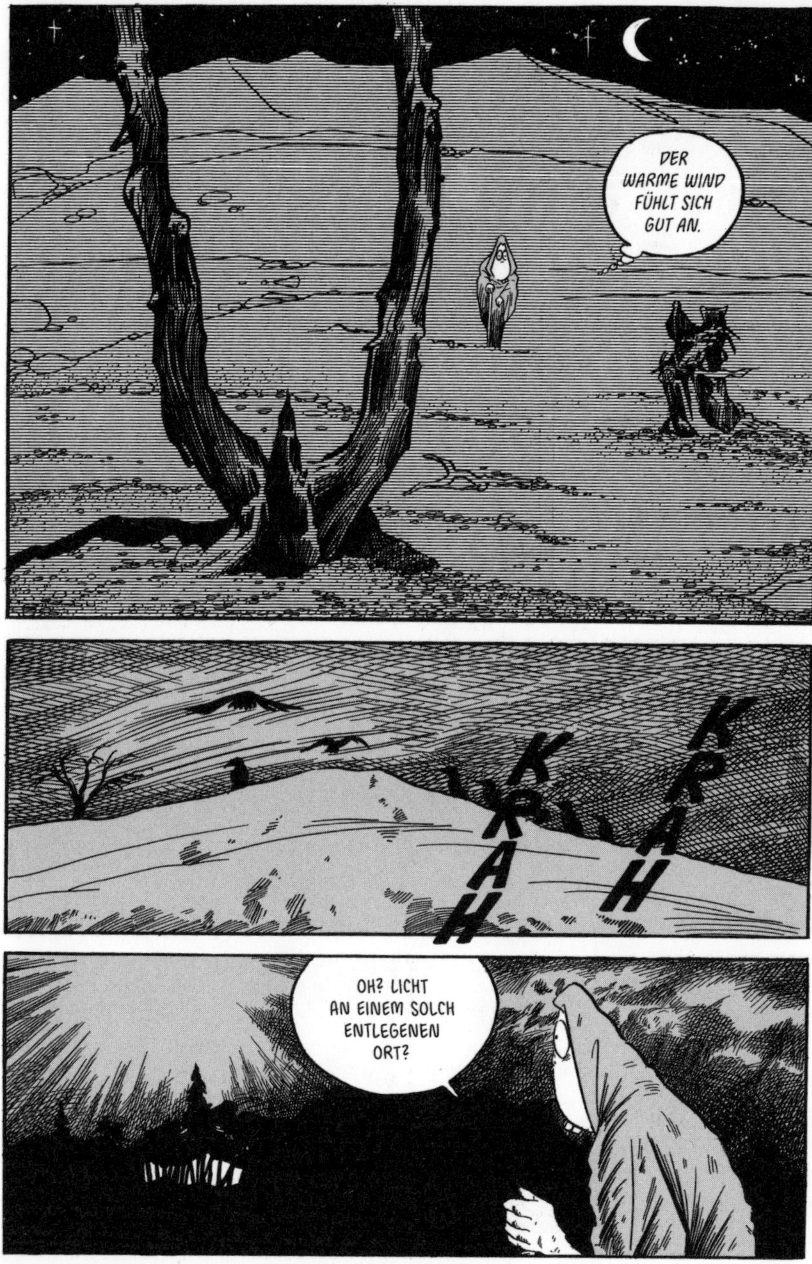
DER WARME WIND FÜHLT SICH GUT AN.
KRAH
KRAH
OH? LICHT AN EINEM SOLCH ENTLEGENEN ORT?

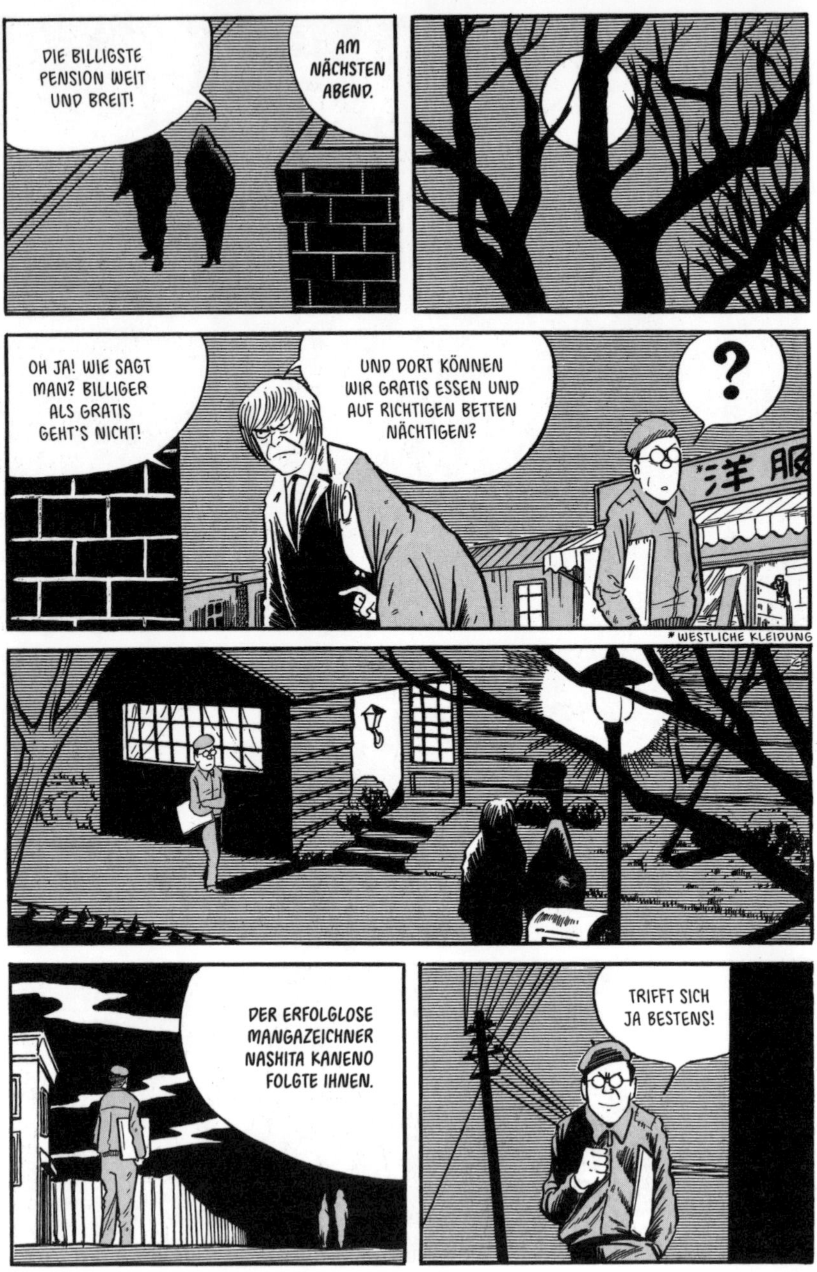

DIE BILLIGSTE PENSION WEIT UND BREIT!
AM NÄCHSTEN ABEND.
OH JA! WIE SAGT MAN? BILLIGER ALS GRATIS GEHT'S NICHT!
UND DORT KÖNNEN WIR GRATIS ESSEN UND AUF RICHTIGEN BETTEN NÄCHTIGEN?
?
*洋服
*WESTLICHE KLEIDUNG
DER ERFOLGLOSE MANGAZEICHNER NASHITA KANENO FOLGTE IHNEN.
TRIFFT SICH JA BESTENS!

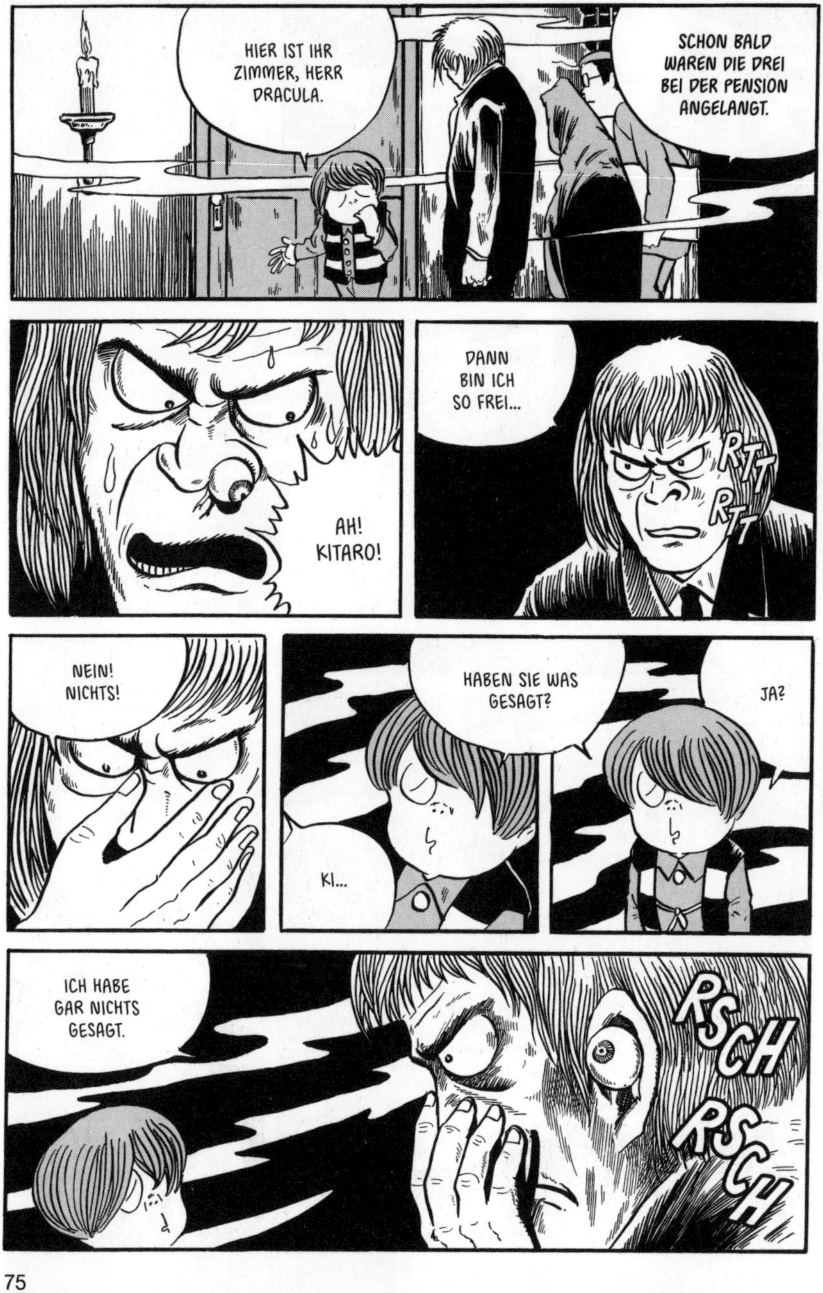
SCHON BALD WAREN DIE DREI BEI DER PENSION ANGELANGT.
HIER IST IHR ZIMMER, HERR DRACULA.
DANN BIN ICH SO FREI...
RTT RTT
AH! KITARO!
JA?
KI...
HABEN SIE WAS GESAGT?
NEIN! NICHTS!
ICH HABE GAR NICHTS GESAGT.
RSCH RSCH

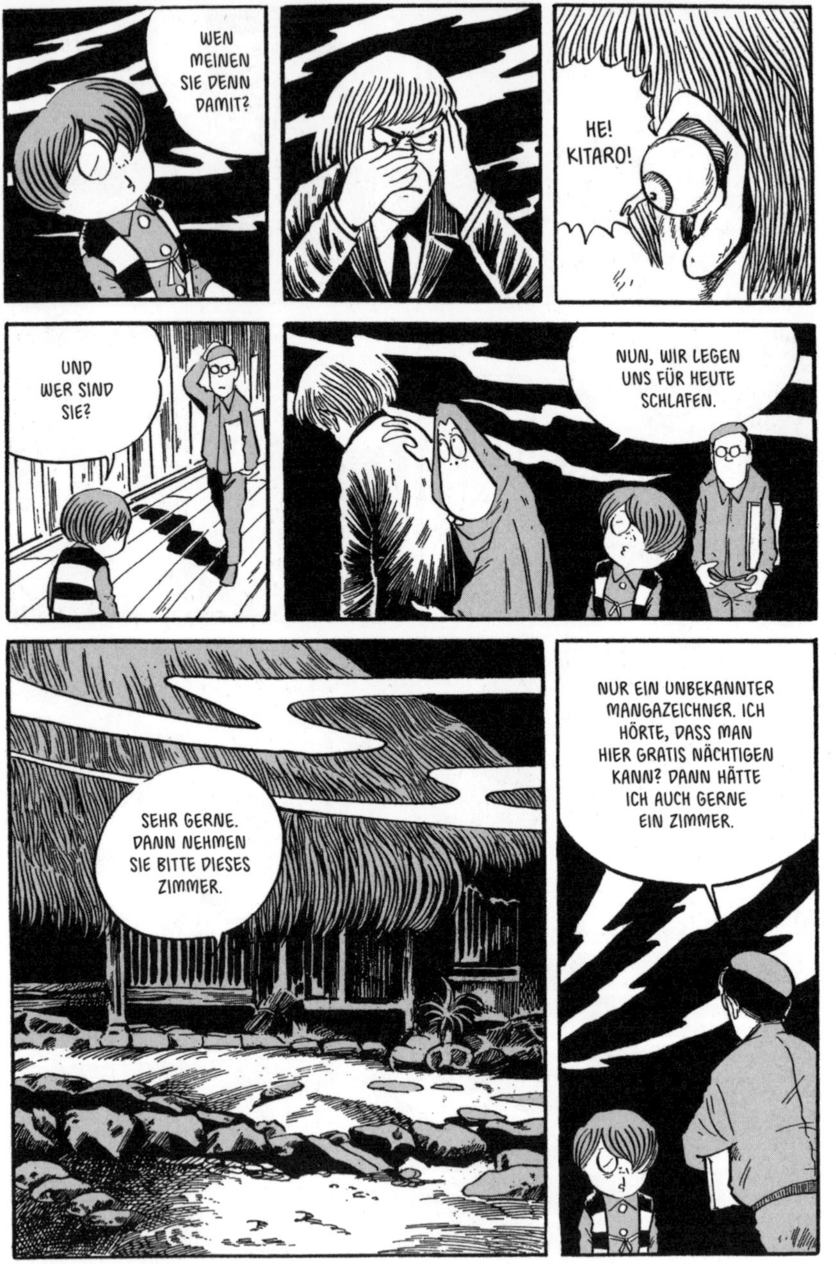
HE! KITARO!
WEN MEINEN SIE DENN DAMIT?
NUN, WIR LEGEN UNS FÜR HEUTE SCHLAFEN.
UND WER SIND SIE?
NUR EIN UNBEKANNTER MANGAZEICHNER. ICH HÖRTE, DASS MAN HIER GRATIS NÄCHTIGEN KANN? DANN HÄTTE ICH AUCH GERNE EIN ZIMMER.
SEHR GERNE. DANN NEHMEN SIE BITTE DIESES ZIMMER.

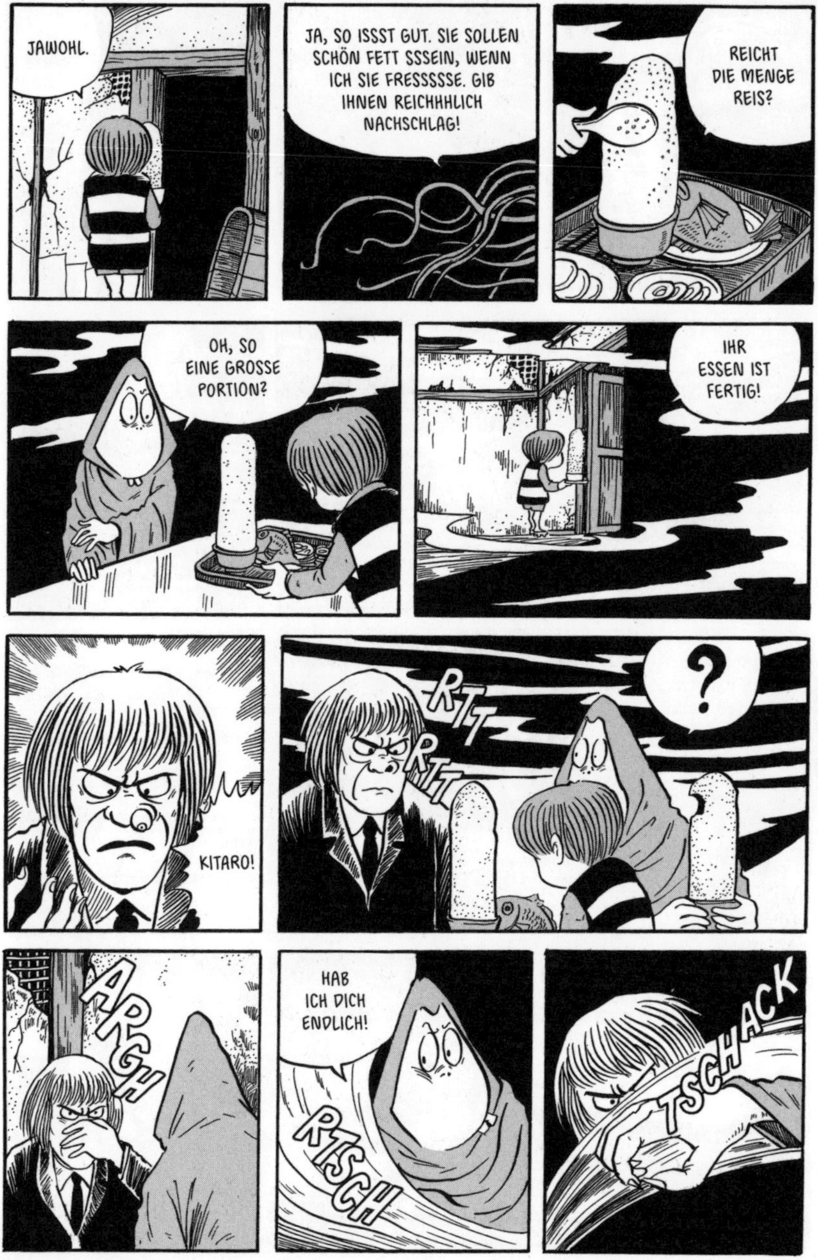
JAWOHL.
JA, SO ISSST GUT. SIE SOLLEN SCHÖN FETT SSSEIN, WENN ICH SIE FRESSSSSE. GIB IHNEN REICHHHLICH NACHSCHLAG!
REICHT DIE MENGE REIS?
OH, SO EINE GROSSE PORTION?
IHR ESSEN IST FERTIG!
KITARO!
RTT
RTT
?
ARGH
HAB ICH DICH ENDLICH!
RTSCH
TSCHACK

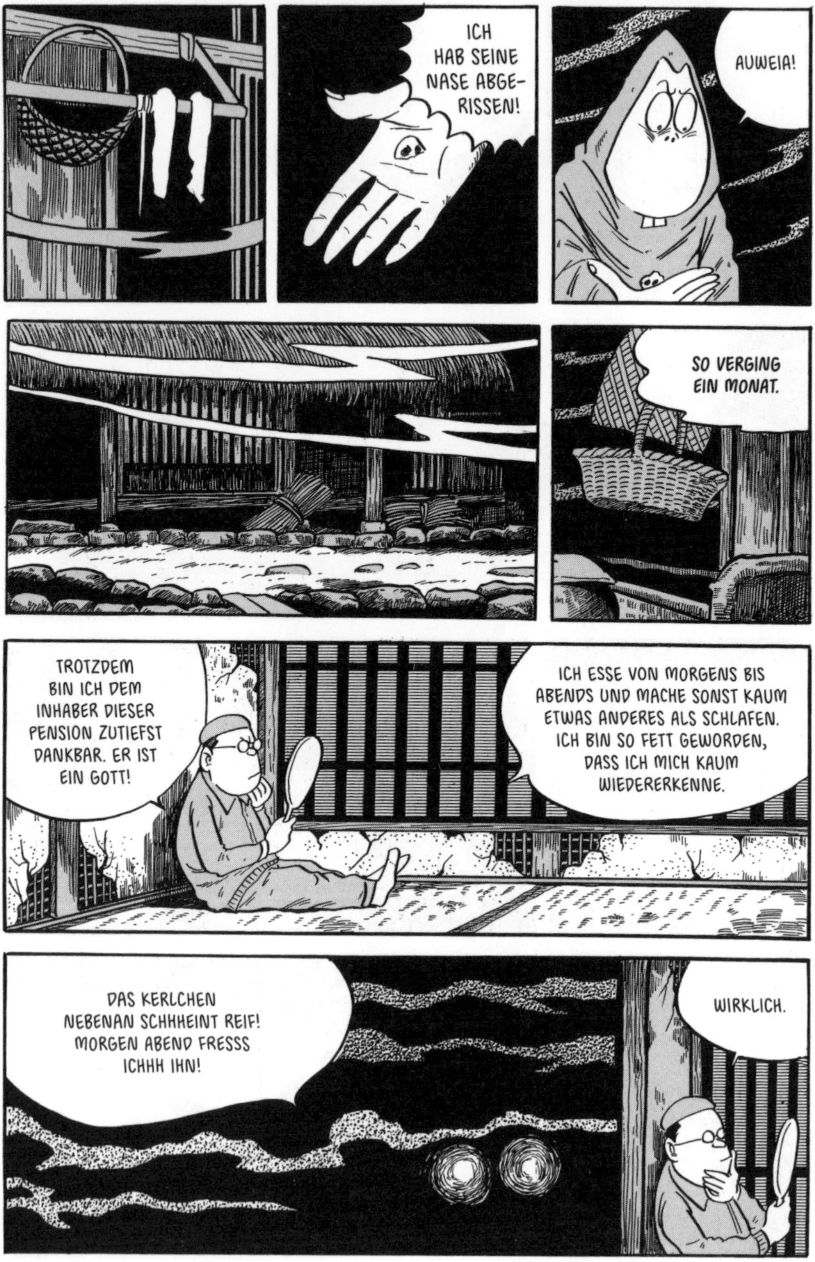
ICH HAB SEINE NASE ABGE- RISSEN!
AUWEIA!
SO VERGING EIN MONAT.
TROTZDEM BIN ICH DEM INHABER DIESER PENSION ZUTIEFST DANKBAR. ER IST EIN GOTT!
ICH ESSE VON MORGENS BIS ABENDS UND MACHE SONST KAUM ETWAS ANDERES ALS SCHLAFEN. ICH BIN SO FETT GEWORDEN, DASS ICH MICH KAUM WIEDERERKENNE.
DAS KERLCHEN NEBENAN SCHHHEINT REIF! MORGEN ABEND FRESSS ICHHH IHN!
WIRKLICH.

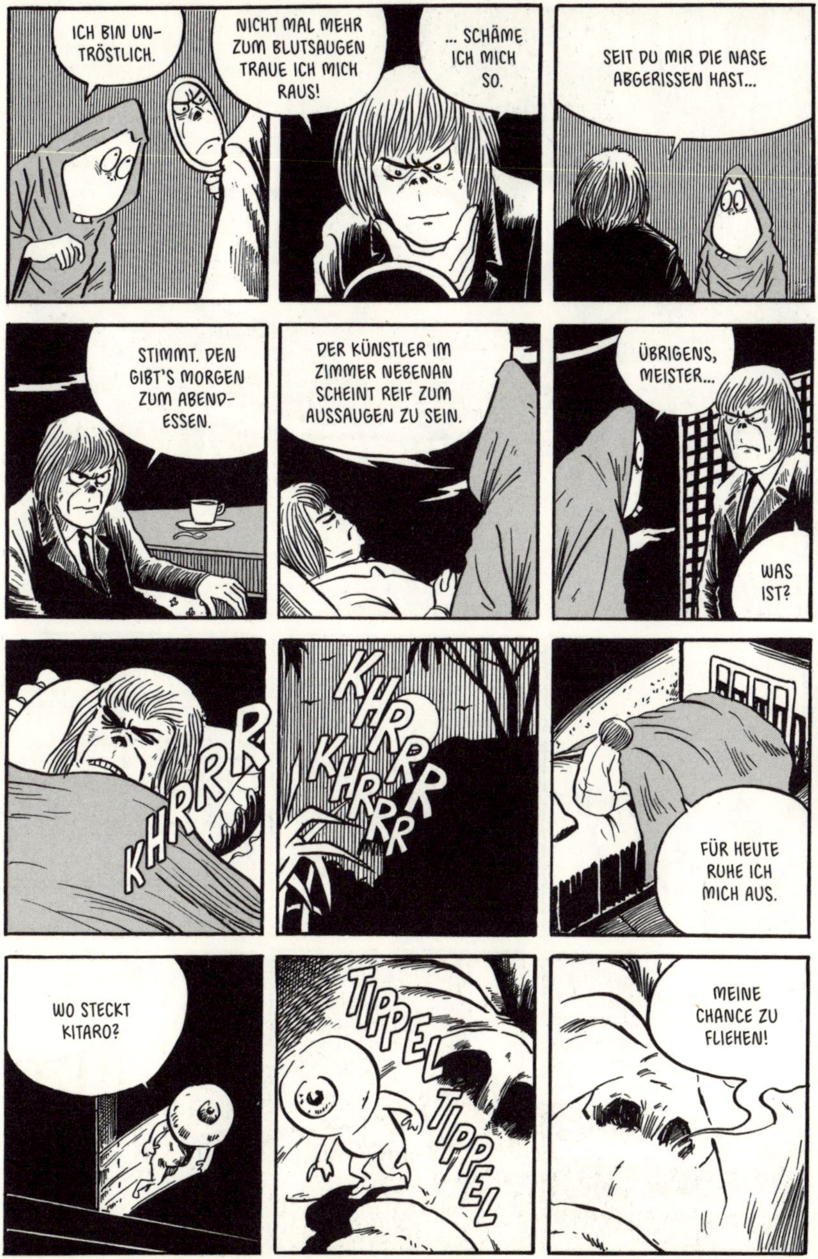

ICH BIN UNTRÖSTLICH.
NICHT MAL MEHR ZUM BLUTSAUGEN TRAUE ICH MICH RAUS!
... SCHÄME ICH MICH SO.
SEIT DU MIR DIE NASE ABGERISSEN HAST...
STIMMT. DEN GIBT'S MORGEN ZUM ABENDESSEN.
DER KÜNSTLER IM ZIMMER NEBENAN SCHEINT REIF ZUM AUSSAUGEN ZU SEIN.
ÜBRIGENS, MEISTER...
WAS IST?
KHRRRR
KHRRRR
KHRRRR
FÜR HEUTE RUHE ICH MICH AUS.
WO STECKT KITARO?
TIPPEL TIPPEL
MEINE CHANCE ZU FLIEHEN!

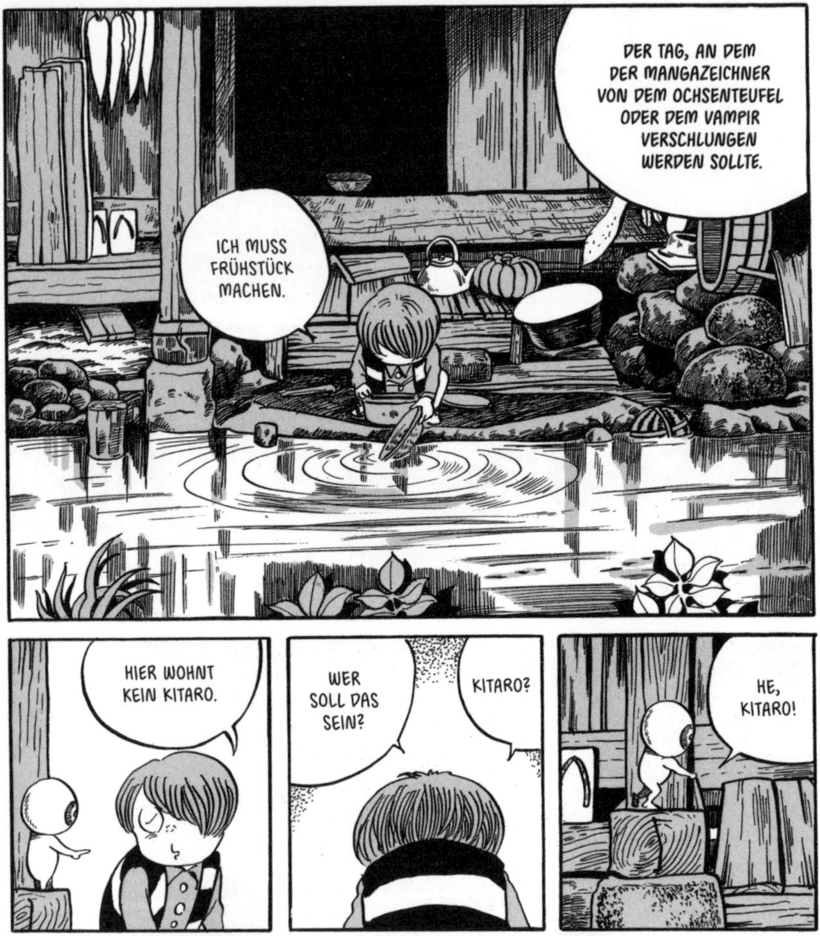
DER TAG, AN DEM DER MANGAZEICHNER VON DEM OCHSENTEUFEL ODER DEM VAMPIR VERSCHLUNGEN WERDEN SOLLTE.
ICH MUSS FRÜHSTÜCK MACHEN.
HE, KITARO!
KITARO?
WER SOLL DAS SEIN?
HIER WOHNT KEIN KITARO.
OH, WIE TRAGISCH!
ALLES NUR, WEIL DER OCHSENTEUFEL DEINE SEELE GERAUBT HAT.
BLÖDER, LÄSTIGER AUGAPFEL!

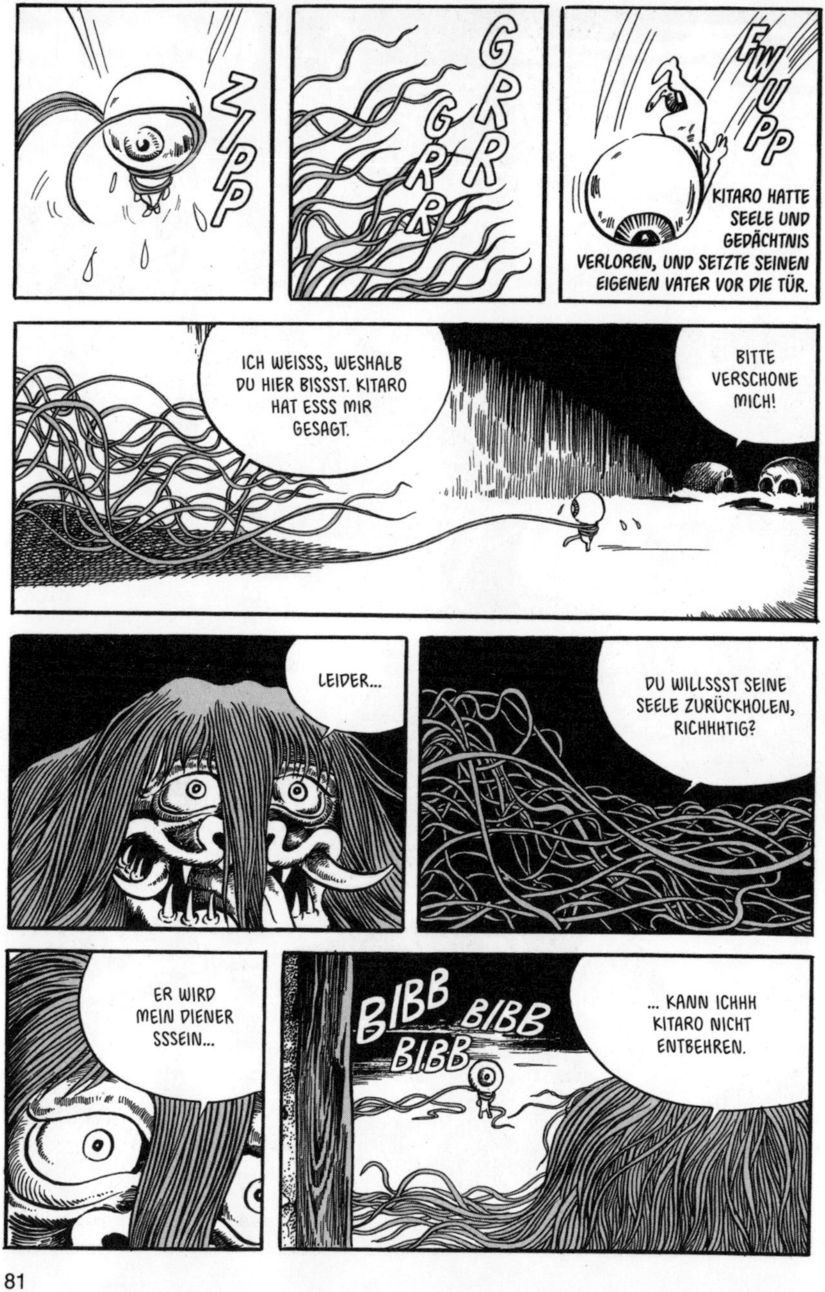
ZIPP
GRRR GRRR
FWUPP
KITARO HATTE SEELE UND GEDÄCHTNIS VERLOREN, UND SETZTE SEINEN EIGENEN VATER VOR DIE TÜR.
ICH WEISSS, WESHALB DU HIER BISSST. KITARO HAT ESSS MIR GESAGT.
BITTE VERSCHONE MICH!
LEIDER...
DU WILLSSST SEINE SEELE ZURÜCKHOLEN, RICHHHTIG?
ER WIRD MEIN DIENER SSSEIN...
BIBB BIBB BIBB
... KANN ICHHH KITARO NICHT ENTBEHREN.

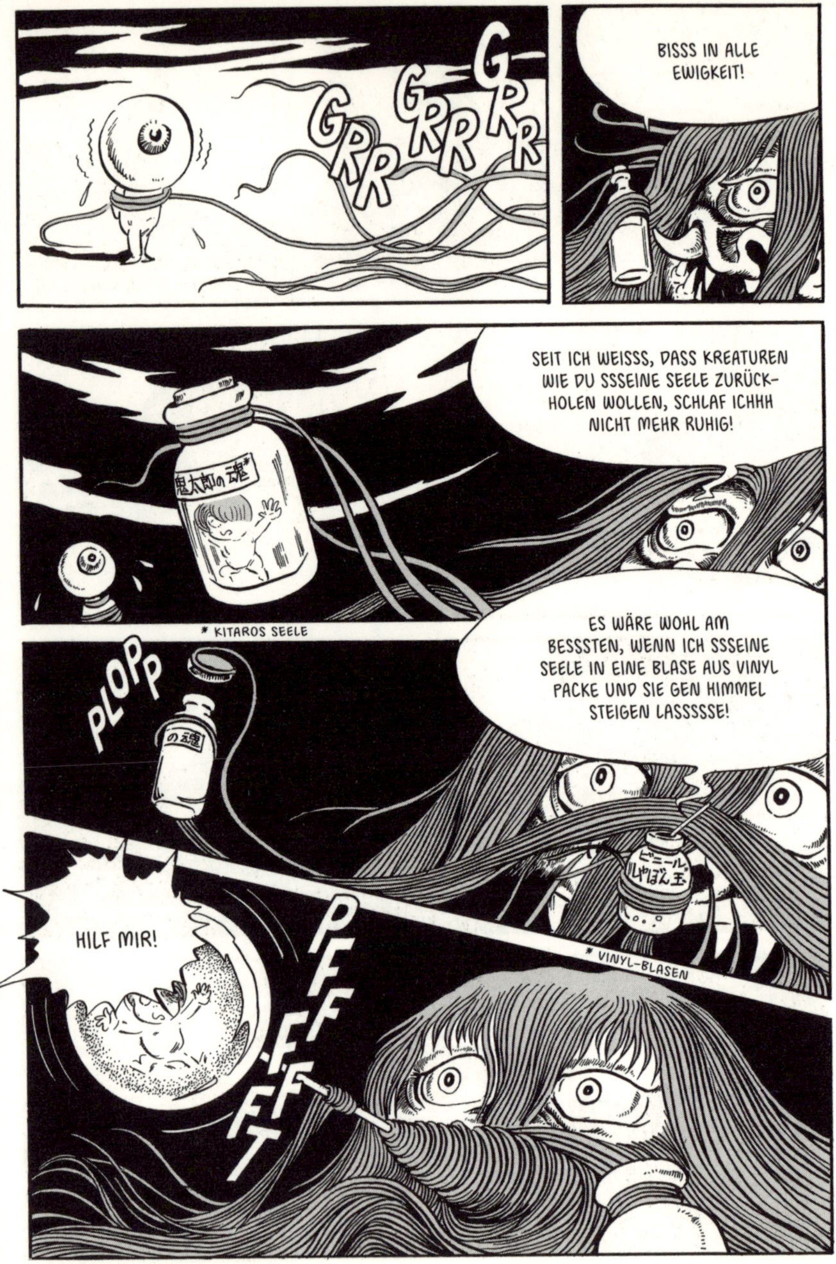
GRR GRRR GRR
BISSS IN ALLE EWIGKEIT!
SEIT ICH WEISSS, DASS KREATUREN WIE DU SSSEINE SEELE ZURÜCKHOLEN WOLLEN, SCHLAF ICHHH NICHT MEHR RUHIG!
鬼太郎の魂*
* KITAROS SEELE
PLOPP
の魂
ES WÄRE WOHL AM BESSSTEN, WENN ICH SSSEINE SEELE IN EINE BLASE AUS VINYL PACKE UND SIE GEN HIMMEL STEIGEN LASSSSSE!
ビニール*しゃぼん玉
* VINYL-BLASEN
HILF MIR!
PFFF.F.F.FT

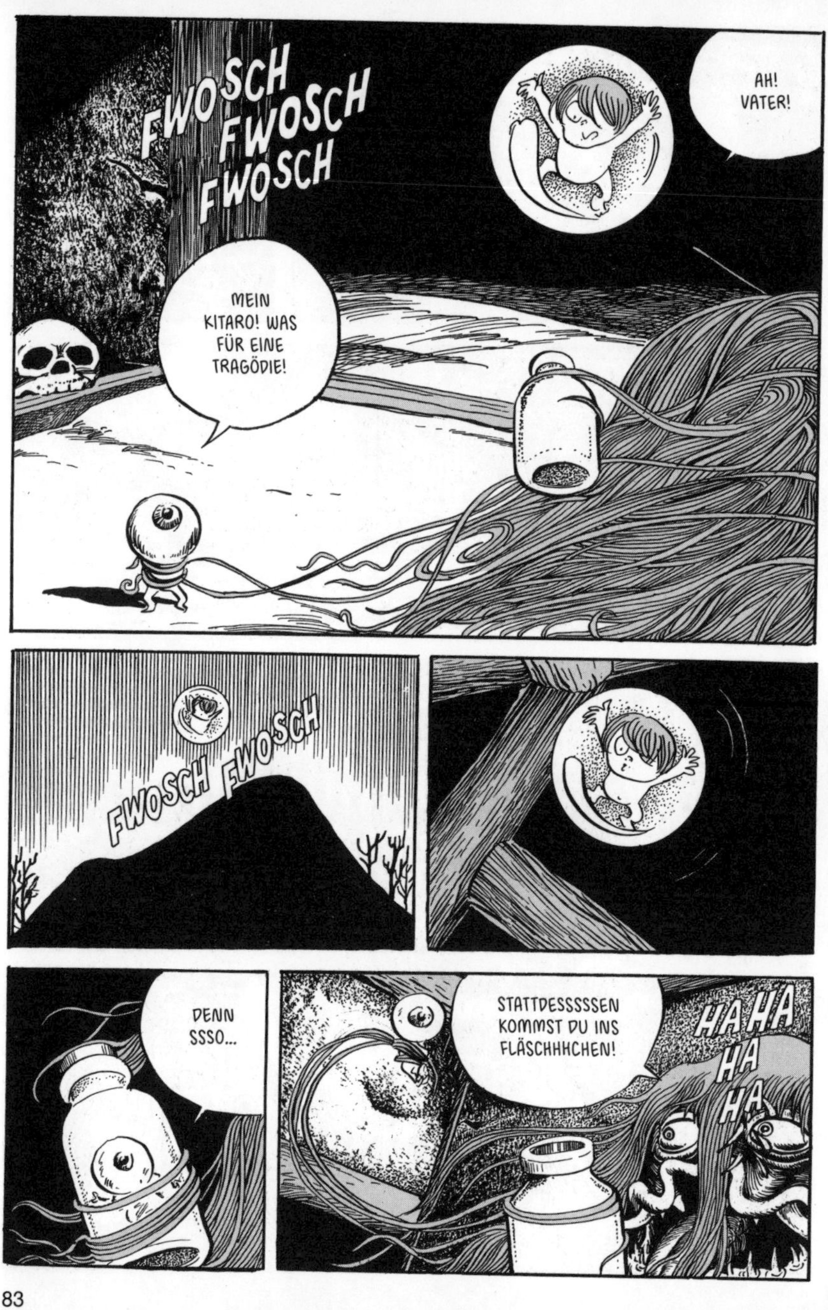
FWOSCH FWOSCH FWOSCH
AH! VATER!
MEIN KITARO! WAS FÜR EINE TRAGÖDIE!
FWOSCH FWOSCH
DENN SSSO...
STATTDESSSSSEN KOMMST DU INS FLÄSCHHHCHEN!
HAHA HA HA

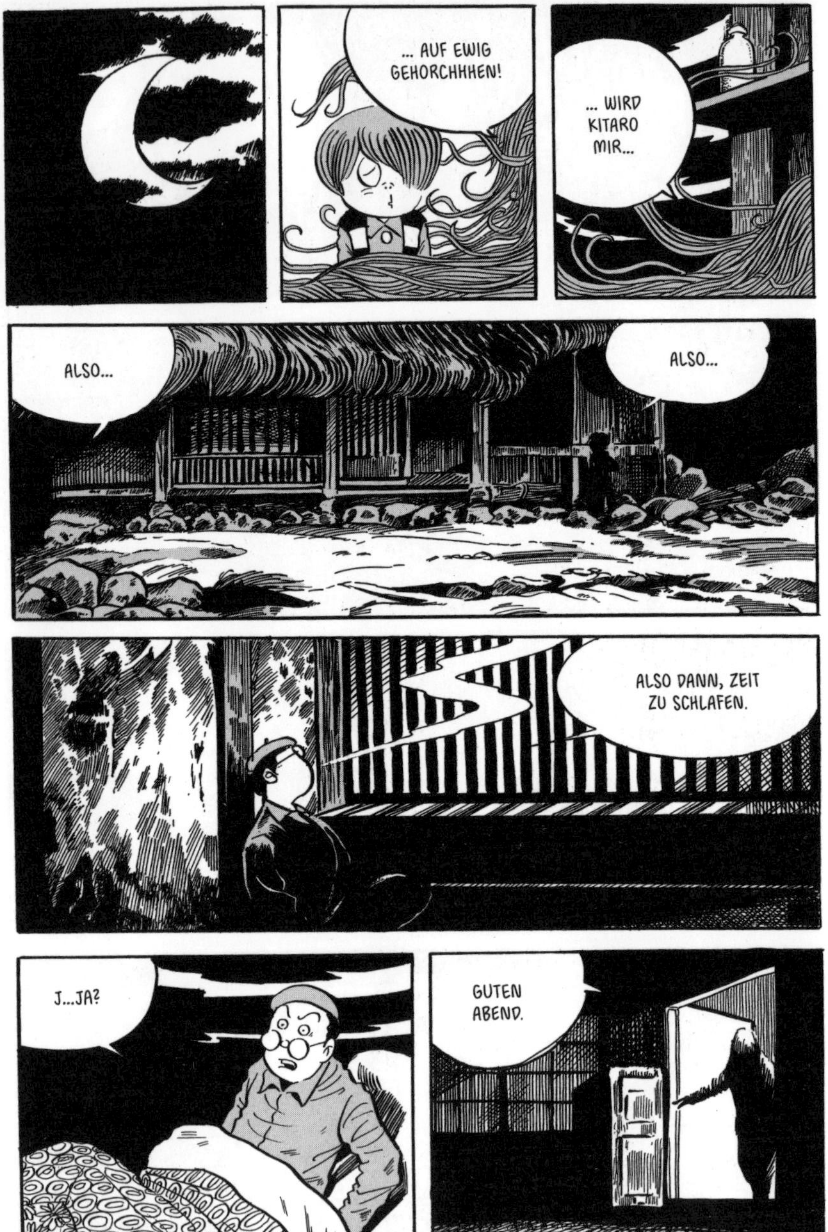
... WIRD KITARO MIR...
... AUF EWIG GEHORCHHHEN!
ALSO...
ALSO...
ALSO DANN, ZEIT ZU SCHLAFEN.
GUTEN ABEND.
J...JA?

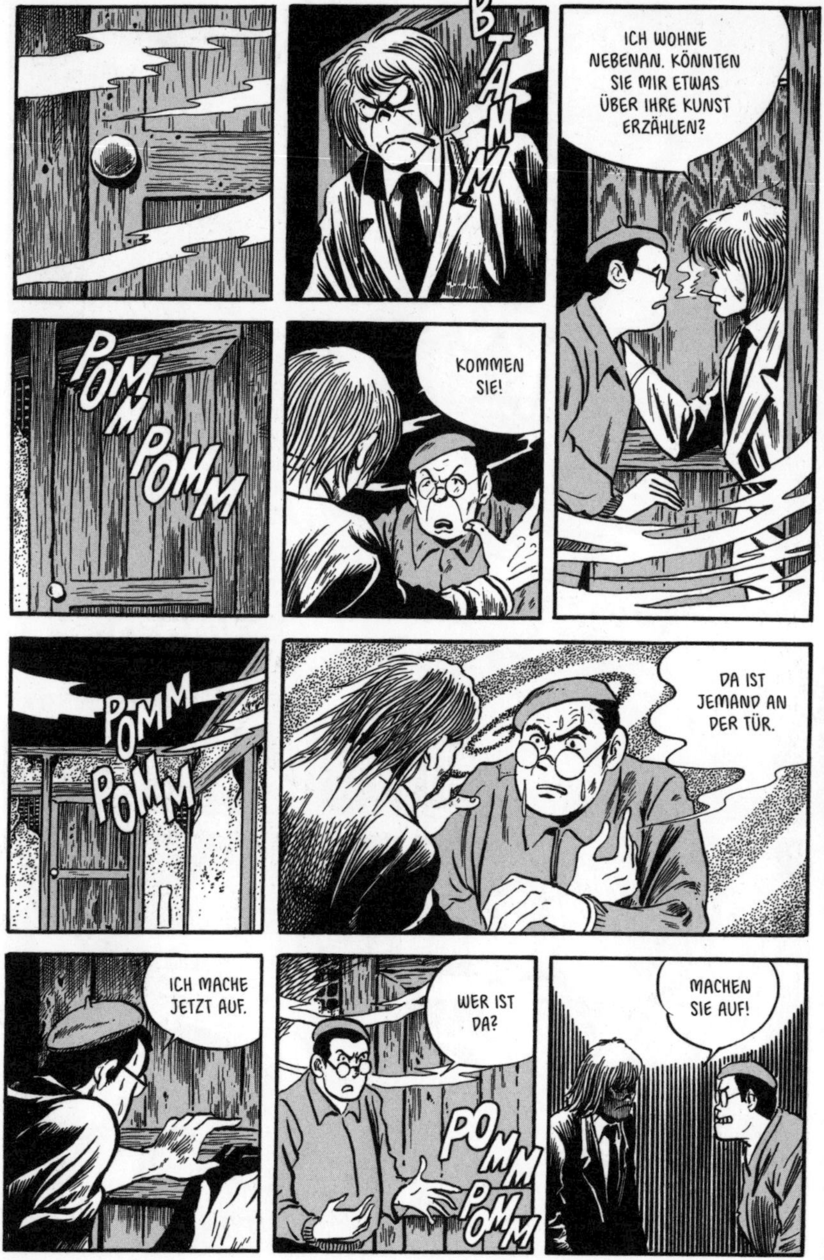
BTAMMM
ICH WOHNE NEBENAN. KÖNNTEN SIE MIR ETWAS ÜBER IHRE KUNST ERZÄHLEN?
POMM POMM
KOMMEN SIE!
POMM POMM
DA IST JEMAND AN DER TÜR.
ICH MACHE JETZT AUF.
WER IST DA?
POMM POMM
MACHEN SIE AUF!

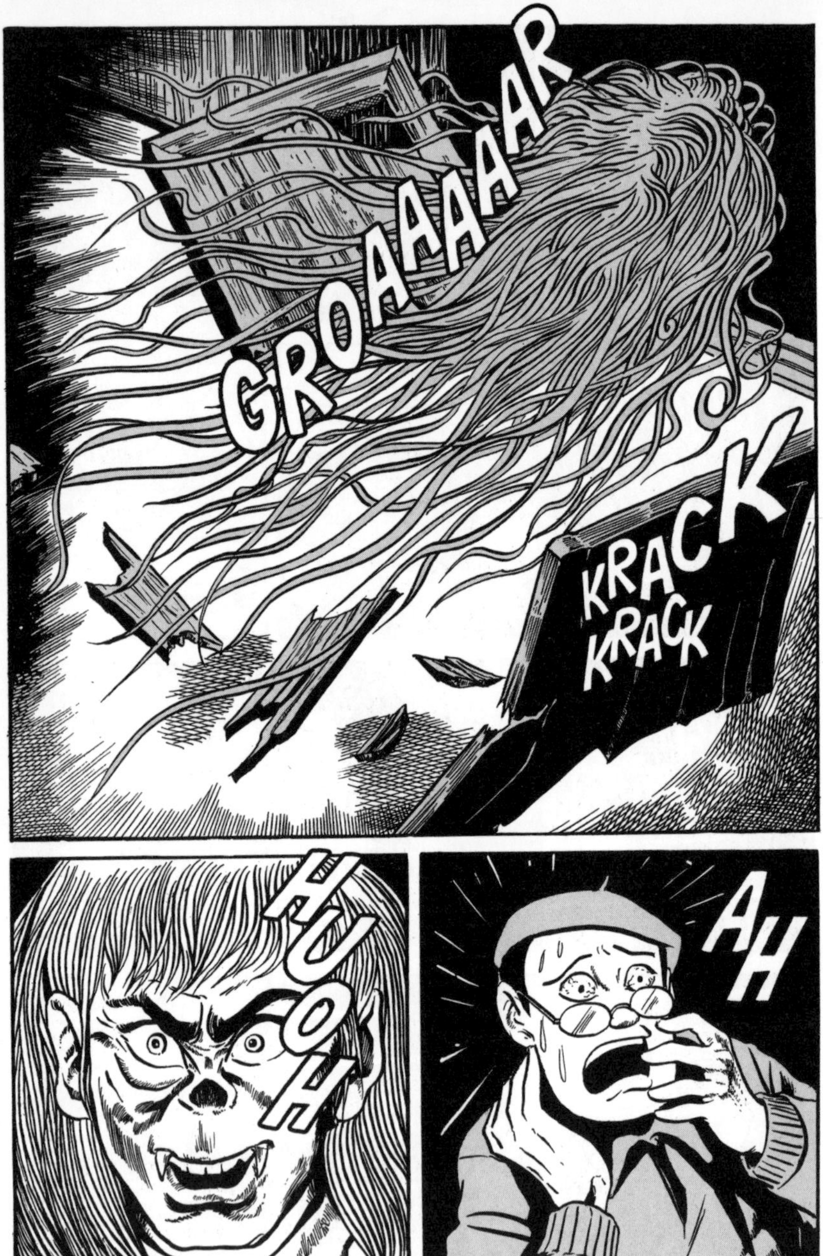
GROAAAAAR
KRACK
KRACK
KRACK
HUOOH
AH

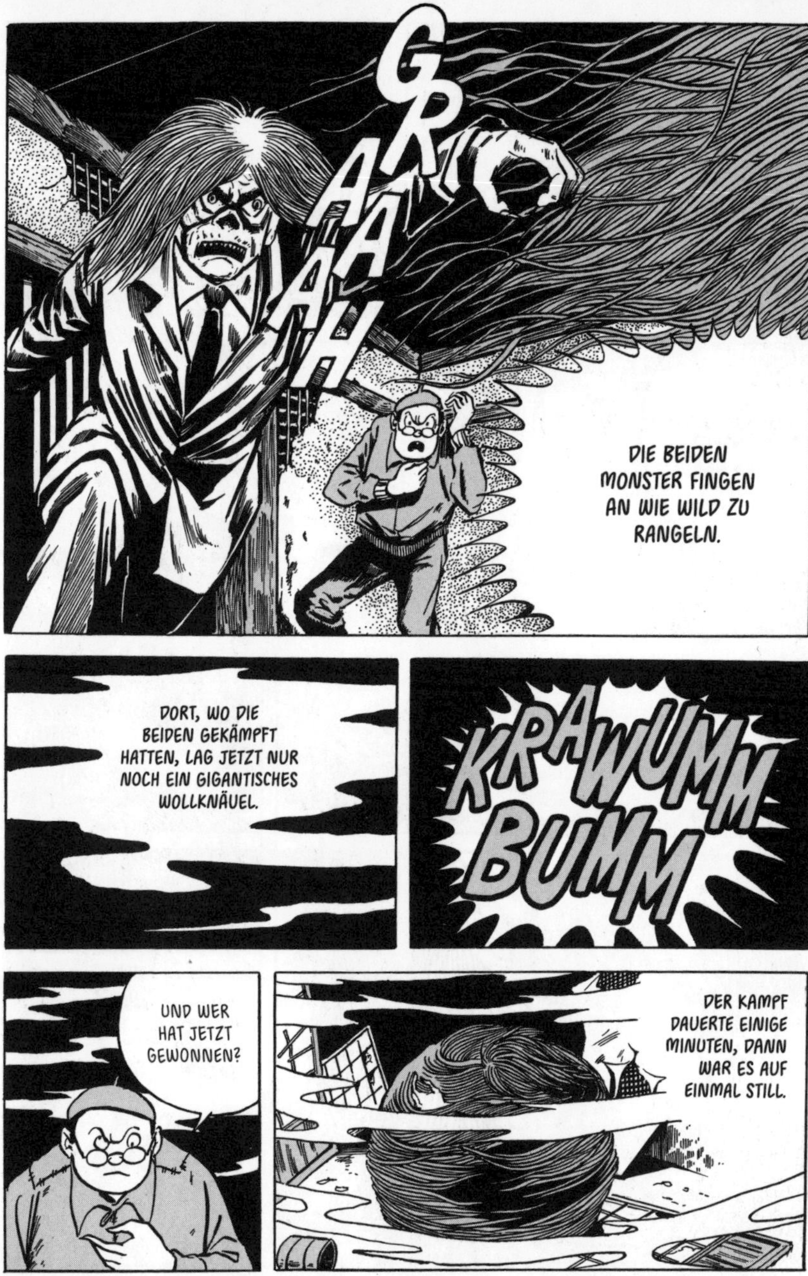
GRAAAAH
DIE BEIDEN MONSTER FINGEN AN WIE WILD ZU RANGELN.
DORT, WO DIE BEIDEN GEKÄMPFT HATTEN, LAG JETZT NUR NOCH EIN GIGANTISCHES WOLLKNÄUEL.
KRAWUMM BUMM
UND WER HAT JETZT GEWONNEN?
DER KAMPF DAUERTE EINIGE MINUTEN, DANN WAR ES AUF EINMAL STILL.

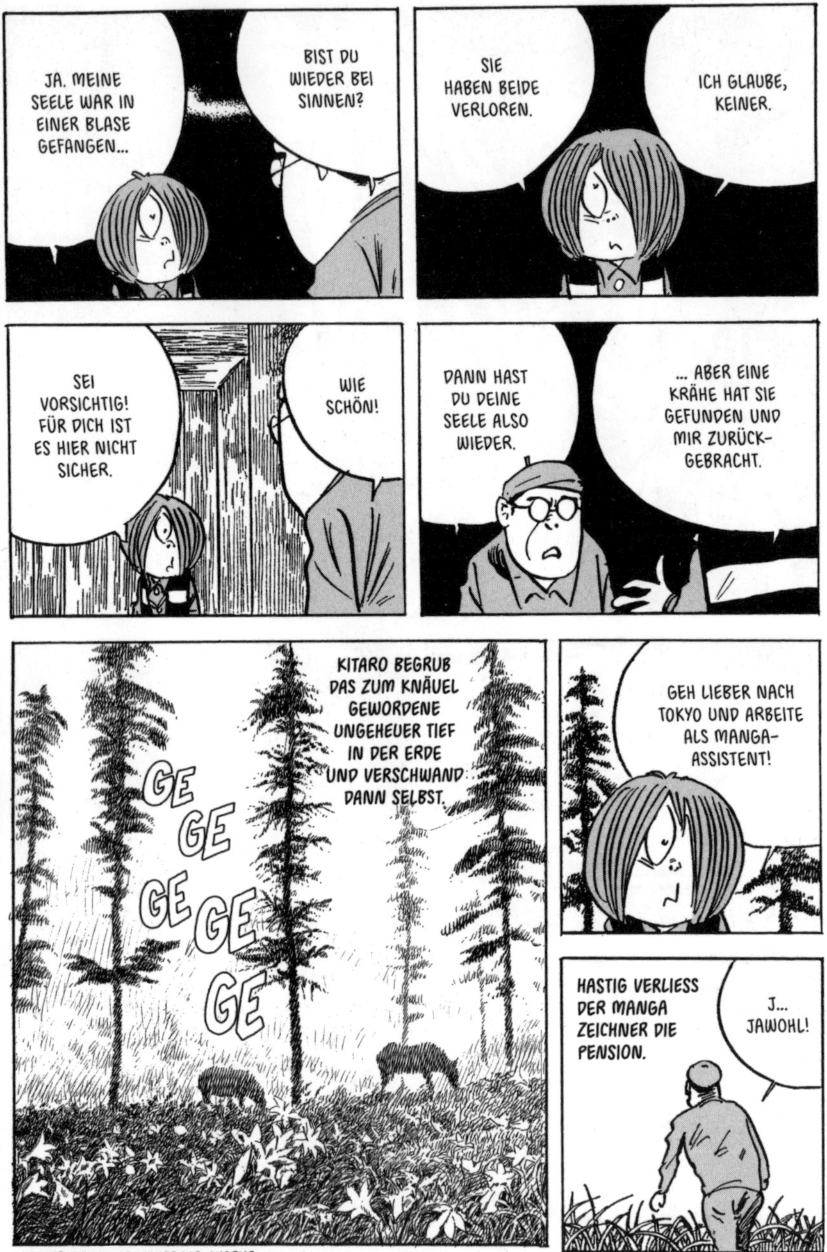

„GEGE!" IST EIN JAPANISCHER AUSRUF, WENN MAN ETWAS LEICHT EKLIG FINDET.

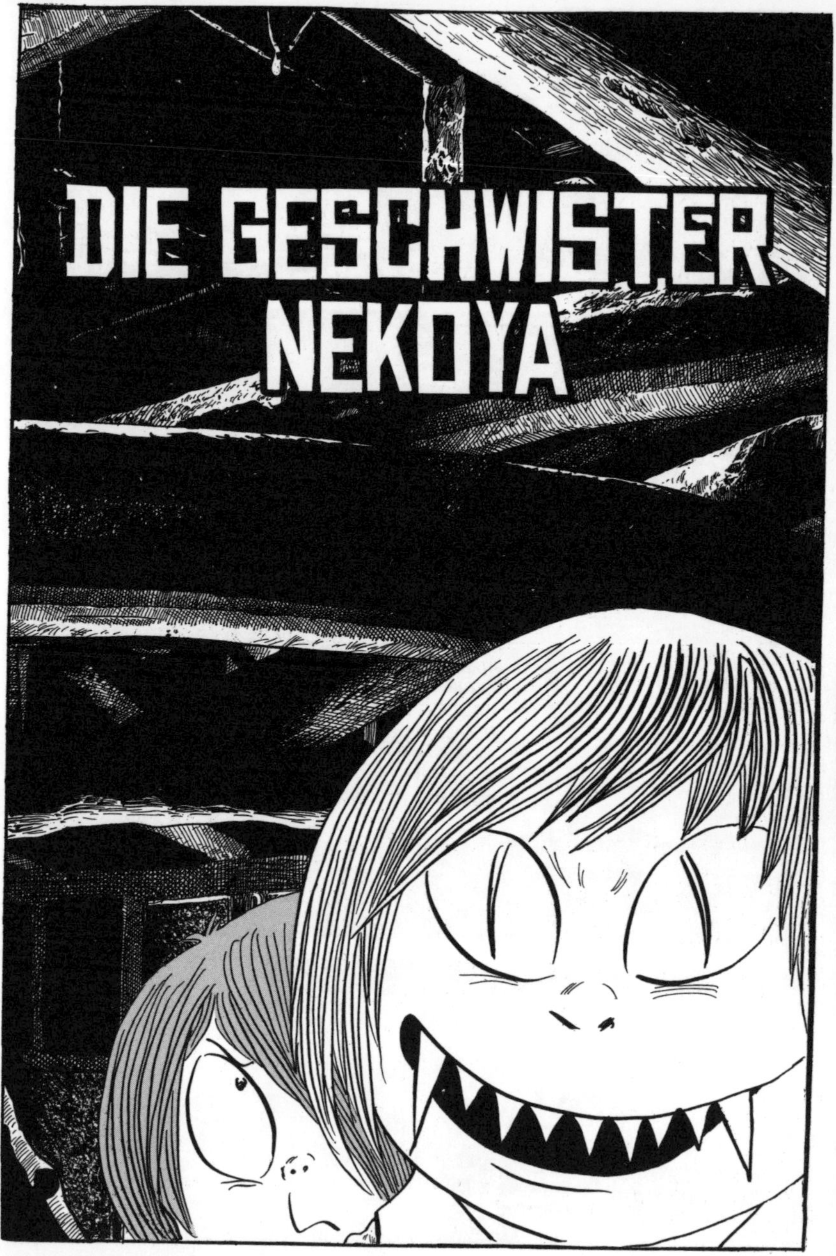
DIE GESCHWISTER
NEKOYA

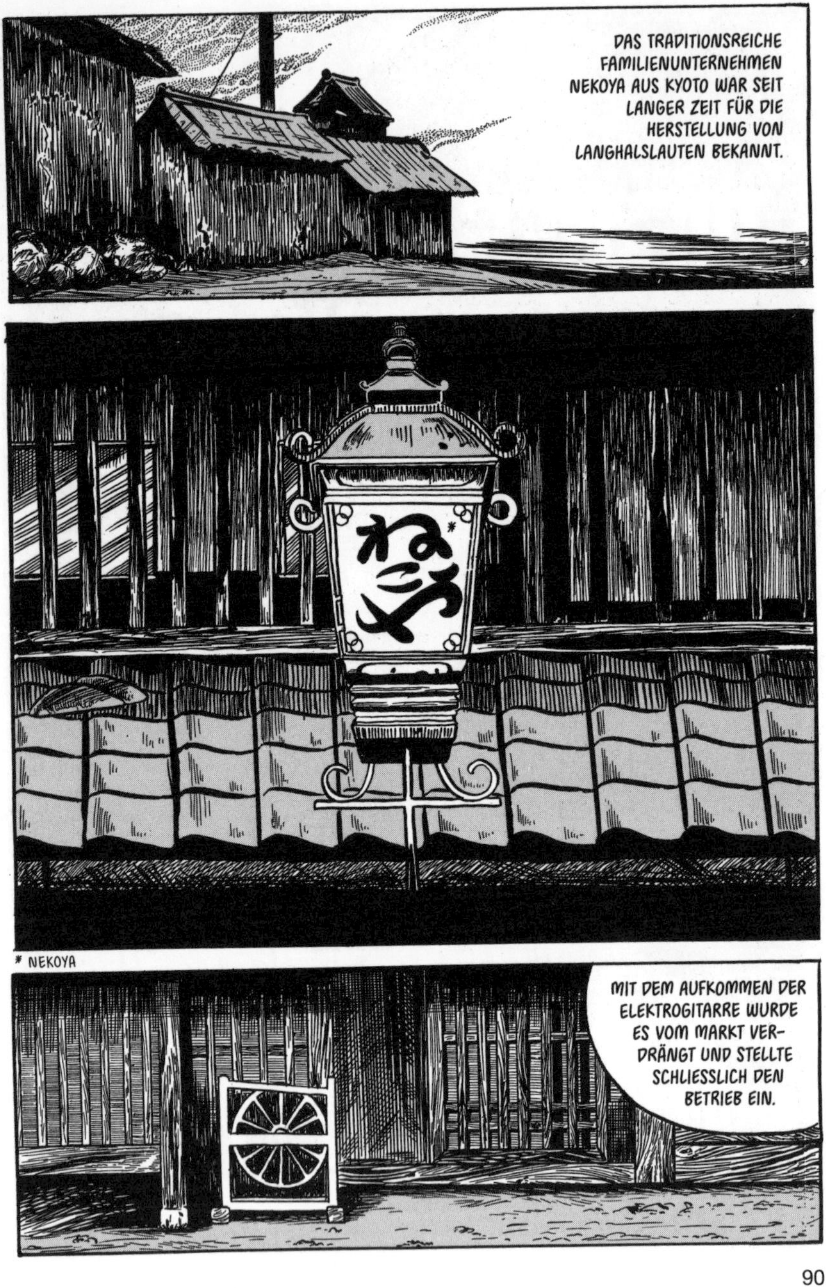
DAS TRADITIONSREICHE FAMILIENUNTERNEHMEN NEKOYA AUS KYOTO WAR SEIT LANGER ZEIT FÜR DIE HERSTELLUNG VON LANGHALSLAUTEN BEKANNT.
ねこや*
MIT DEM AUFKOMMEN DER ELEKTROGITARRE WURDE ES VOM MARKT VERDRÄNGT UND STELLTE SCHLIESSLICH DEN BETRIEB EIN.

* NEKOYA

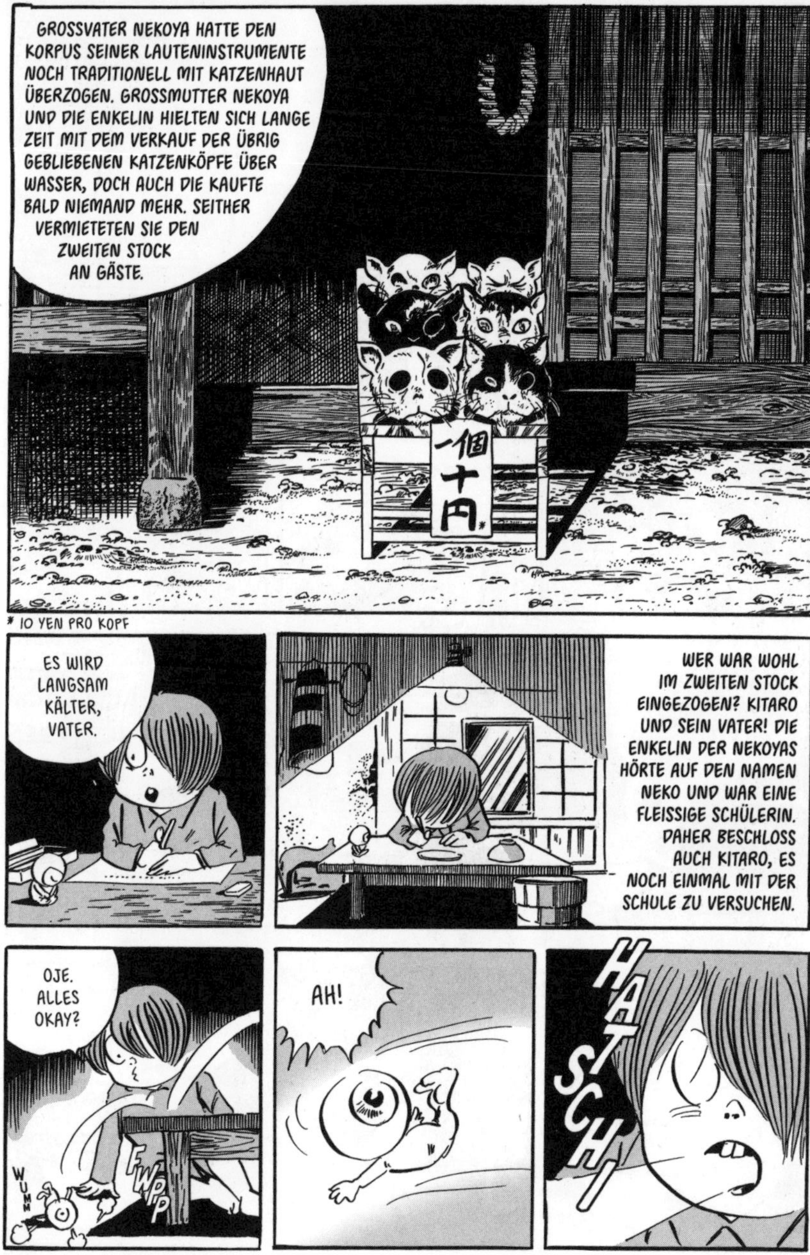

* 10 YEN PRO KOPF

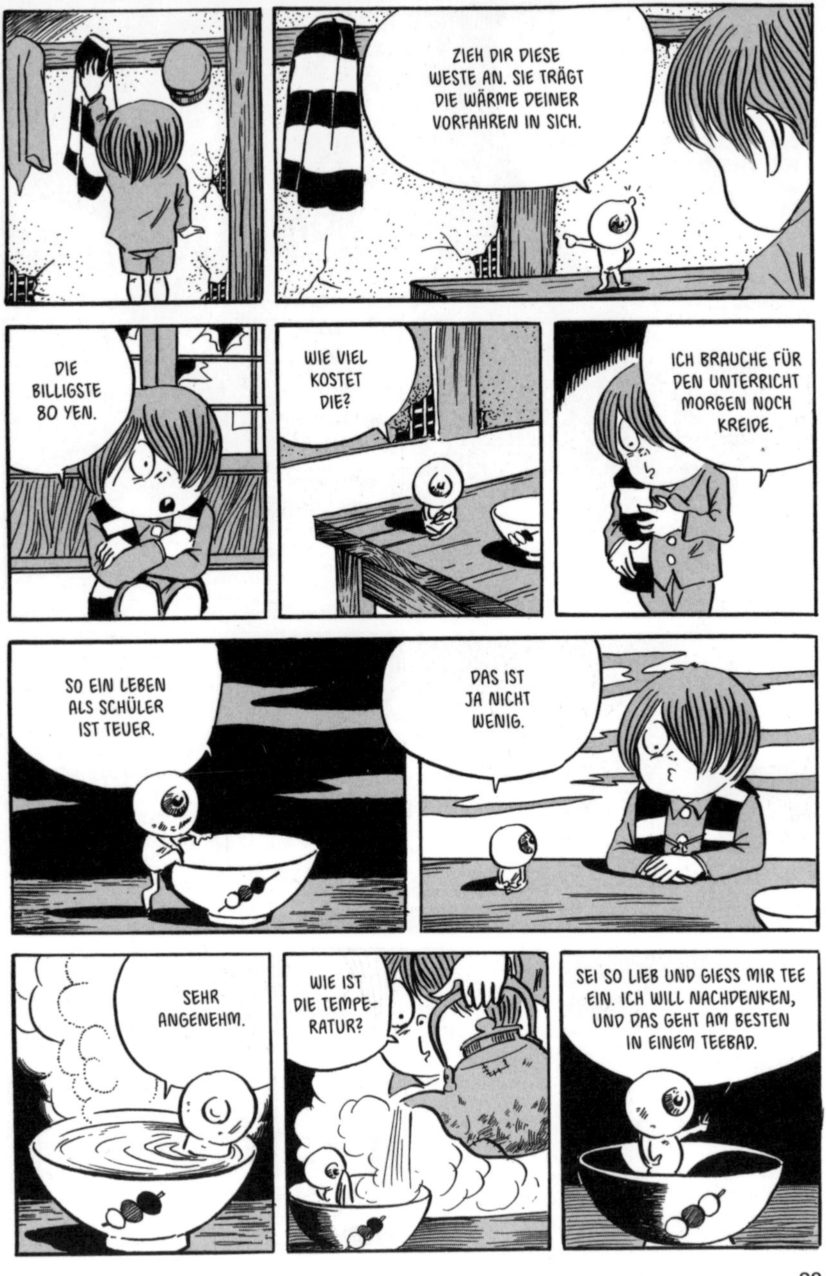
ZIEH DIR DIESE WESTE AN. SIE TRÄGT DIE WÄRME DEINER VORFAHREN IN SICH.
ICH BRAUCHE FÜR DEN UNTERRICHT MORGEN NOCH KREIDE.
WIE VIEL KOSTET DIE?
DIE BILLIGSTE 80 YEN.
SO EIN LEBEN ALS SCHÜLER IST TEUER.
DAS IST JA NICHT WENIG.
SEHR ANGENEHM.
WIE IST DIE TEMPERATUR?
SEI SO LIEB UND GIESS MIR TEE EIN. ICH WILL NACHDENKEN, UND DAS GEHT AM BESTEN IN EINEM TEEBAD.

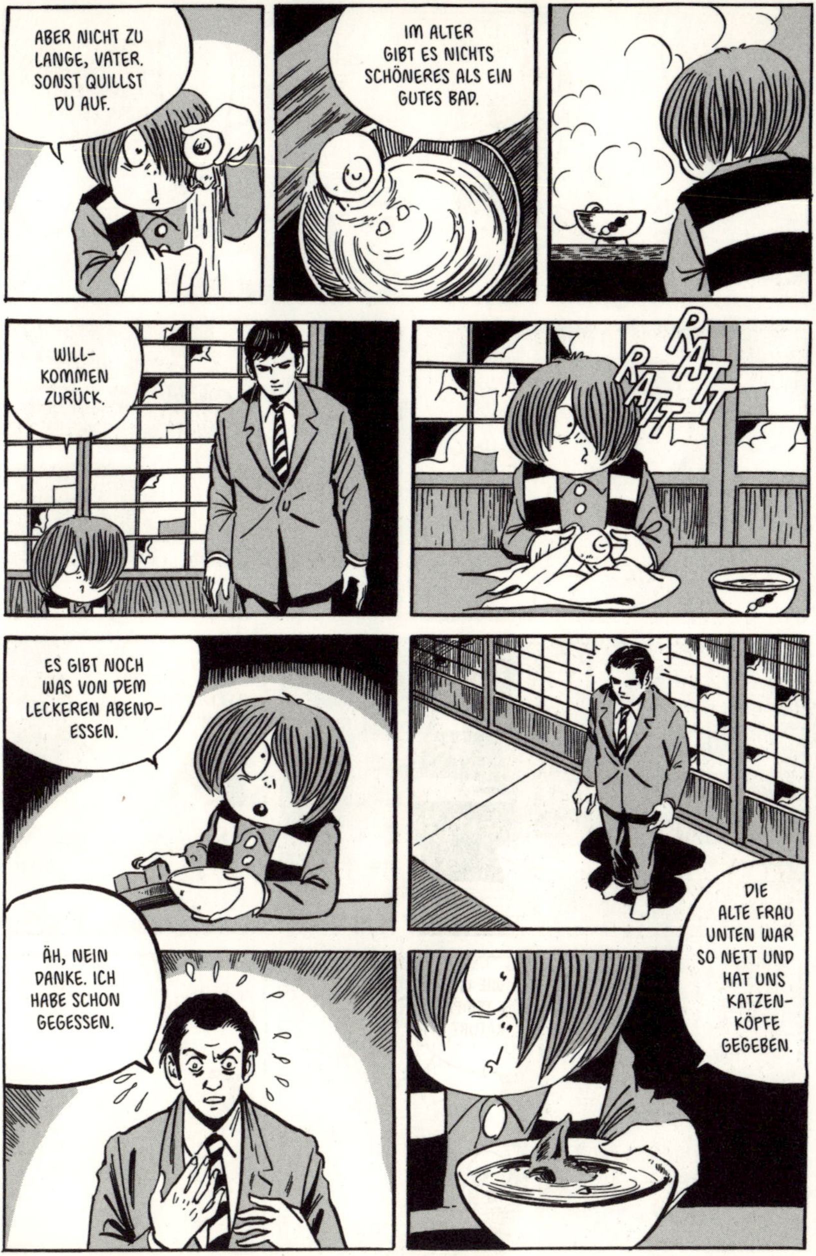
ABER NICHT ZU LANGE, VATER. SONST QUILLST DU AUF.
IM ALTER GIBT ES NICHTS SCHÖNERES ALS EIN GUTES BAD.
WILL-KOMMEN ZURÜCK.
RATT
RATT
ES GIBT NOCH WAS VON DEM LECKEREN ABEND-ESSEN.
ÄH, NEIN DANKE. ICH HABE SCHON GEGESSEN.
DIE ALTE FRAU UNTEN WAR SO NETT UND HAT UNS KATZEN-KÖPFE GEGEBEN.

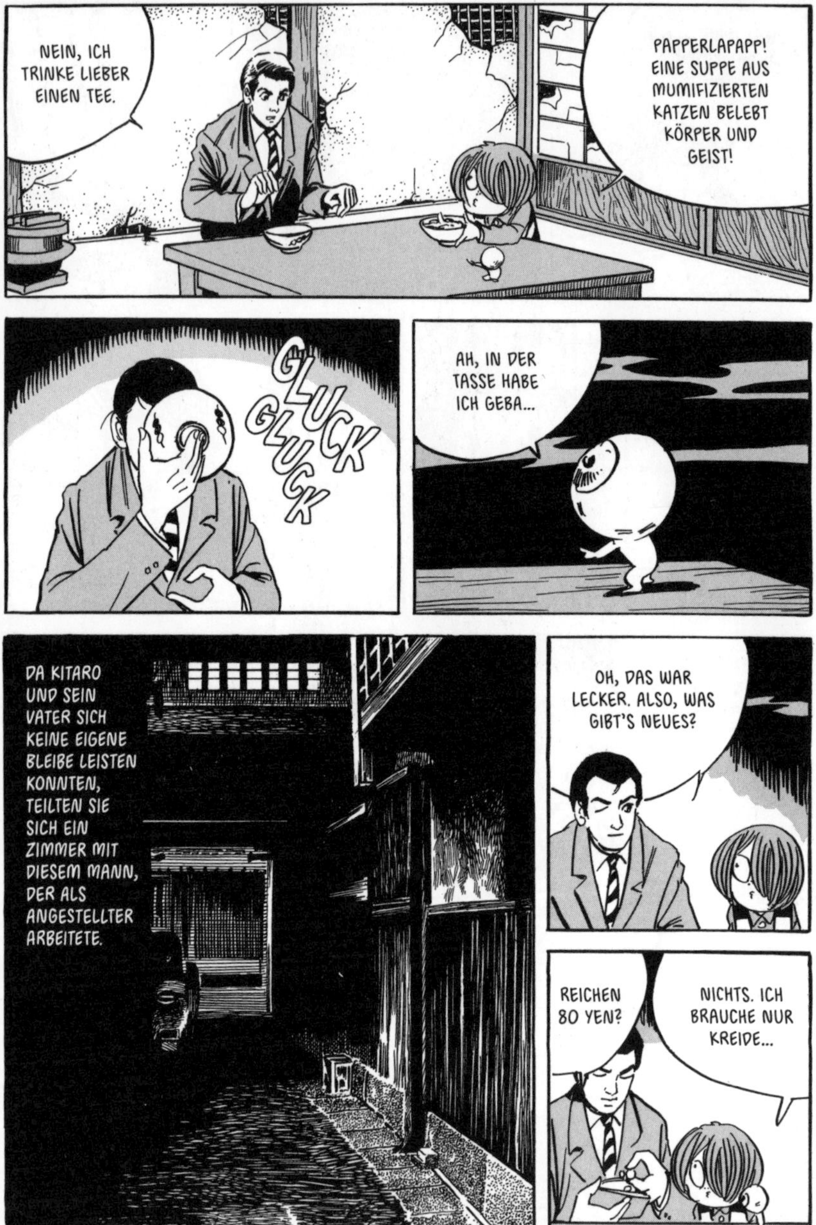
NEIN, ICH TRINKE LIEBER EINEN TEE.
PAPPERLAPAPP! EINE SUPPE AUS MUMIFIZIERTEN KATZEN BELEBT KÖRPER UND GEIST!
GLUCK GLUCK
AH, IN DER TASSE HABE ICH GEBA...
DA KITARO UND SEIN VATER SICH KEINE EIGENE BLEIBE LEISTEN KONNTEN, TEILTEN SIE SICH EIN ZIMMER MIT DIESEM MANN, DER ALS ANGESTELLTER ARBEITETE.
OH, DAS WAR LECKER. ALSO, WAS GIBT'S NEUES?
NICHTS. ICH BRAUCHE NUR KREIDE...
REICHEN 80 YEN?

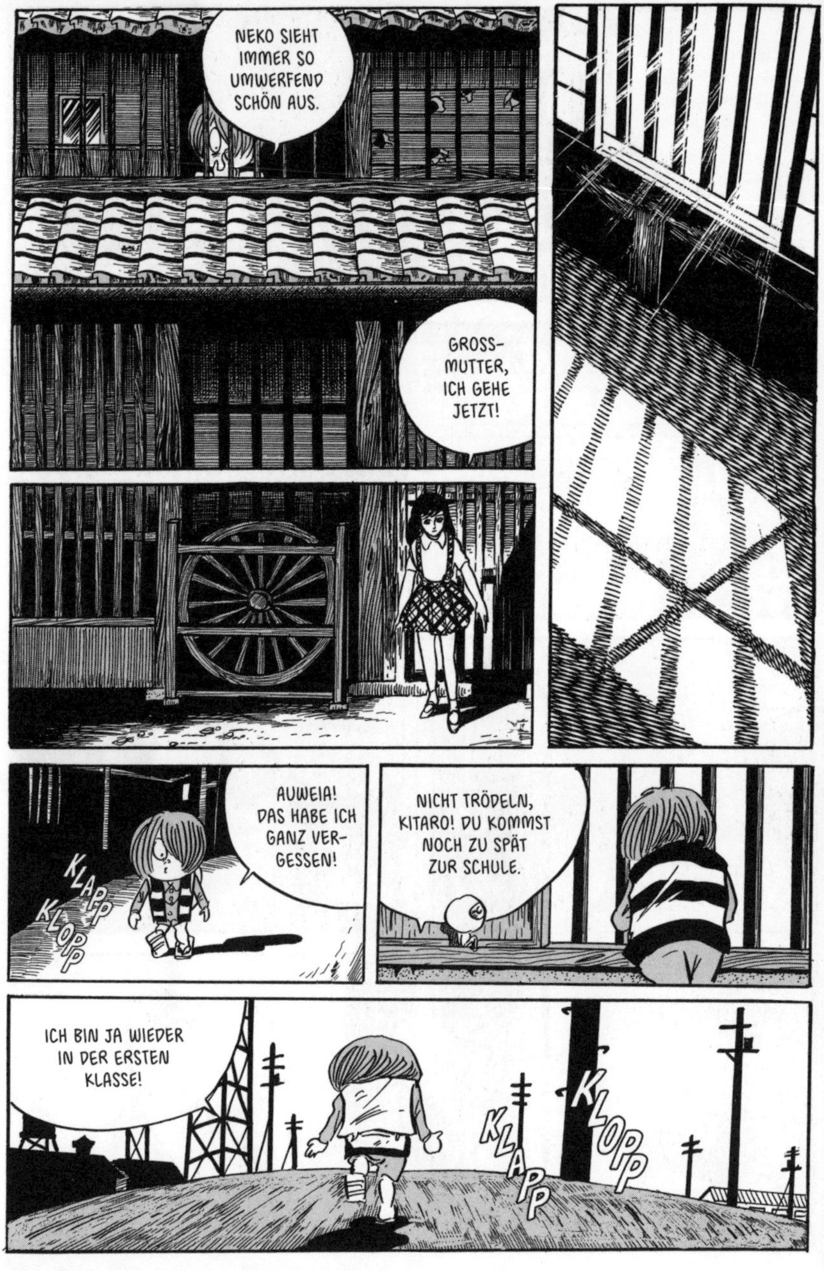
NEKO SIEHT IMMER SO UMWERFEND SCHÖN AUS.
GROSS-MUTTER, ICH GEHE JETZT!
AUWEIA! DAS HABE ICH GANZ VER-GESSEN!
KLAPP KLOPP
NICHT TRÖDELN, KITARO! DU KOMMST NOCH ZU SPÄT ZUR SCHULE.
ICH BIN JA WIEDER IN DER ERSTEN KLASSE!
KLAPP KLOPP

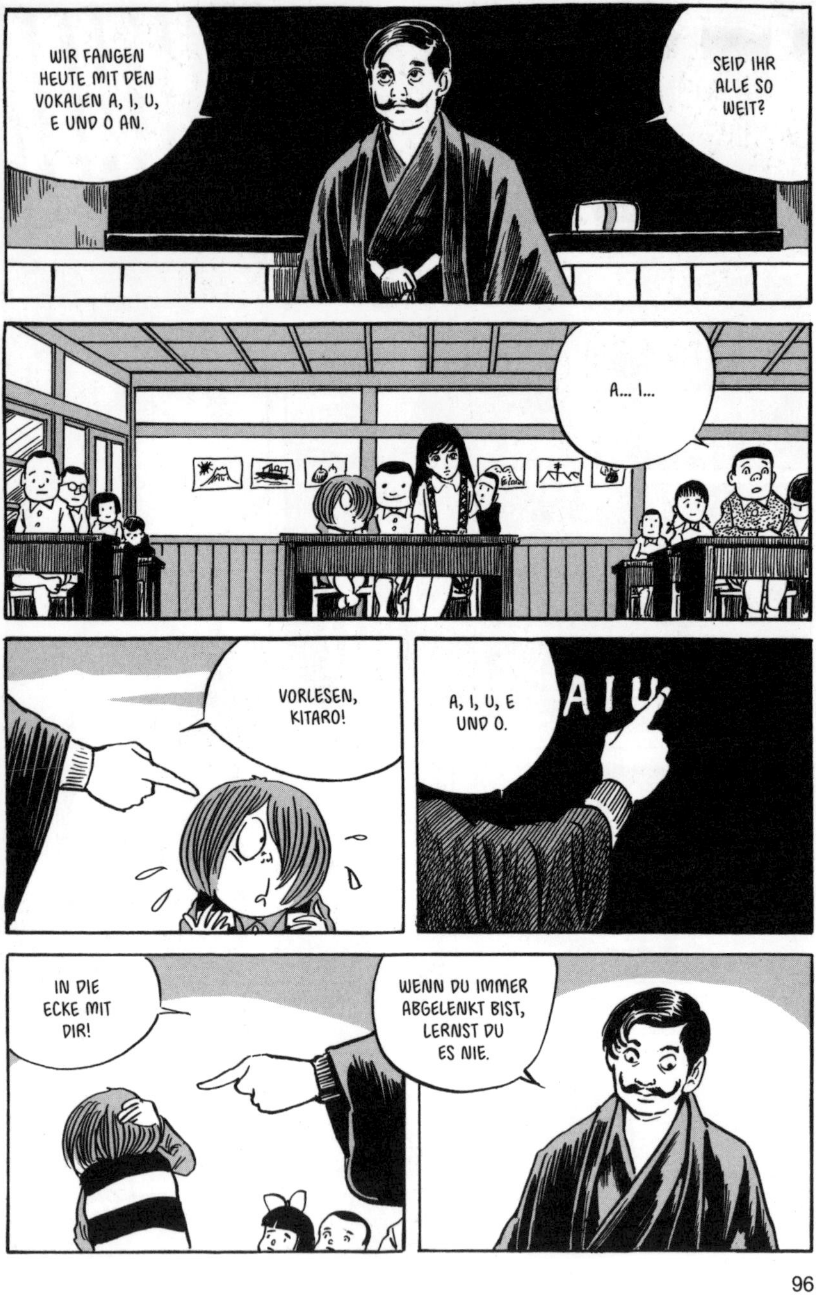
WIR FANGEN HEUTE MIT DEN VOKALEN A, I, U, E UND O AN.
SEID IHR ALLE SO WEIT?
A... I...
VORLESEN, KITARO!
A, I, U, E UND O.
AIU
IN DIE ECKE MIT DIR!
WENN DU IMMER ABGELENKT BIST, LERNST DU ES NIE.

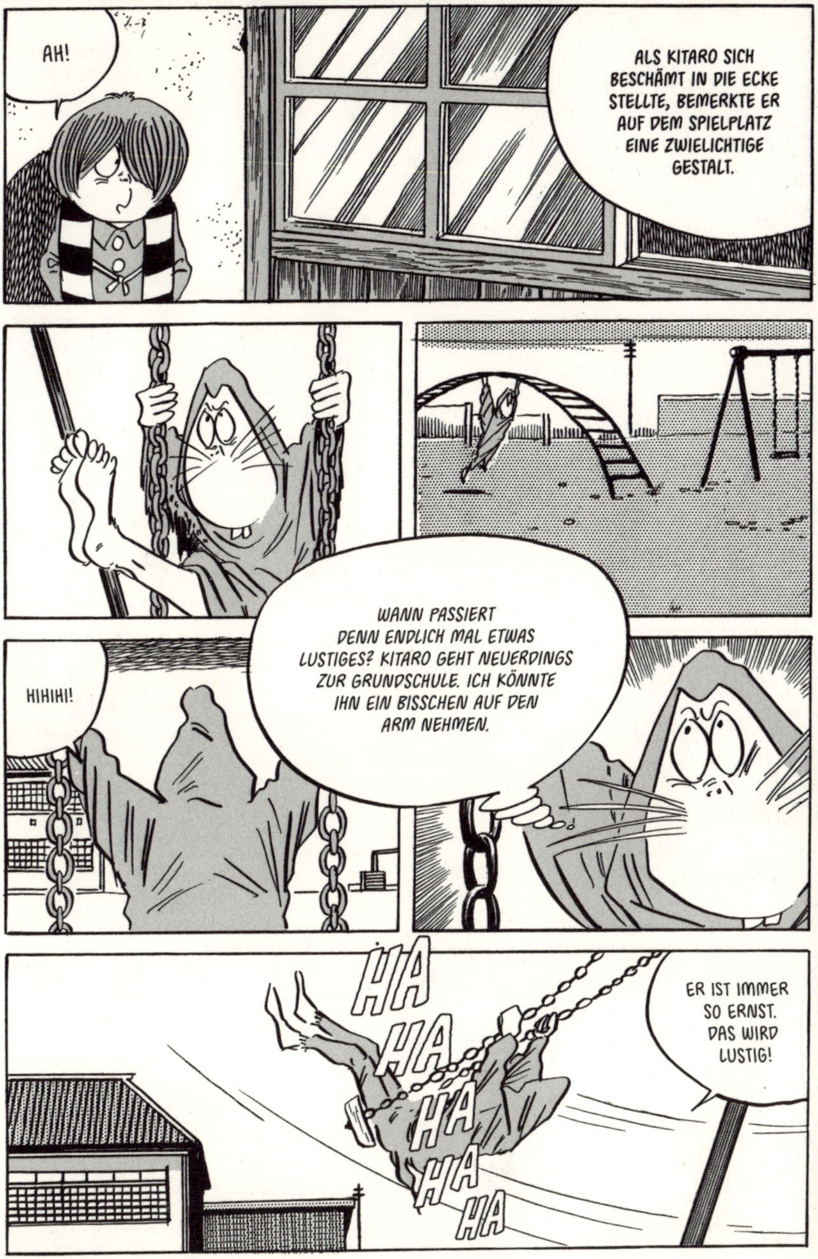
AH!
ALS KITARO SICH BESCHÄMT IN DIE ECKE STELLTE, BEMERKTE ER AUF DEM SPIELPLATZ EINE ZWIELICHTIGE GESTALT.
WANN PASSIERT DENN ENDLICH MAL ETWAS LUSTIGES? KITARO GEHT NEUERDINGS ZUR GRUNDSCHULE. ICH KÖNNTE IHN EIN BISSCHEN AUF DEN ARM NEHMEN.
HIHIHI!
HA HA HA HA HA HA
ER IST IMMER SO ERNST. DAS WIRD LUSTIG!

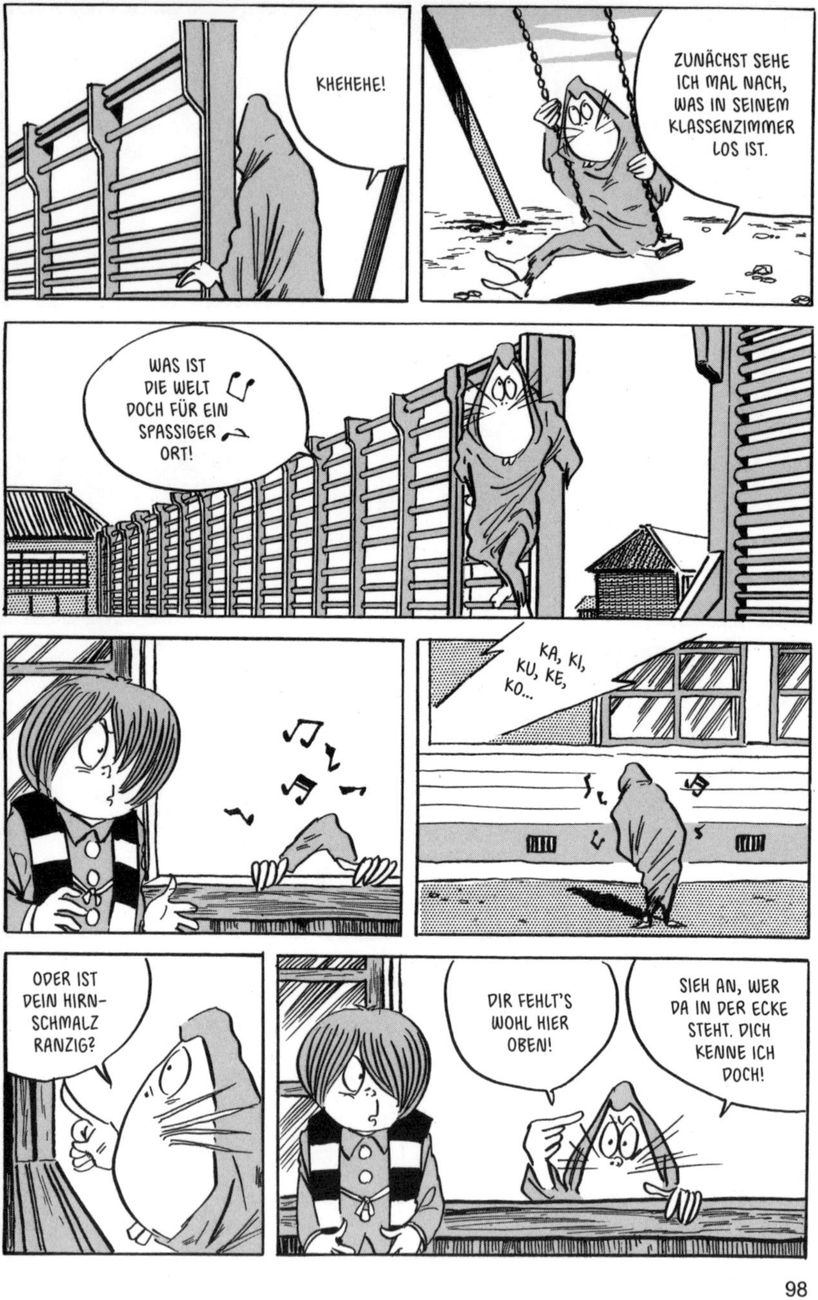
ZUNÄCHST SEHE ICH MAL NACH, WAS IN SEINEM KLASSENZIMMER LOS IST.
KHEHEHE!
WAS IST DIE WELT DOCH FÜR EIN SPASSIGER ORT!
KA, KI, KU, KE, KO...
SIEH AN, WER DA IN DER ECKE STEHT. DICH KENNE ICH DOCH!
DIR FEHLT'S WOHL HIER OBEN!
ODER IST DEIN HIRN-SCHMALZ RANZIG?

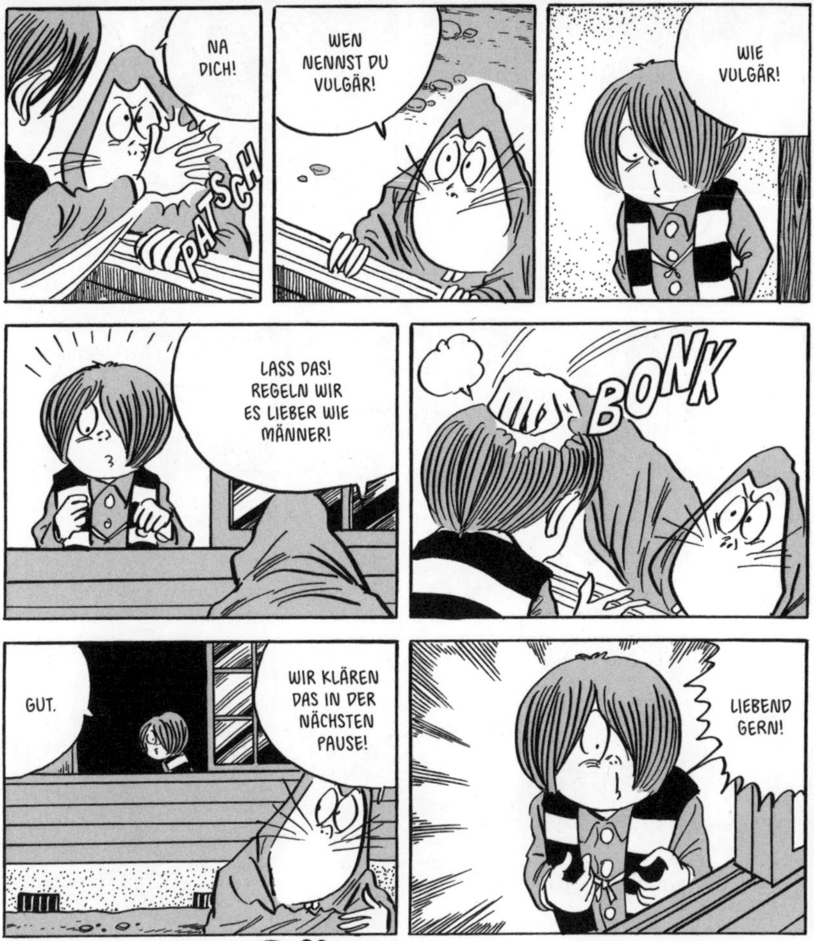
WIE VULGÄR!
WEN NENNST DU VULGÄR!
NA DICH!
PATSCH
BONK
LASS DAS! REGELN WIR ES LIEBER WIE MÄNNER!
LIEBEND GERN!
WIR KLÄREN DAS IN DER NÄCHSTEN PAUSE!
GUT.
一年三組*
DING
DING
ENDLICH LÄUTETE DIE PAUSEN GLOCKE.
GRÖL
GRÖL

* KLASSE 1-C

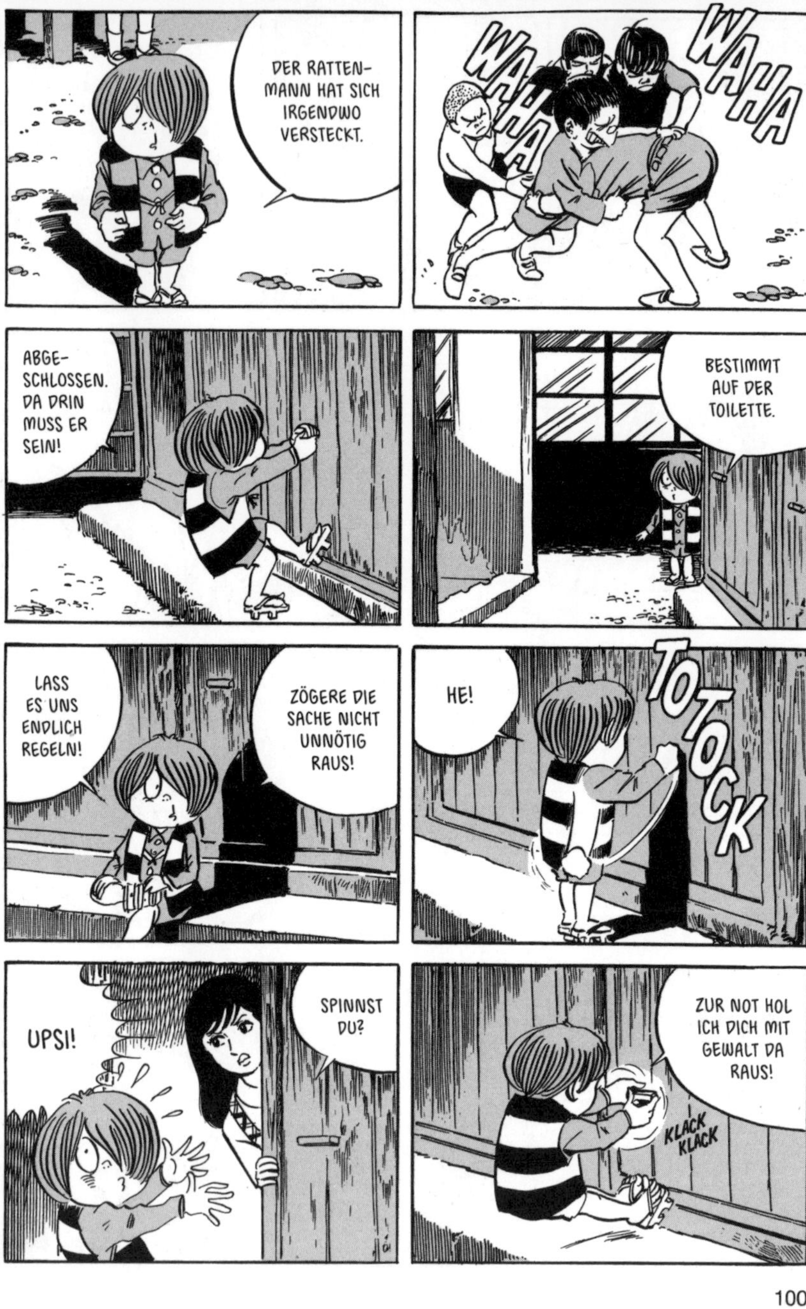
DER RATTEN-MANN HAT SICH IRGENDWO VERSTECKT.
WAHA
WAHA
WAHA
ABGE-SCHLOSSEN. DA DRIN MUSS ER SEIN!
BESTIMMT AUF DER TOILETTE.
LASS ES UNS ENDLICH REGELN!
ZÖGERE DIE SACHE NICHT UNNÖTIG RAUS!
HE!
TOTOCK
UPSI!
SPINNST DU?
ZUR NOT HOL ICH DICH MIT GEWALT DA RAUS!
KLACK KLACK

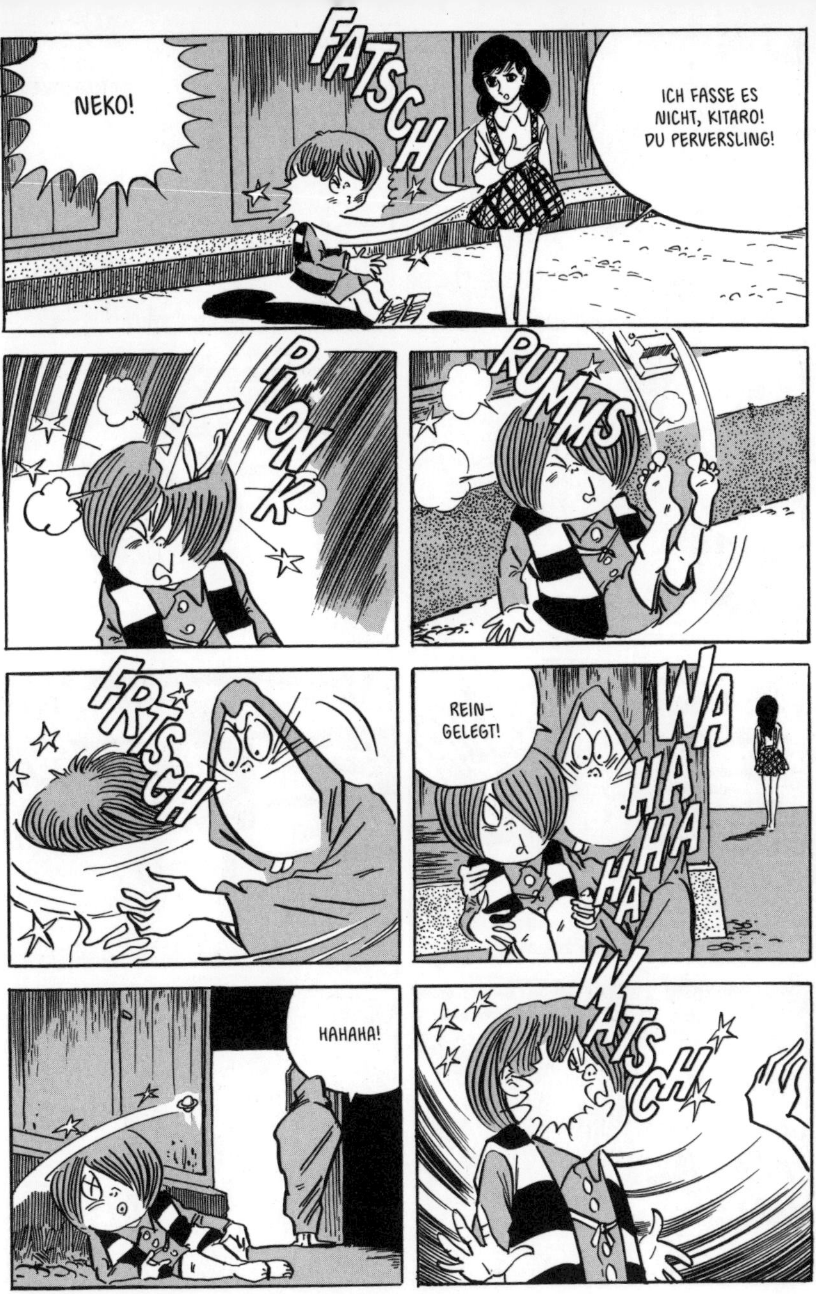
NEKO!
FATSCH
ICH FASSE ES NICHT, KITARO! DU PERVERSLING!
PLONK
RUMMS
FRTSCH
REIN-GELEGT!
WA HA HA HA HA
HAHAHA!
WATSCH

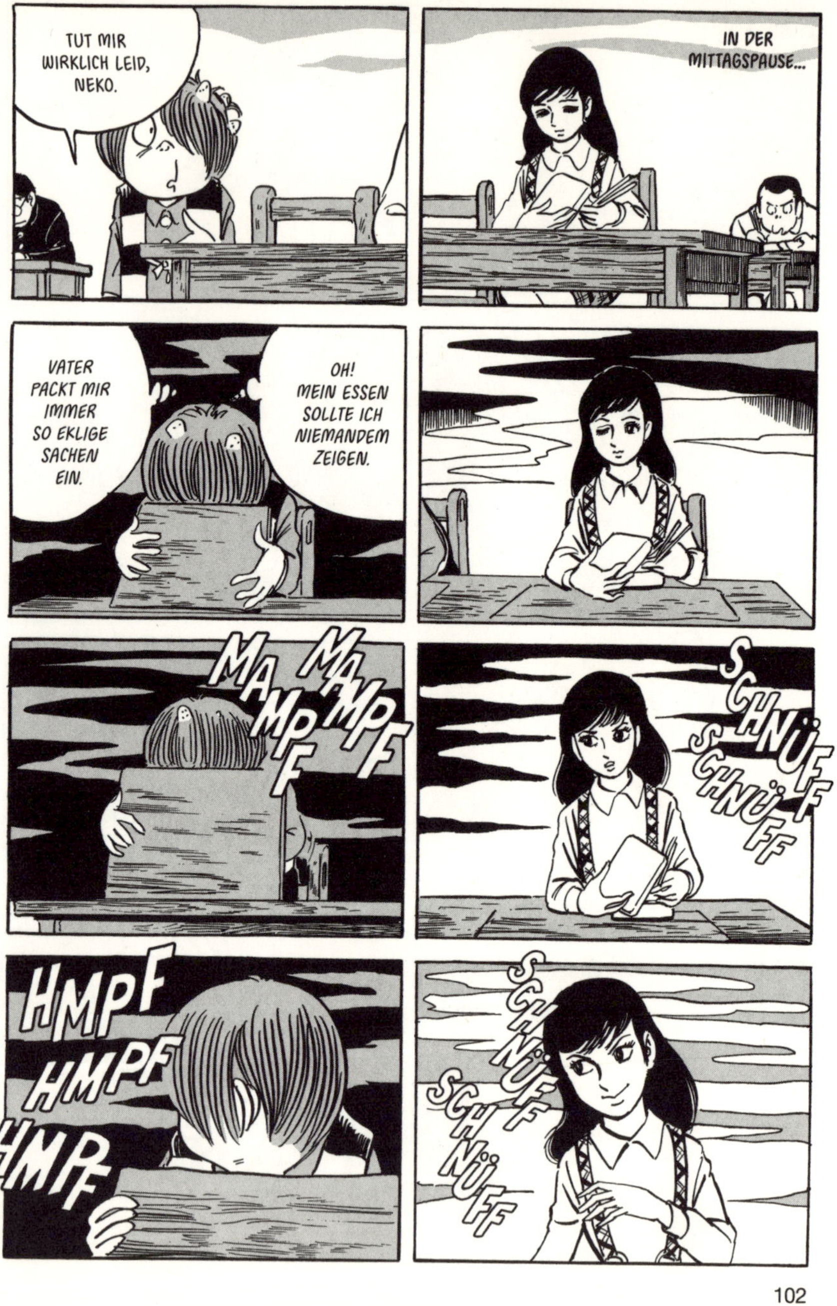
TUT MIR WIRKLICH LEID, NEKO.
IN DER MITTAGSPAUSE...
OH! MEIN ESSEN SOLLTE ICH NIEMANDEM ZEIGEN.
VATER PACKT MIR IMMER SO EKLIGE SACHEN EIN.
MAMPF MAMPF
SCHNÜFF SCHNÜFF
HMPF HMPF HMPF
SCHNÜFF SCHNÜFF

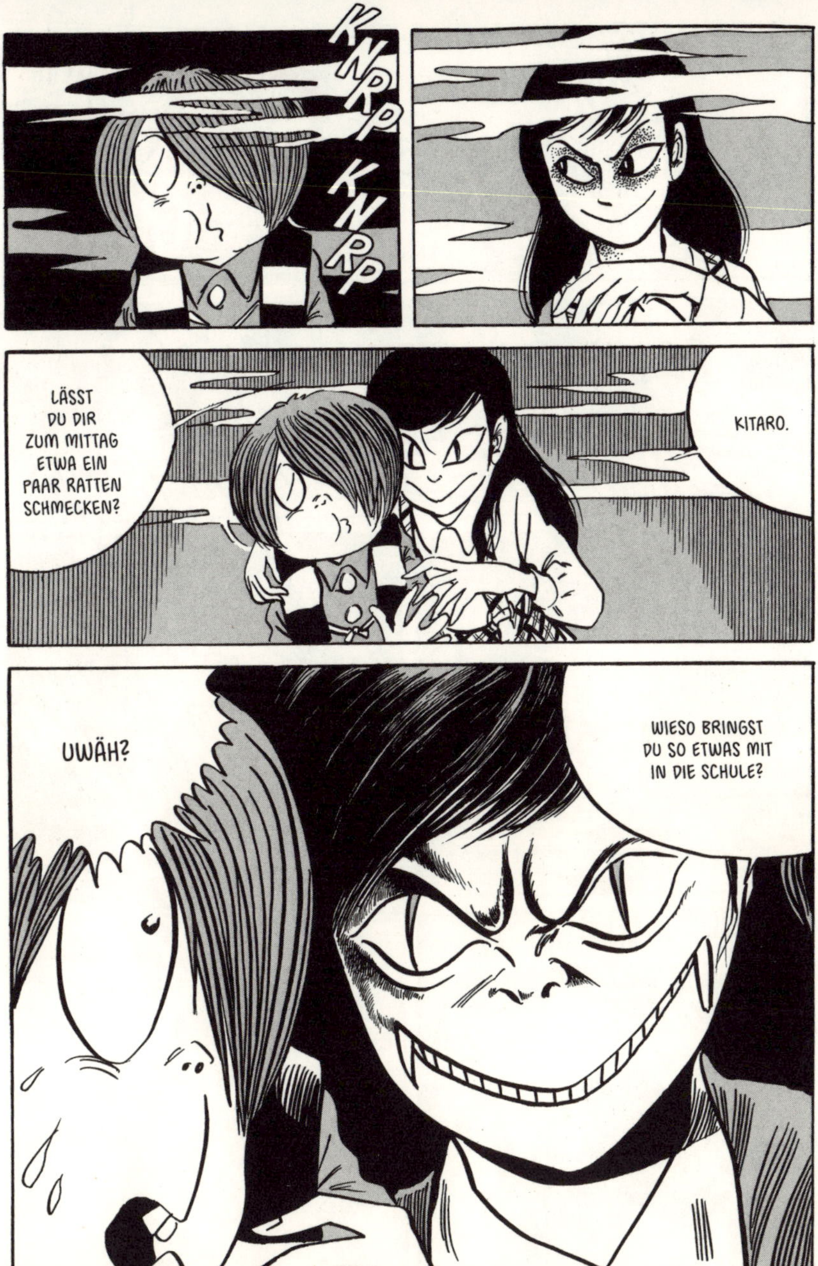
KNRP KNRP
KITARO.
LÄSST DU DIR ZUM MITTAG ETWA EIN PAAR RATTEN SCHMECKEN?
WIESO BRINGST DU SO ETWAS MIT IN DIE SCHULE?
UWÄH?

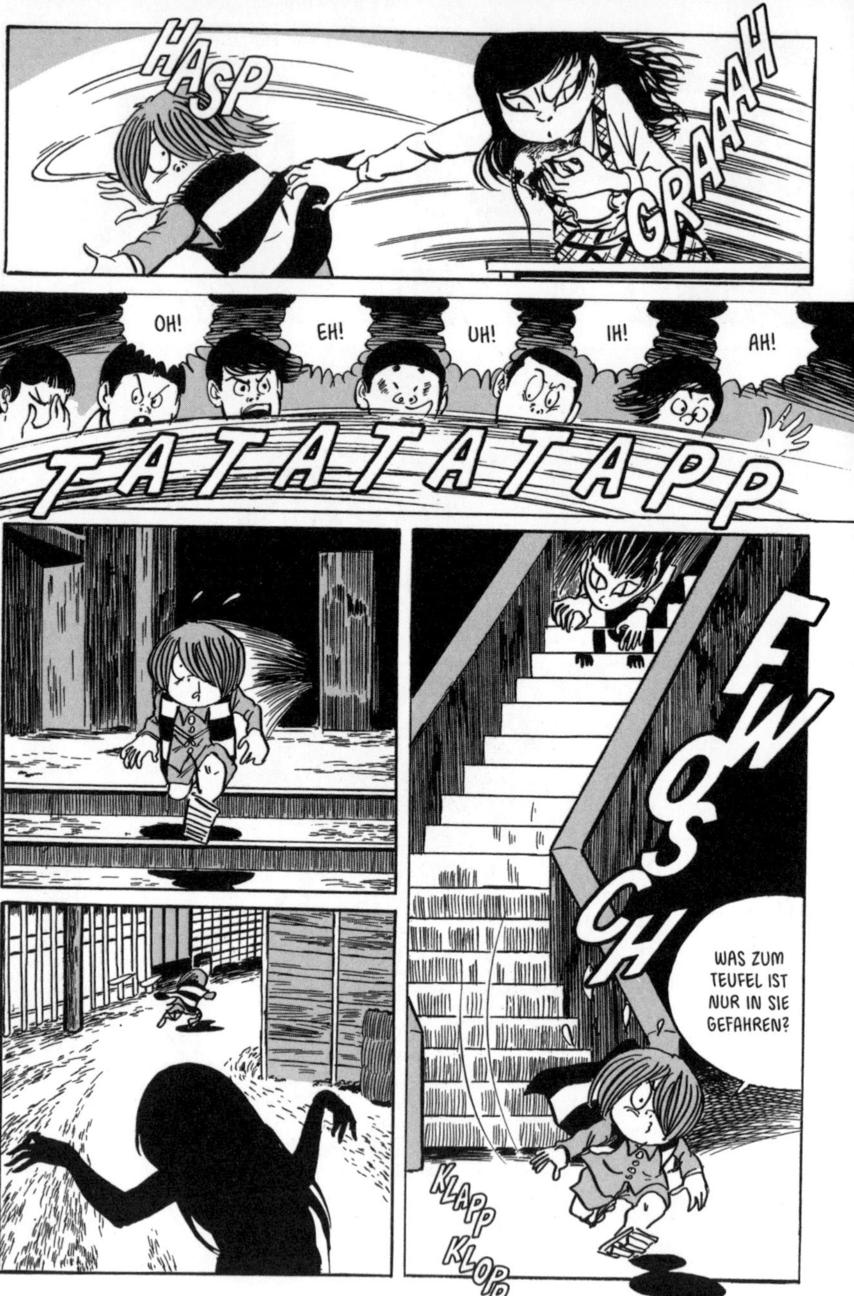
HASP
GRAAAH
OH!
EH!
UH!
IH!
AH!
TATATATAPP
FWOSCH
WAS ZUM TEUFEL IST NUR IN SIE GEFAHREN?
KLAPP KLOPP

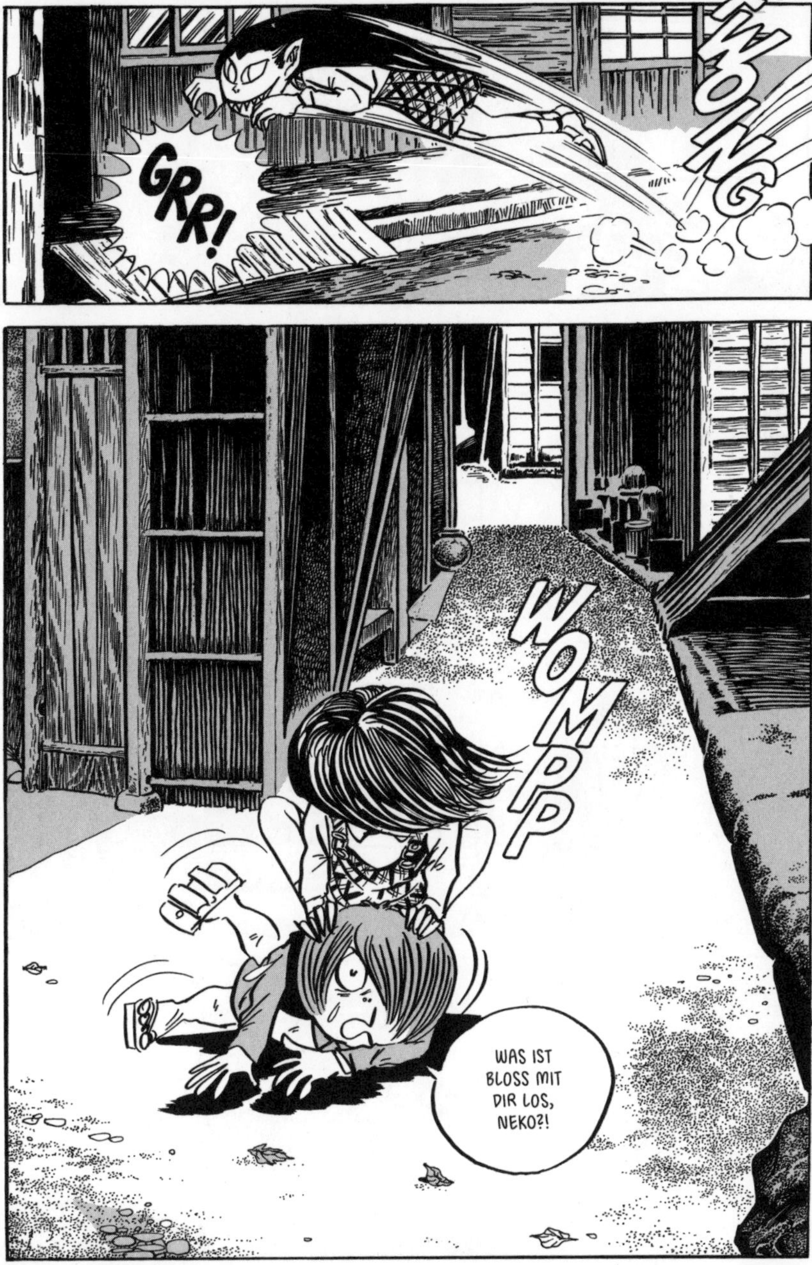
FWOING
GRR!
WOMPP
WAS IST BLOSS MIT DIR LOS, NEKO?!

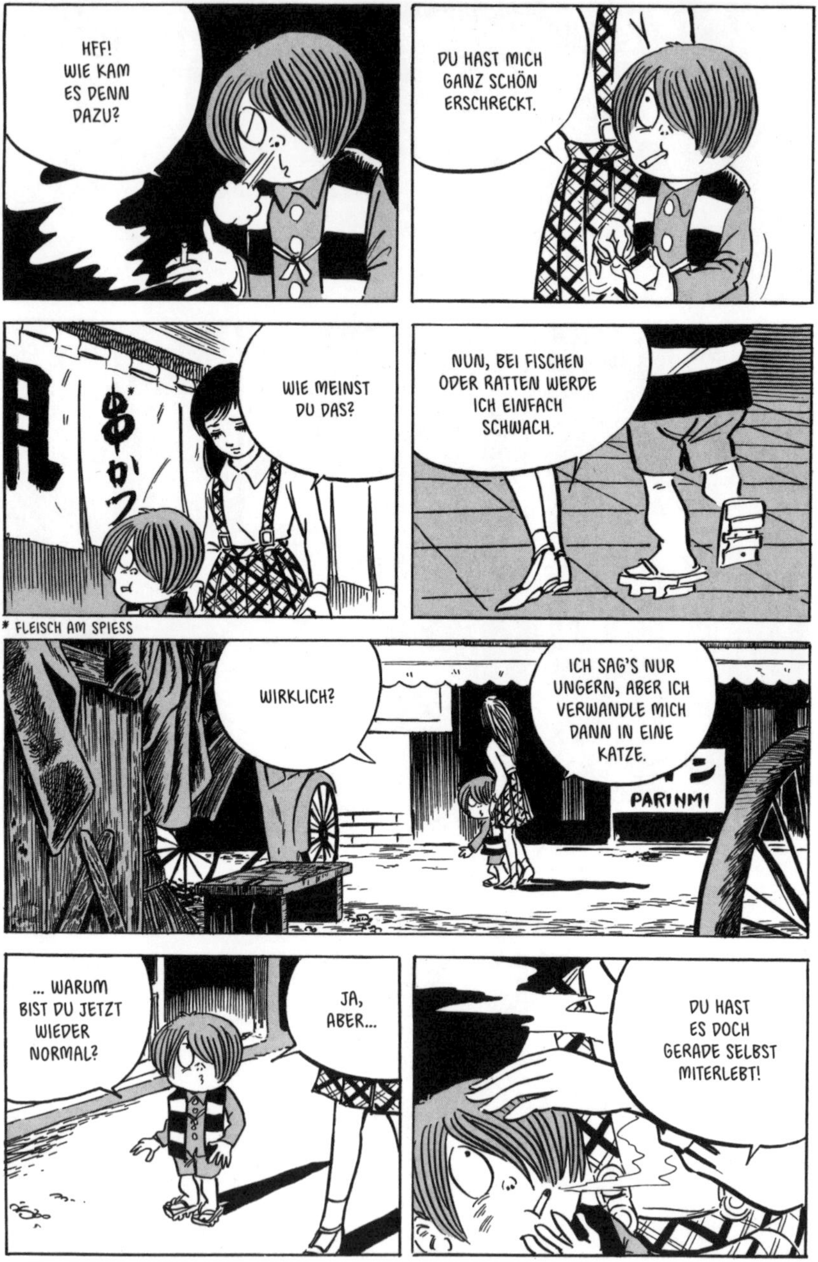

* FLEISCH AM SPIESS

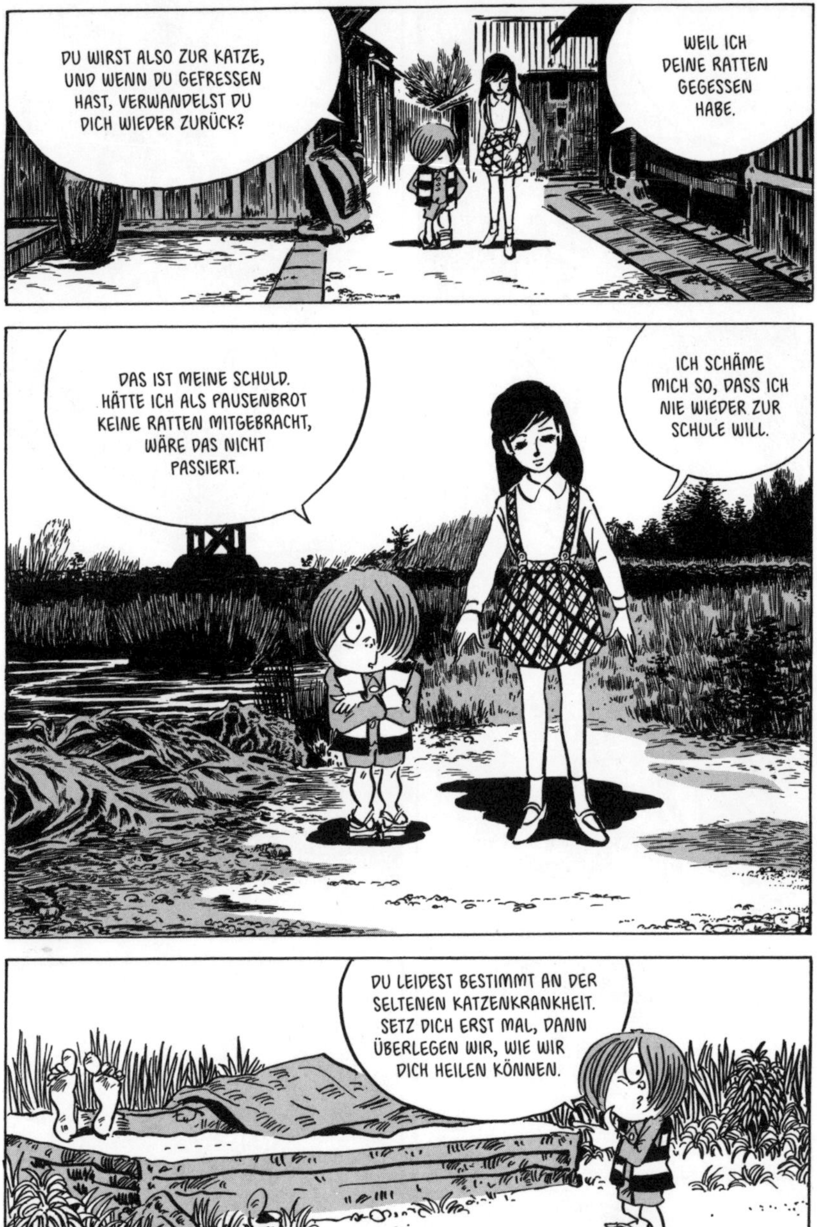
DU WIRST ALSO ZUR KATZE, UND WENN DU GEFRESSEN HAST, VERWANDELST DU DICH WIEDER ZURÜCK?
WEIL ICH DEINE RATTEN GEGESSEN HABE.
DAS IST MEINE SCHULD. HÄTTE ICH ALS PAUSENBROT KEINE RATTEN MITGEBRACHT, WÄRE DAS NICHT PASSIERT.
ICH SCHÄME MICH SO, DASS ICH NIE WIEDER ZUR SCHULE WILL.
DU LEIDEST BESTIMMT AN DER SELTENEN KATZENKRANKHEIT. SETZ DICH ERST MAL, DANN ÜBERLEGEN WIR, WIE WIR DICH HEILEN KÖNNEN.

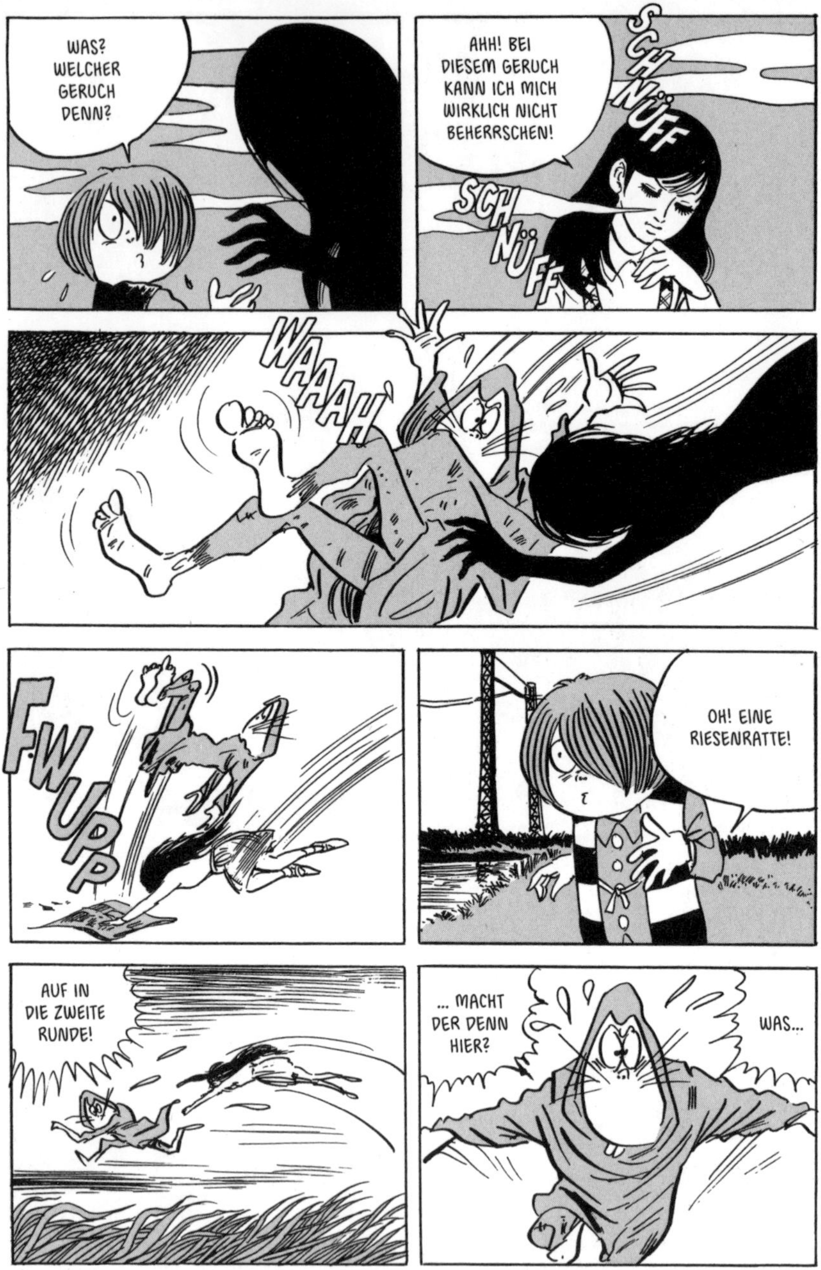
WAS? WELCHER GERUCH DENN?
AHH! BEI DIESEM GERUCH KANN ICH MICH WIRKLICH NICHT BEHERRSCHEN!
SCHNÜFF
SCHNÜFF
WAAAAH
FWUPP
OH! EINE RIESENRATTE!
AUF IN DIE ZWEITE RUNDE!
WAS...
... MACHT DER DENN HIER?

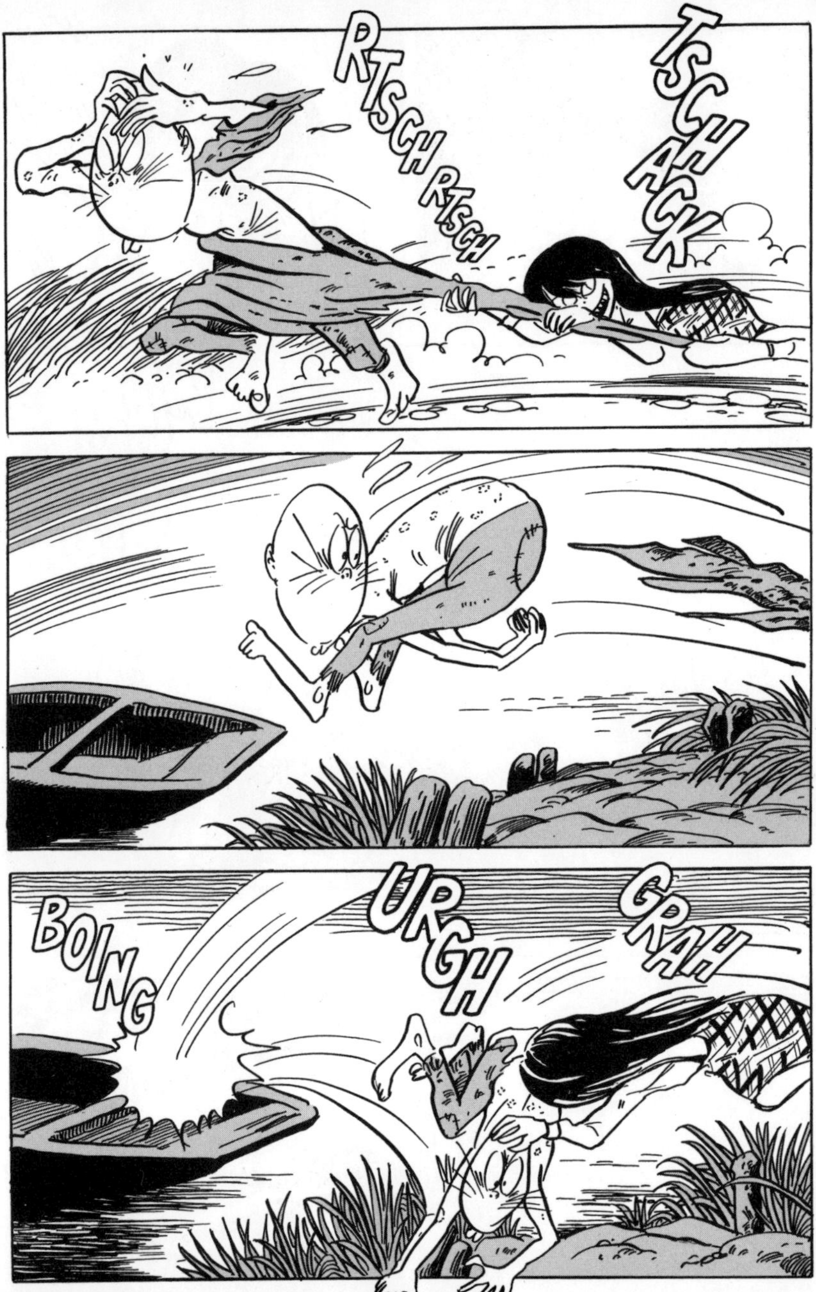
TSCHACK
RTSCH RTSCH RTSCH
GRAH
URGH
BOING

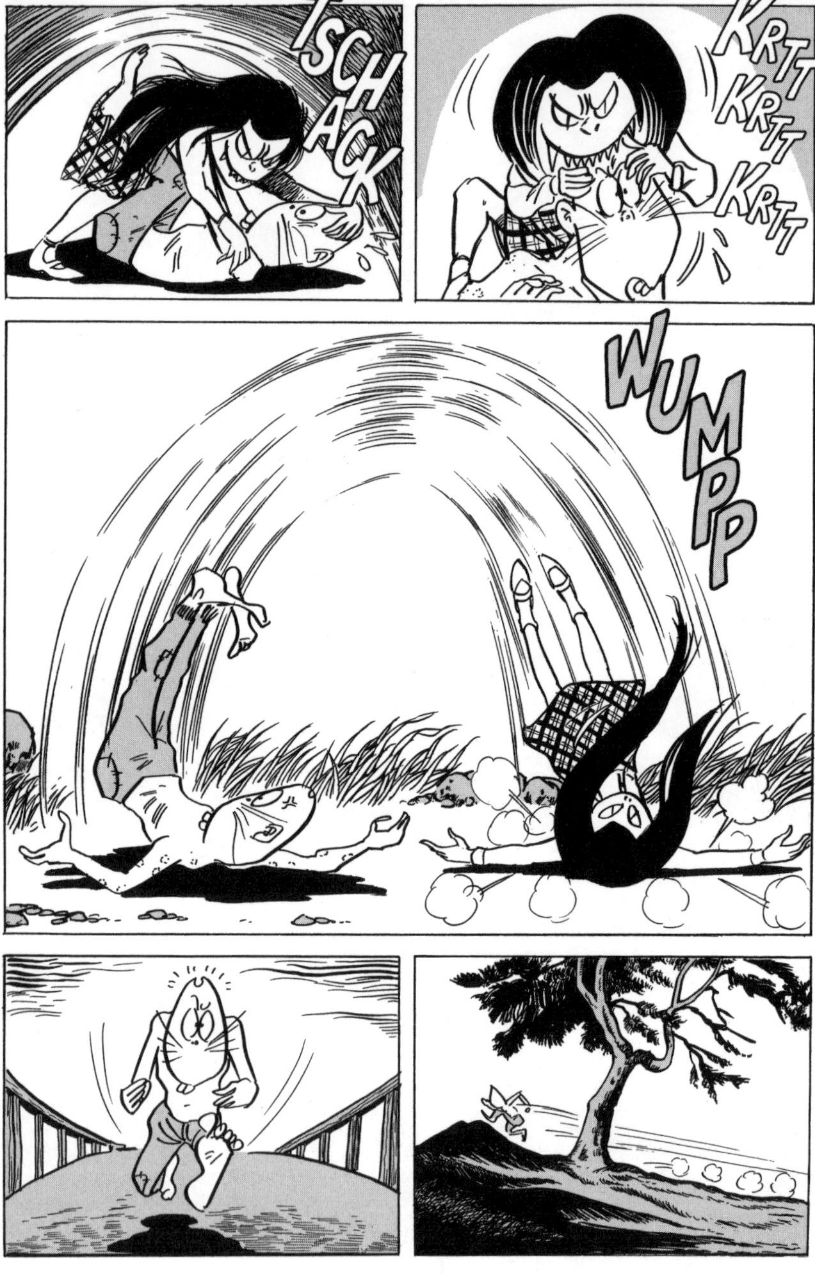
TSCHACK
KRTT KRTT KRTT
WUMPP

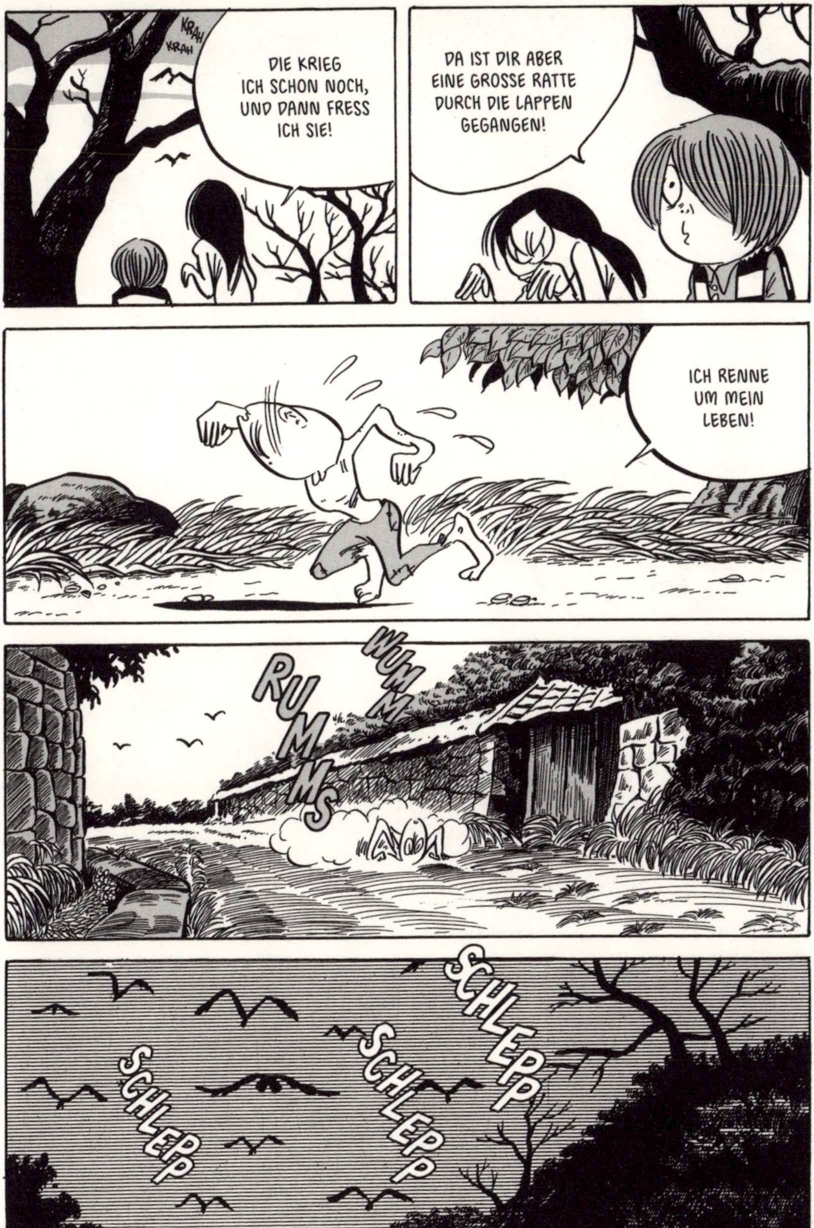
KRAH
KRAH
DIE KRIEG ICH SCHON NOCH, UND DANN FRESS ICH SIE!
DA IST DIR ABER EINE GROSSE RATTE DURCH DIE LAPPEN GEGANGEN!
ICH RENNE UM MEIN LEBEN!
WUMM
RUMMS
SCHLEPP
SCHLEPP
SCHLEPP

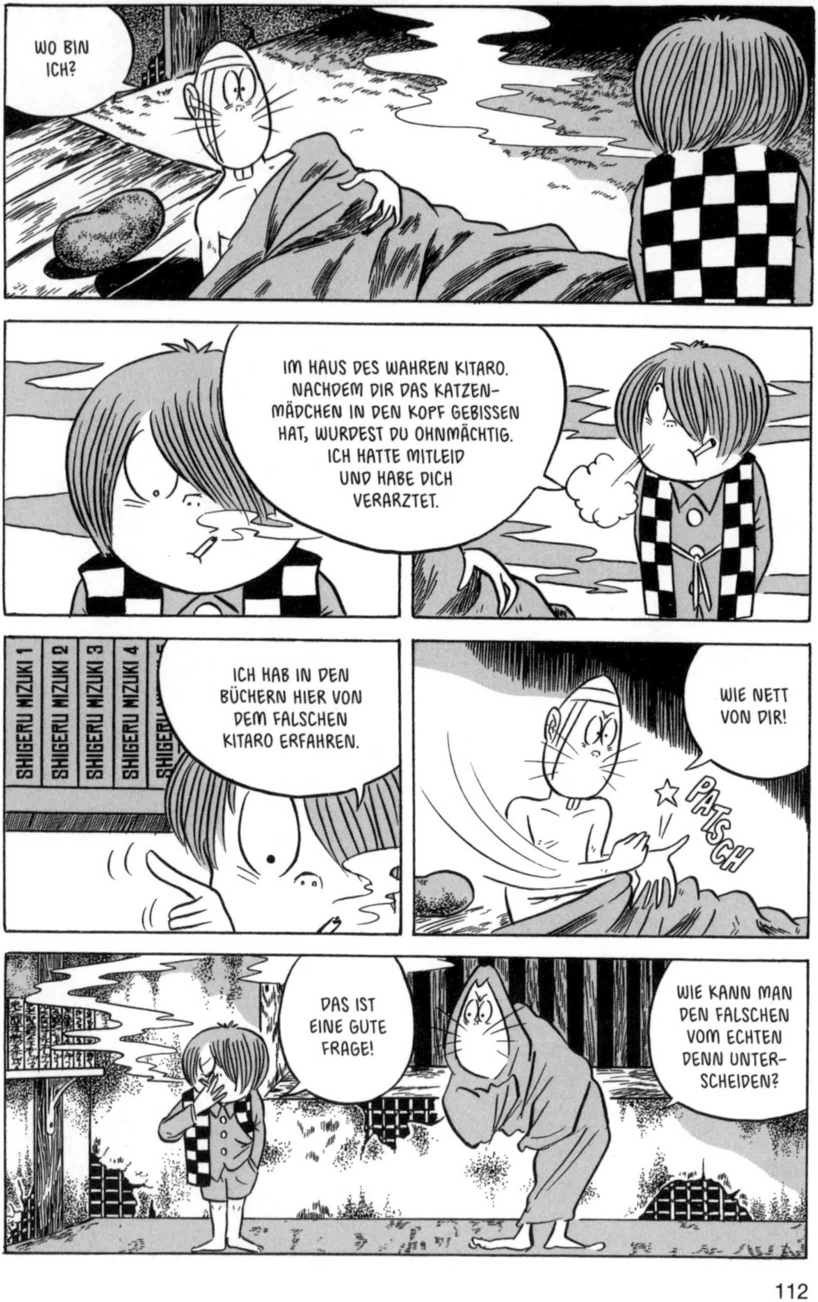
WO BIN ICH?
IM HAUS DES WAHREN KITARO. NACHDEM DIR DAS KATZENMÄDCHEN IN DEN KOPF GEBISSEN HAT, WURDEST DU OHNMÄCHTIG. ICH HATTE MITLEID UND HABE DICH VERARZTET.
SHIGERU MIZUKI 1
SHIGERU MIZUKI 2
SHIGERU MIZUKI 3
SHIGERU MIZUKI 4
ICH HAB IN DEN BÜCHERN HIER VON DEM FALSCHEN KITARO ERFAHREN.
WIE NETT VON DIR!
PATSCH
DAS IST EINE GUTE FRAGE!
WIE KANN MAN DEN FALSCHEN VOM ECHTEN DENN UNTERSCHEIDEN?

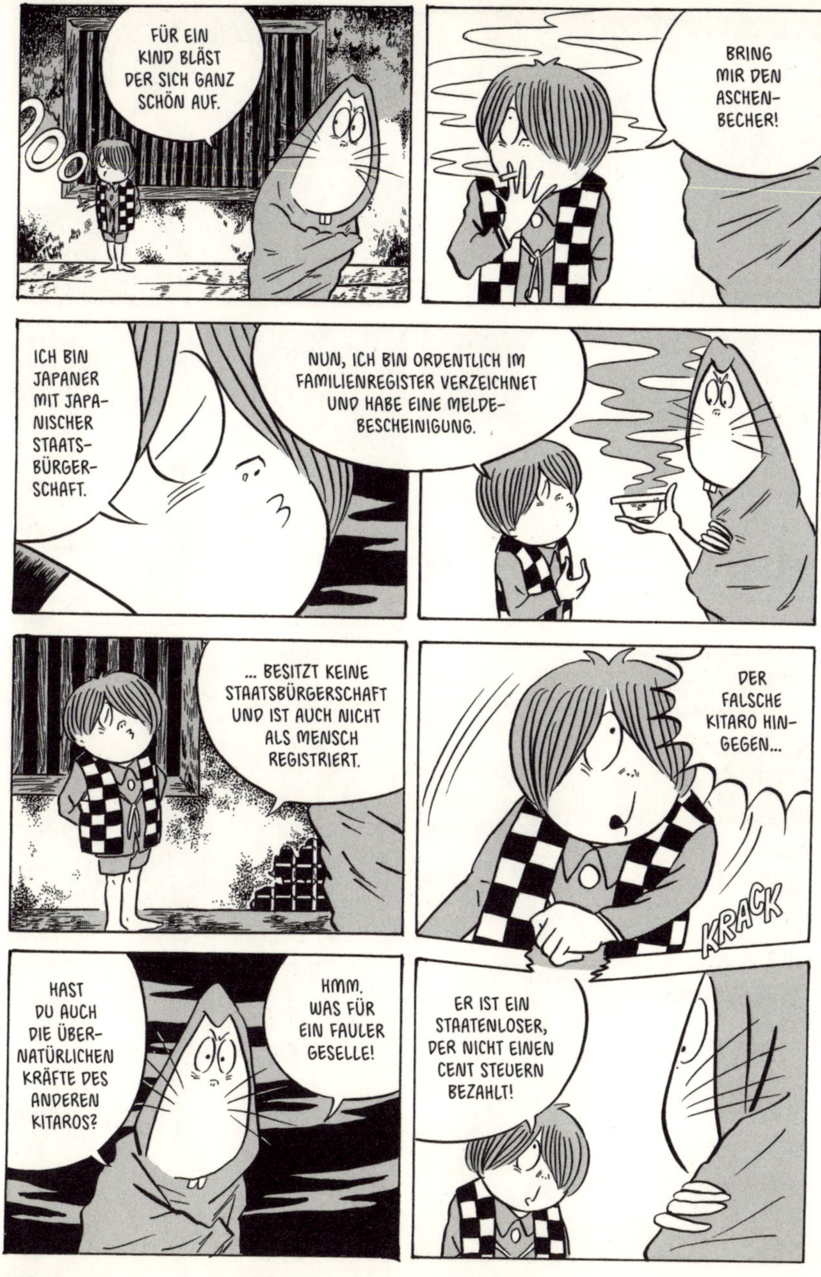
FÜR EIN KIND BLÄST DER SICH GANZ SCHÖN AUF.
BRING MIR DEN ASCHEN-BECHER!
ICH BIN JAPANER MIT JAPA-NISCHER STAATS-BÜRGER-SCHAFT.
NUN, ICH BIN ORDENTLICH IM FAMILIENREGISTER VERZEICHNET UND HABE EINE MELDE-BESCHEINIGUNG.
... BESITZT KEINE STAATSBÜRGERSCHAFT UND IST AUCH NICHT ALS MENSCH REGISTRIERT.
DER FALSCHE KITARO HIN-GEGEN...
KRACK
HAST DU AUCH DIE ÜBER-NATÜRLICHEN KRÄFTE DES ANDEREN KITAROS?
HMM. WAS FÜR EIN FAULER GESELLE!
ER IST EIN STAATENLOSER, DER NICHT EINEN CENT STEUERN BEZAHLT!

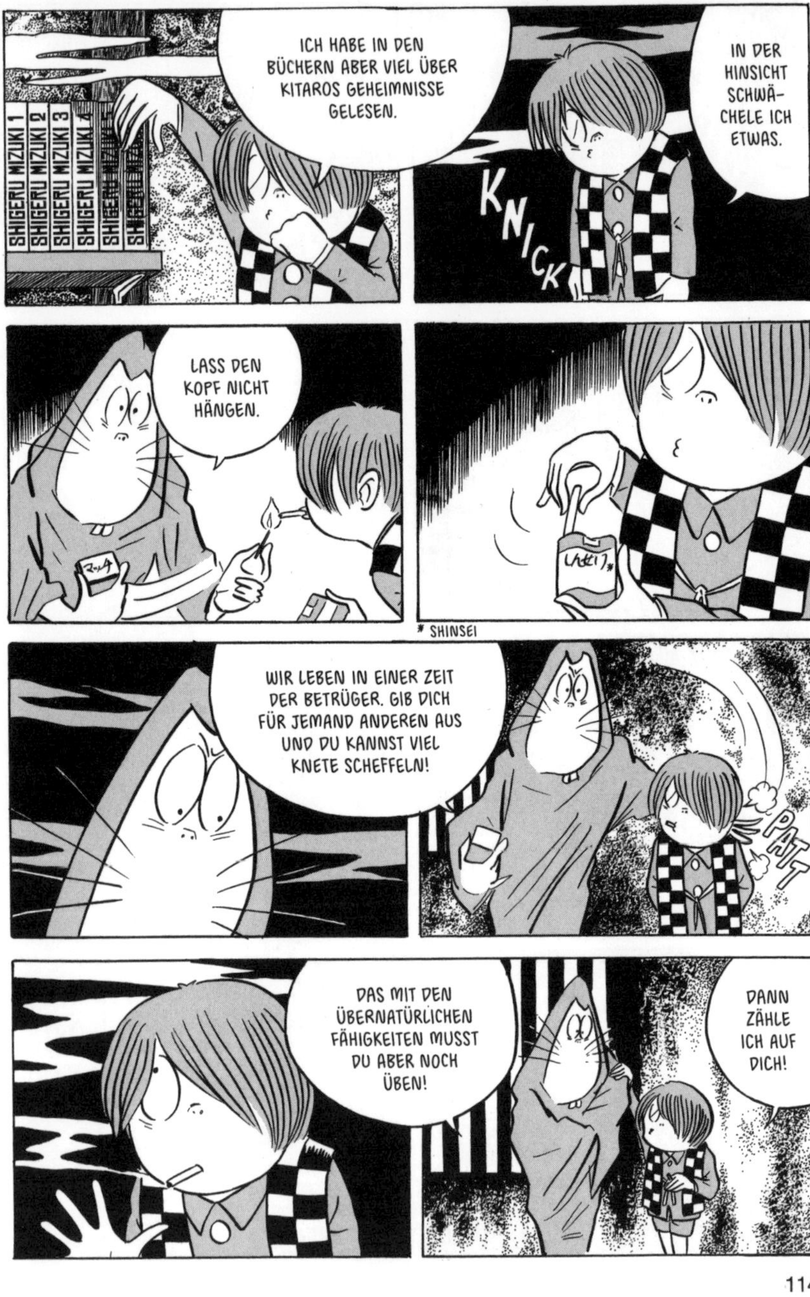
ICH HABE IN DEN BÜCHERN ABER VIEL ÜBER KITAROS GEHEIMNISSE GELESEN.
SHIGERU MIZUKI 1
SHIGERU MIZUKI 2
SHIGERU MIZUKI 3
SHIGERU MIZUKI 4
IN DER HINSICHT SCHWÄCHELE ICH ETWAS.
KNICK
LASS DEN KOPF NICHT HÄNGEN.
* SHINSEI
WIR LEBEN IN EINER ZEIT DER BETRÜGER. GIB DICH FÜR JEMAND ANDEREN AUS UND DU KANNST VIEL KNETE SCHEFFELN!
PATT
DAS MIT DEN ÜBERNATÜRLICHEN FÄHIGKEITEN MUSST DU ABER NOCH ÜBEN!
DANN ZÄHLE ICH AUF DICH!

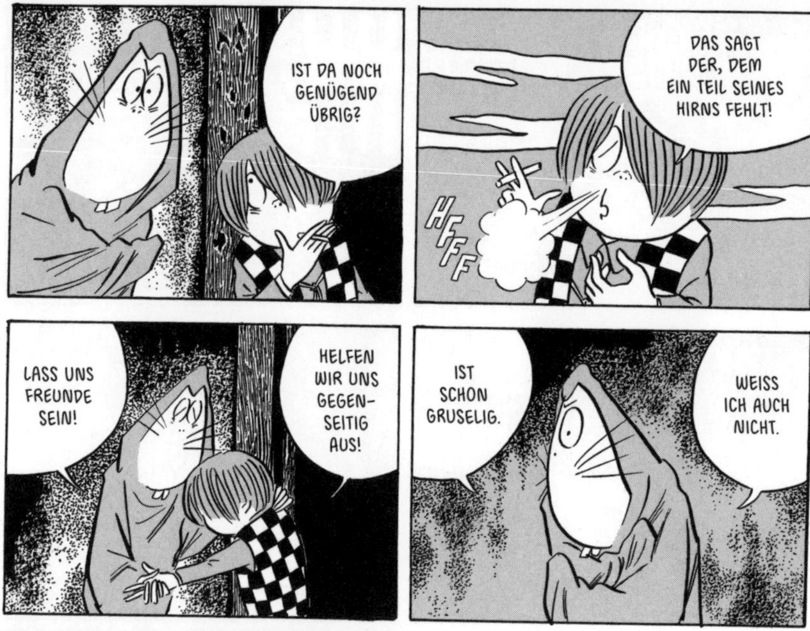

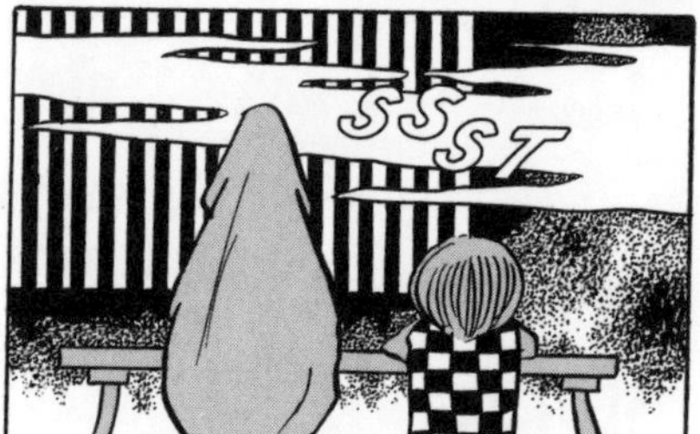

UND SO BEGANN IHRE SONDERBARE FREUNDSCHAFT. GEMEINSAM STELLTEN SIE WISSENSCHAFTLICHE NACHFORSCHUNGEN ÜBER KITAROS ÜBERNATÜRLICHE KRÄFTE AN. ZU IHREM BEDAUERN KAMEN SIE JEDOCH NICHT WEIT, DENN IN GANZ JAPAN GAB ES NUR JENE BÜCHER ÜBER KITARO, DIE SHIGERU MIZUKI VERFASST HATTE.

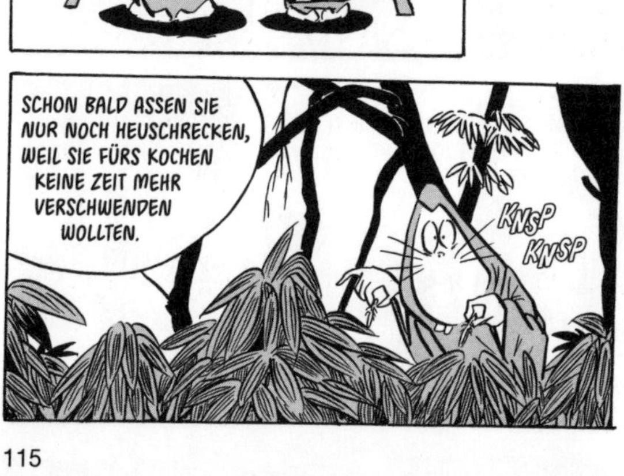

SIE WAREN ENTSETZT, WIE WENIG HORROR-AUTOREN ES IN JAPAN GAB. DIE BEHARRLICHKEIT, MIT DER SIE VERSUCHTEN, DAS GEHEIMNIS UM KITARO ZU LÜFTEN, NAHM BEDENKLICHE AUSMASSE AN.

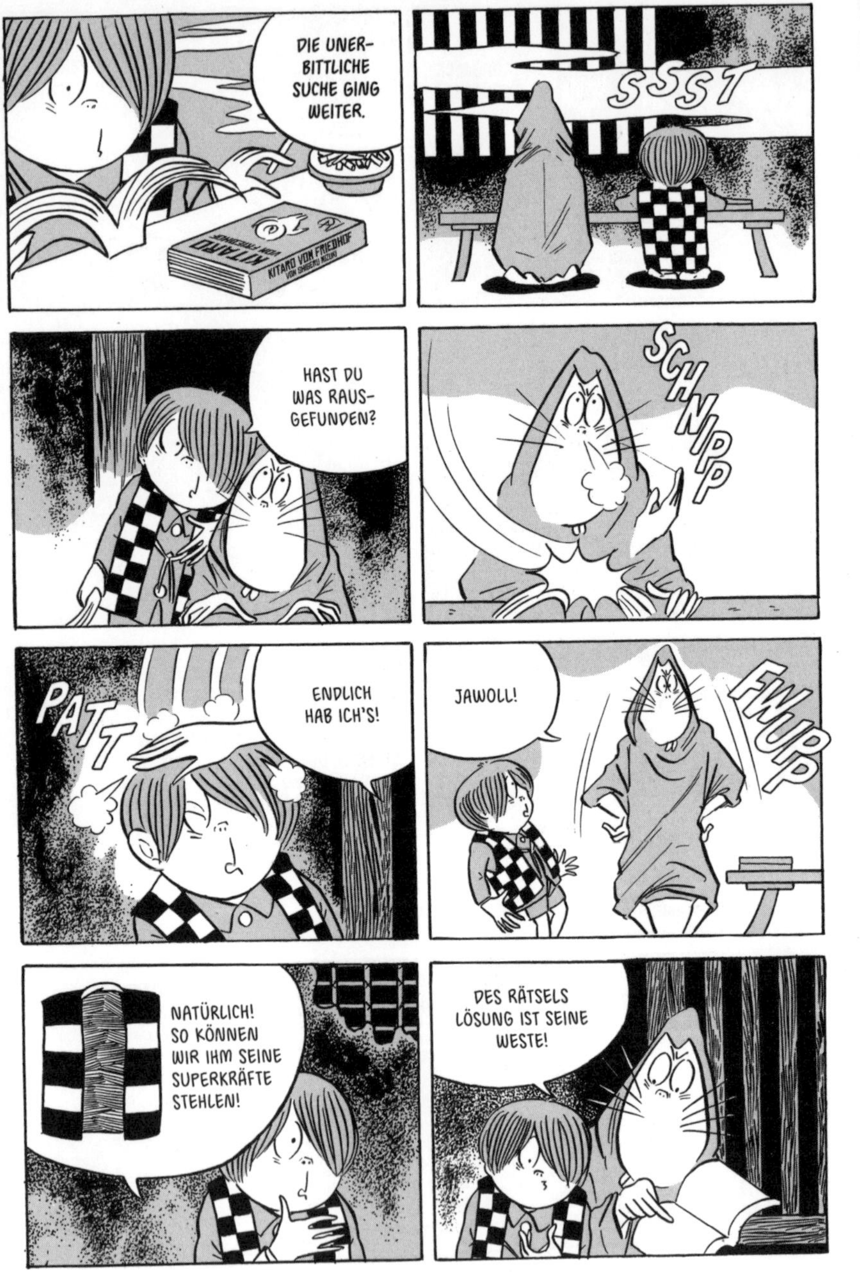
DIE UNERBITTLICHE SUCHE GING WEITER.
KITARO VOM FRIEDHOF VON SHIGERU MIZUKI
SSST
HAST DU WAS RAUSGEFUNDEN?
SCHNIPP
PATT
ENDLICH HAB ICH'S!
JAWOLL!
FWUPP
NATÜRLICH! SO KÖNNEN WIR IHM SEINE SUPERKRÄFTE STEHLEN!
DES RÄTSELS LÖSUNG IST SEINE WESTE!

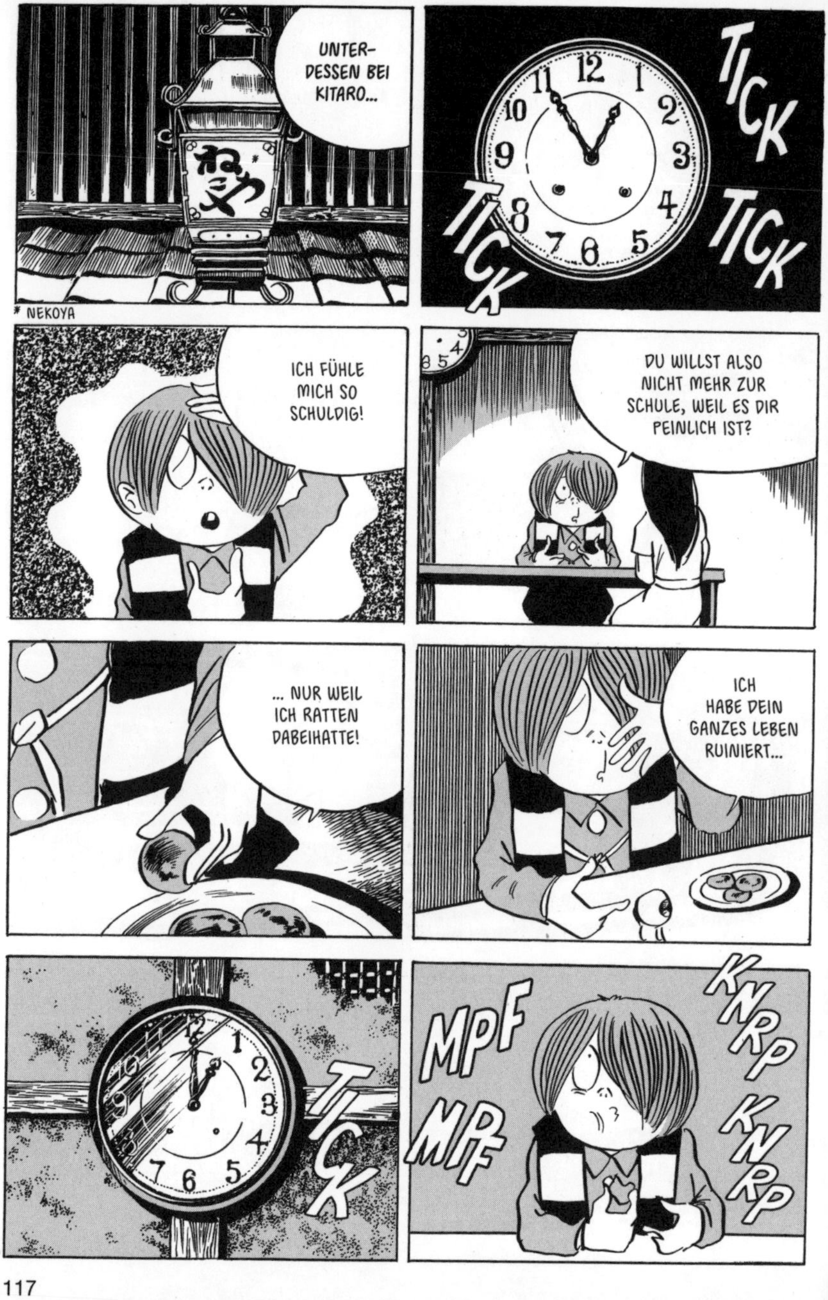
UNTER-DESSEN BEI KITARO...
TICK TICK TICK TICK
ICH FÜHLE MICH SO SCHULDIG!
DU WILLST ALSO NICHT MEHR ZUR SCHULE, WEIL ES DIR PEINLICH IST?
... NUR WEIL ICH RATTEN DABEIHATTE!
ICH HABE DEIN GANZES LEBEN RUINIERT...
TICK
MPF MPF
KNRP KNRP

* NEKOYA

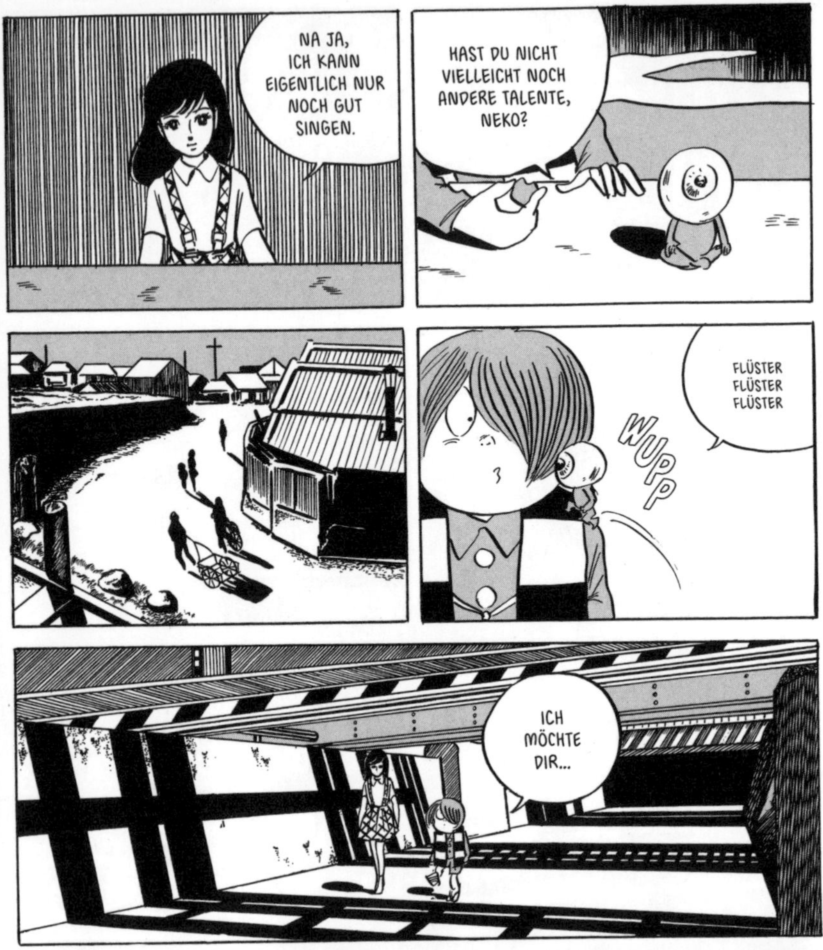
HAST DU NICHT VIELLEICHT NOCH ANDERE TALENTE, NEKO?
NA JA, ICH KANN EIGENTLICH NUR NOCH GUT SINGEN.
FLÜSTER FLÜSTER FLÜSTER
WUPP
ICH MÖCHTE DIR...
... EINE BERÜHMTE SÄNGERIN VORSTELLEN.
うなぎ*

* AAL

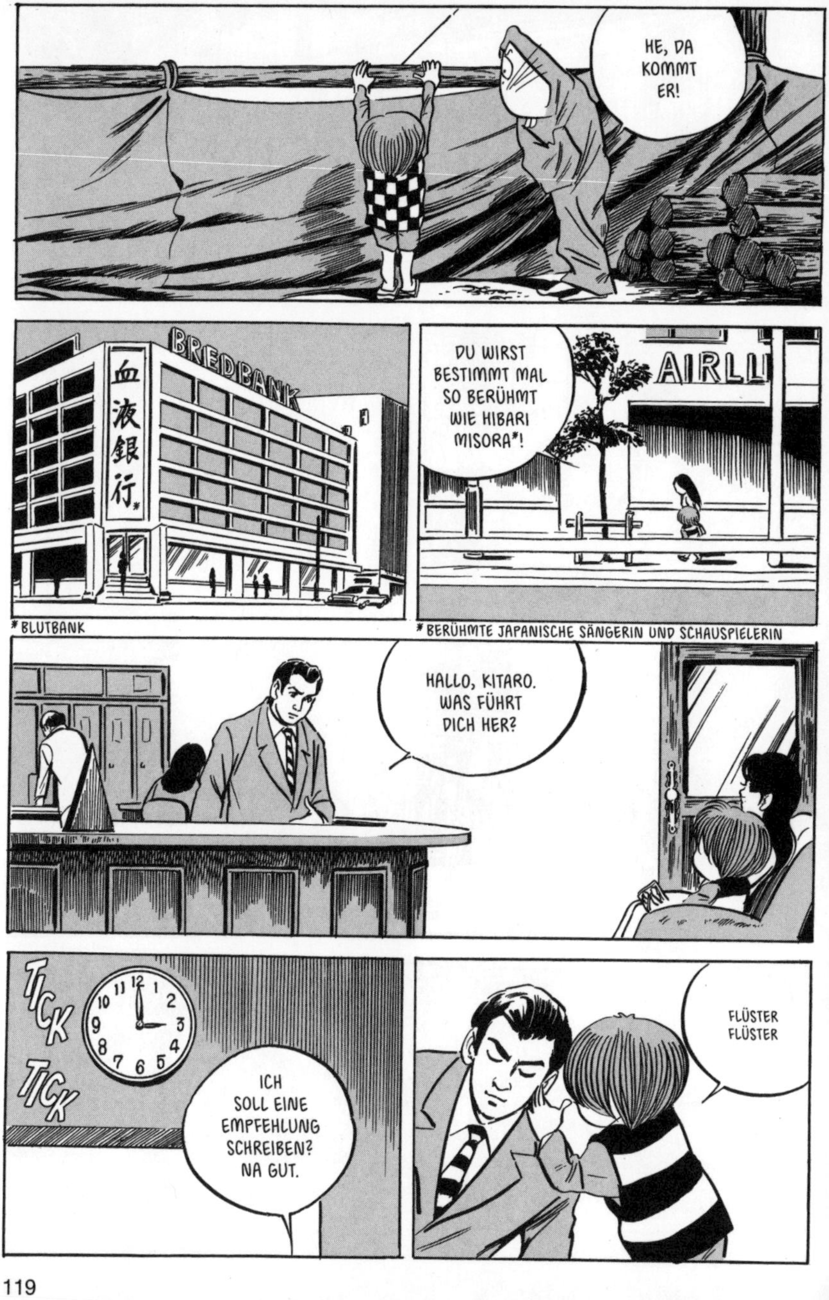

* BLUTBANK

* BERÜHMTE JAPANISCHE SÄNGERIN UND SCHAUSPIELERIN

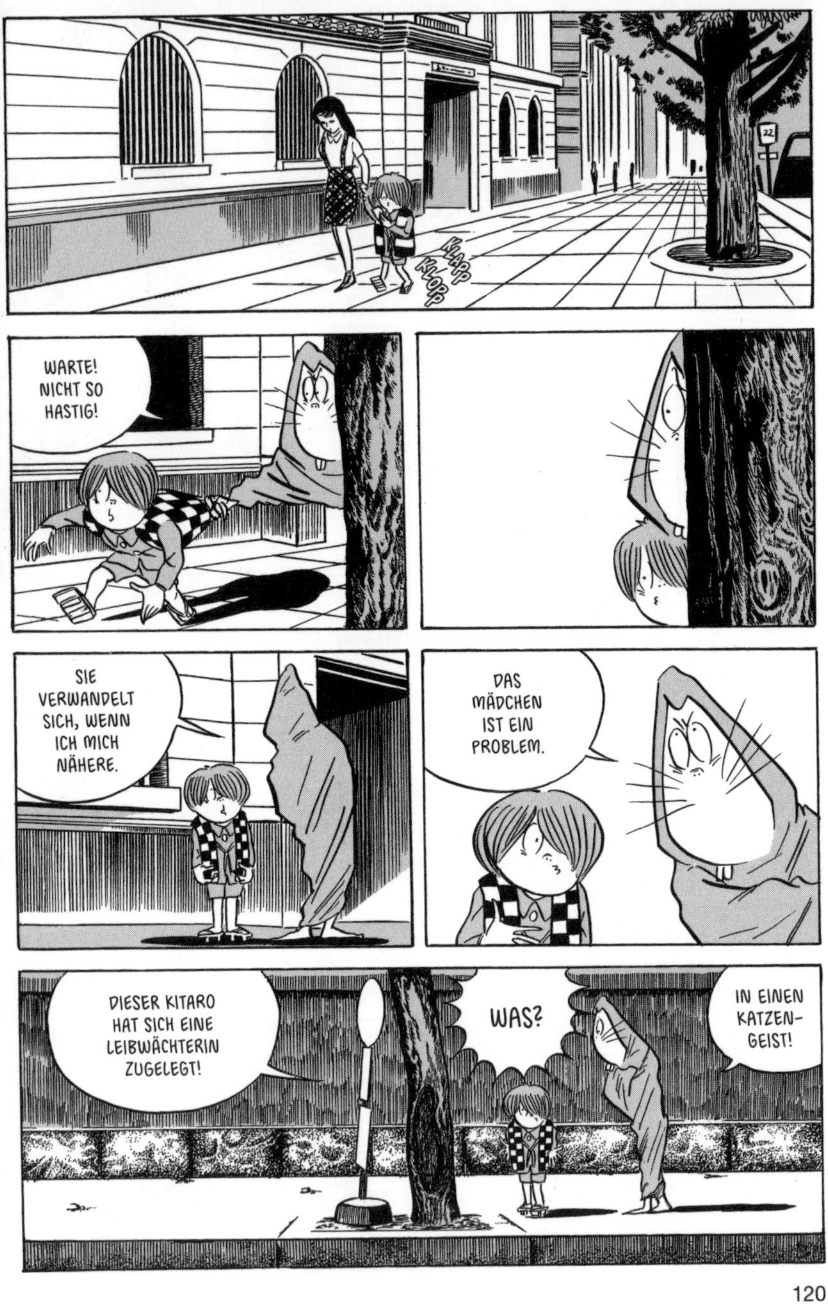
KLAPP
KLOPP
WARTE! NICHT SO HASTIG!
SIE VERWANDELT SICH, WENN ICH MICH NÄHERE.
DAS MÄDCHEN IST EIN PROBLEM.
DIESER KITARO HAT SICH EINE LEIBWÄCHTERIN ZUGELEGT!
WAS?
IN EINEN KATZEN-GEIST!

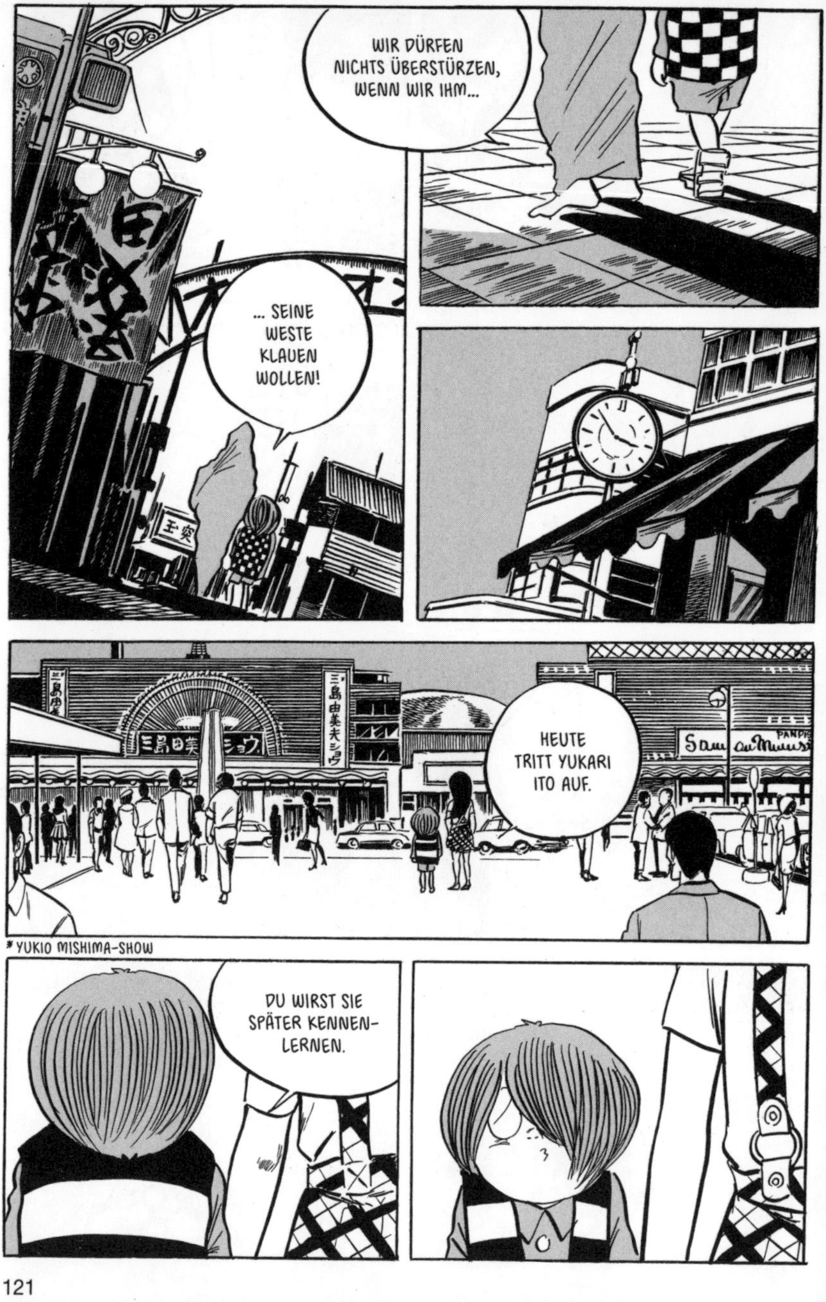

* YUKIO MISHIMA-SHOW

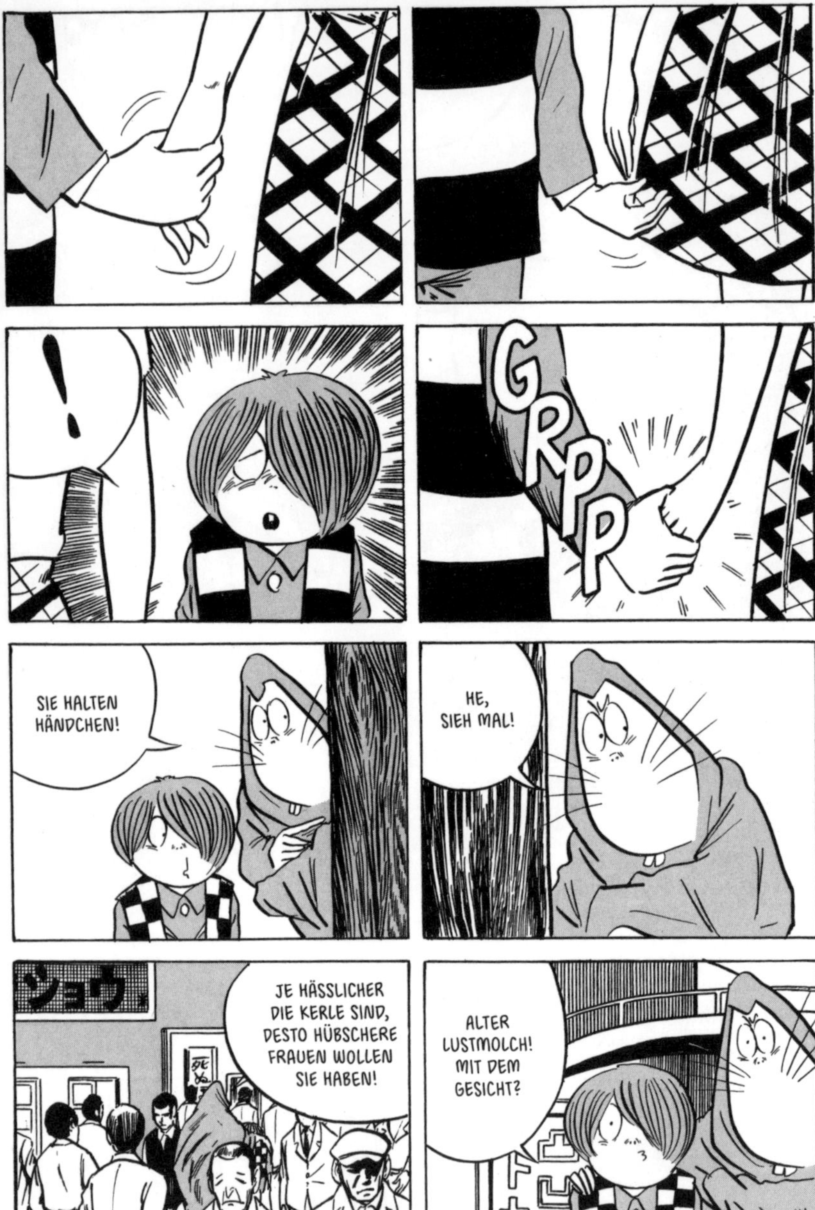
!
GRPP
SIE HALTEN HÄNDCHEN!
HE, SIEH MAL!
ショウ *
JE HÄSSLICHER DIE KERLE SIND, DESTO HÜBSCHERE FRAUEN WOLLEN SIE HABEN!
ALTER LUSTMOLCH! MIT DEM GESICHT?

* SHOW

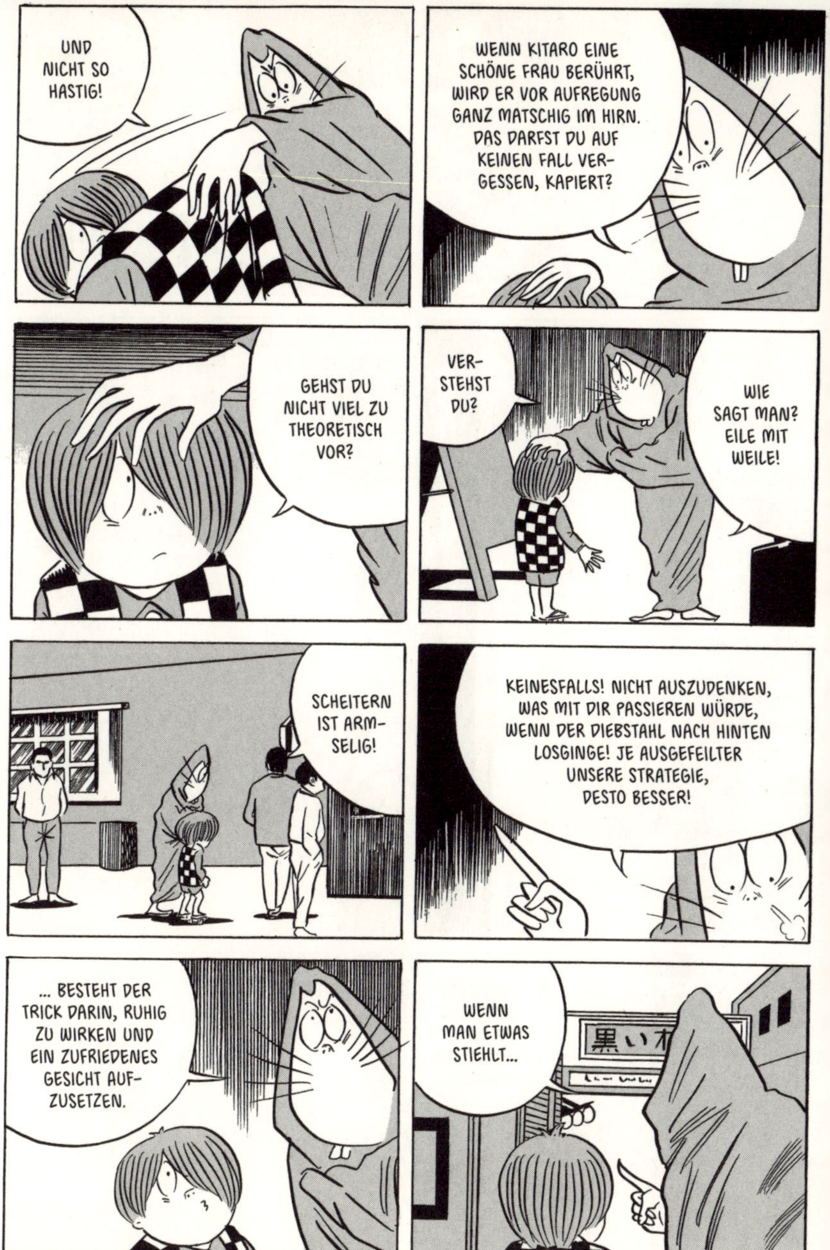

WENN KITARO EINE SCHÖNE FRAU BERÜHRT, WIRD ER VOR AUFREGUNG GANZ MATSCHIG IM HIRN. DAS DARFST DU AUF KEINEN FALL VERGESSEN, KAPIERT?
UND NICHT SO HASTIG!
WIE SAGT MAN? EILE MIT WEILE!
VERSTEHST DU?
GEHST DU NICHT VIEL ZU THEORETISCH VOR?
KEINESFALLS! NICHT AUSZUDENKEN, WAS MIT DIR PASSIEREN WÜRDE, WENN DER DIEBSTAHL NACH HINTEN LOSGINGE! JE AUSGEFEILTER UNSERE STRATEGIE, DESTO BESSER!
SCHEITERN IST ARMSELIG!
WENN MAN ETWAS STIEHLT...
... BESTEHT DER TRICK DARIN, RUHIG ZU WIRKEN UND EIN ZUFRIEDENES GESICHT AUFZUSETZEN.

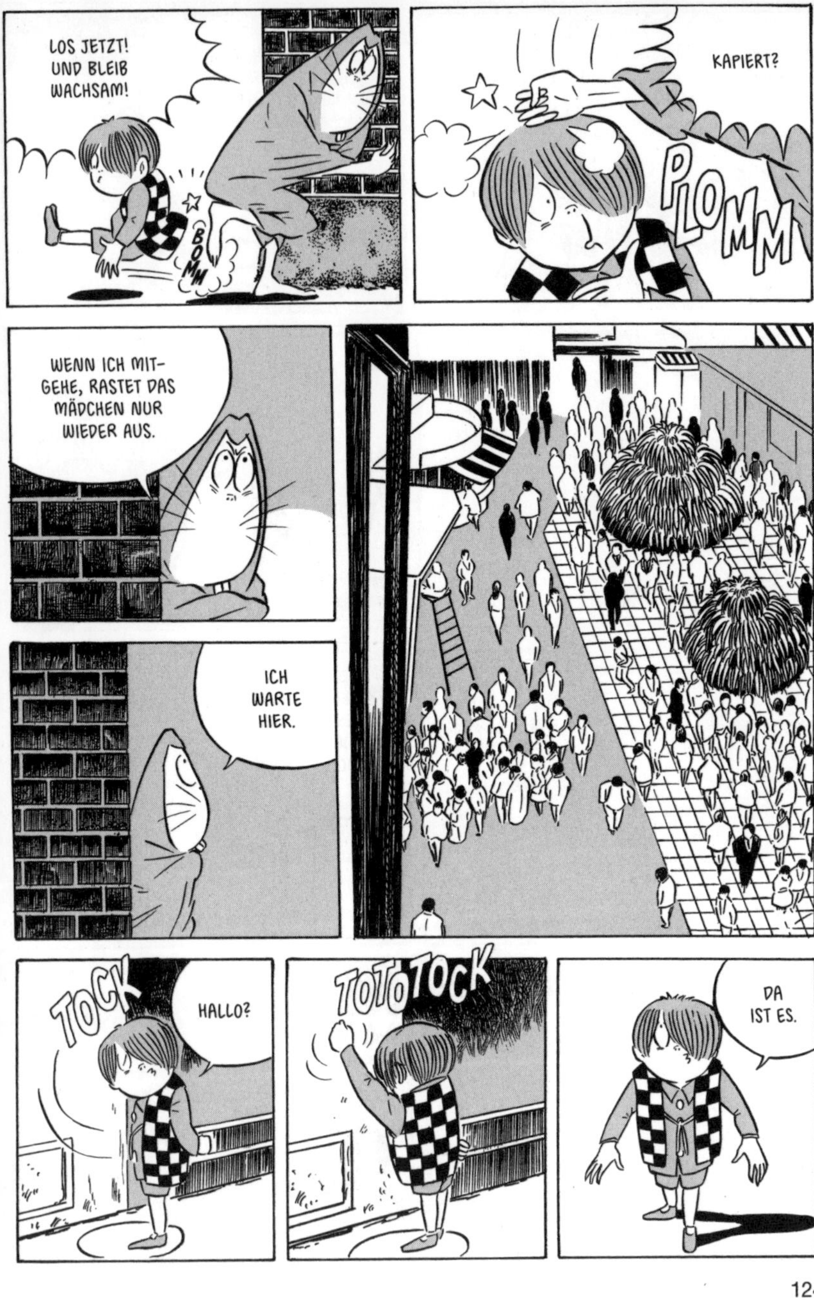
LOS JETZT! UND BLEIB WACHSAM!
BOMM
KAPIERT?
PLOMMM
WENN ICH MIT-GEHE, RASTET DAS MÄDCHEN NUR WIEDER AUS.
ICH WARTE HIER.
TOCK
HALLO?
TOTOTOCK
DA IST ES.

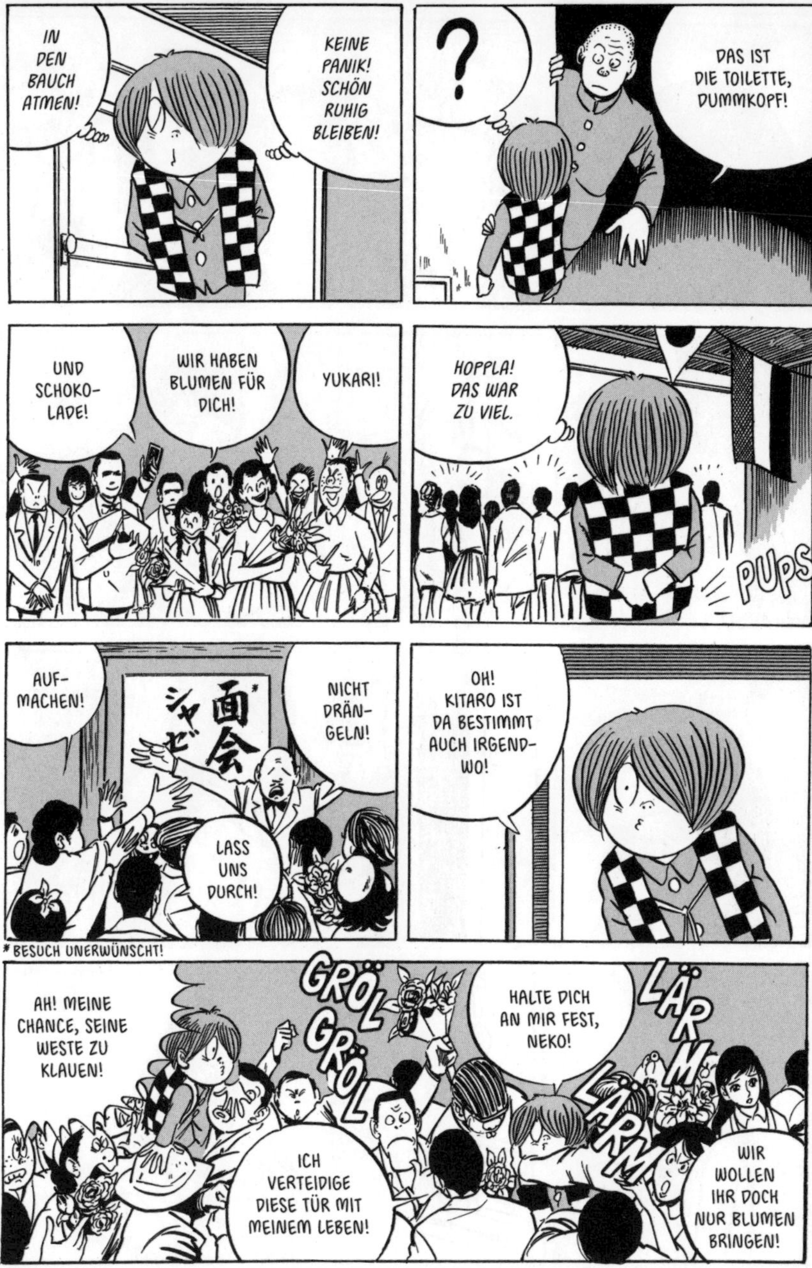
IN DEN BAUCH ATMEN!
KEINE PANIK! SCHÖN RUHIG BLEIBEN!
?
DAS IST DIE TOILETTE, DUMMKOPF!
YUKARI!
WIR HABEN BLUMEN FÜR DICH!
UND SCHOKO-LADE!
HOPPLA! DAS WAR ZU VIEL.
PUPS
AUF-MACHEN!
面会*
シャゼ
NICHT DRÄN-GELN!
LASS UNS DURCH!
OH! KITARO IST DA BESTIMMT AUCH IRGEND-WO!
* BESUCH UNERWÜNSCHT!
AH! MEINE CHANCE, SEINE WESTE ZU KLAUEN!
GRÖL GRÖL
HALTE DICH AN MIR FEST, NEKO!
LÄRM LÄRM
ICH VERTEIDIGE DIESE TÜR MIT MEINEM LEBEN!
WIR WOLLEN IHR DOCH NUR BLUMEN BRINGEN!

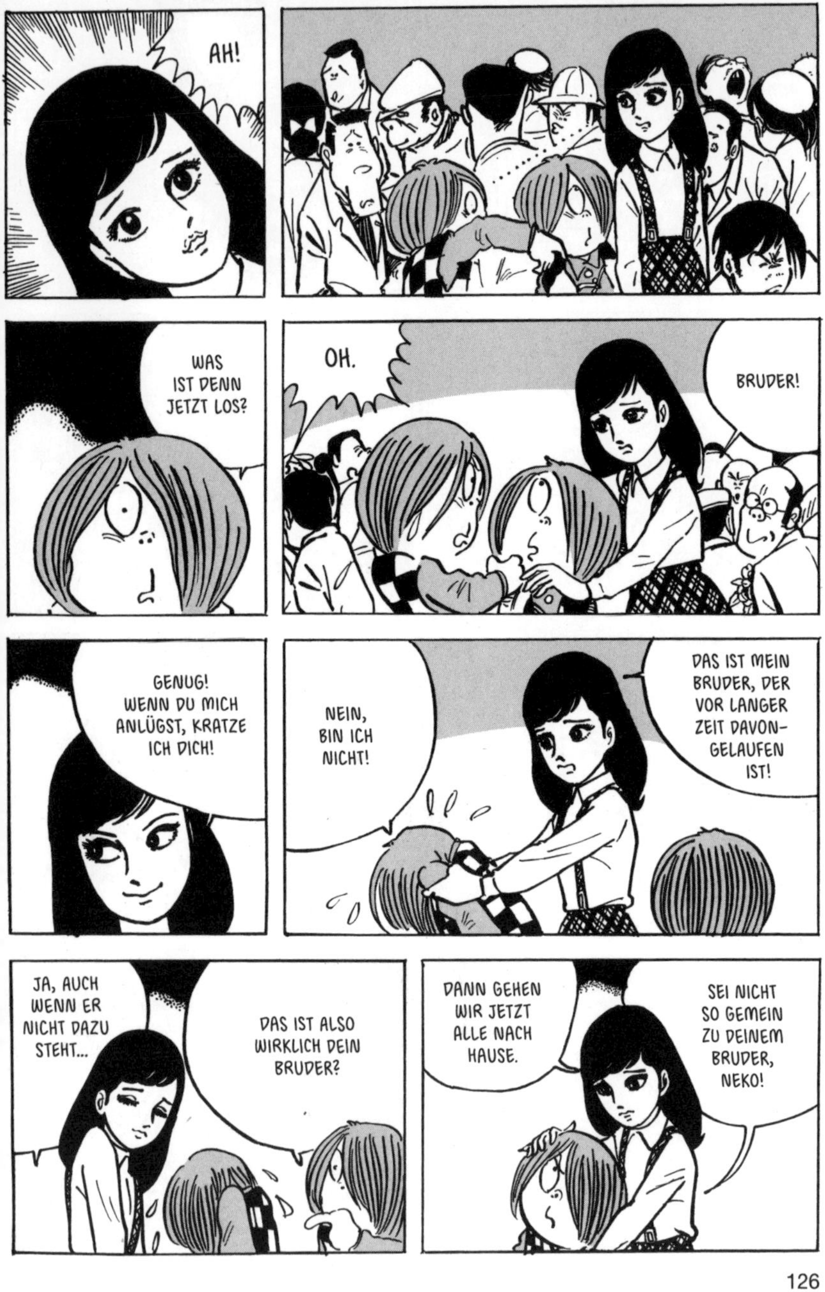
AH!
WAS IST DENN JETZT LOS?
BRUDER!
OH.
GENUG! WENN DU MICH ANLÜGST, KRATZE ICH DICH!
DAS IST MEIN BRUDER, DER VOR LANGER ZEIT DAVON-GELAUFEN IST!
NEIN, BIN ICH NICHT!
DAS IST ALSO WIRKLICH DEIN BRUDER?
JA, AUCH WENN ER NICHT DAZU STEHT...
SEI NICHT SO GEMEIN ZU DEINEM BRUDER, NEKO!
DANN GEHEN WIR JETZT ALLE NACH HAUSE.

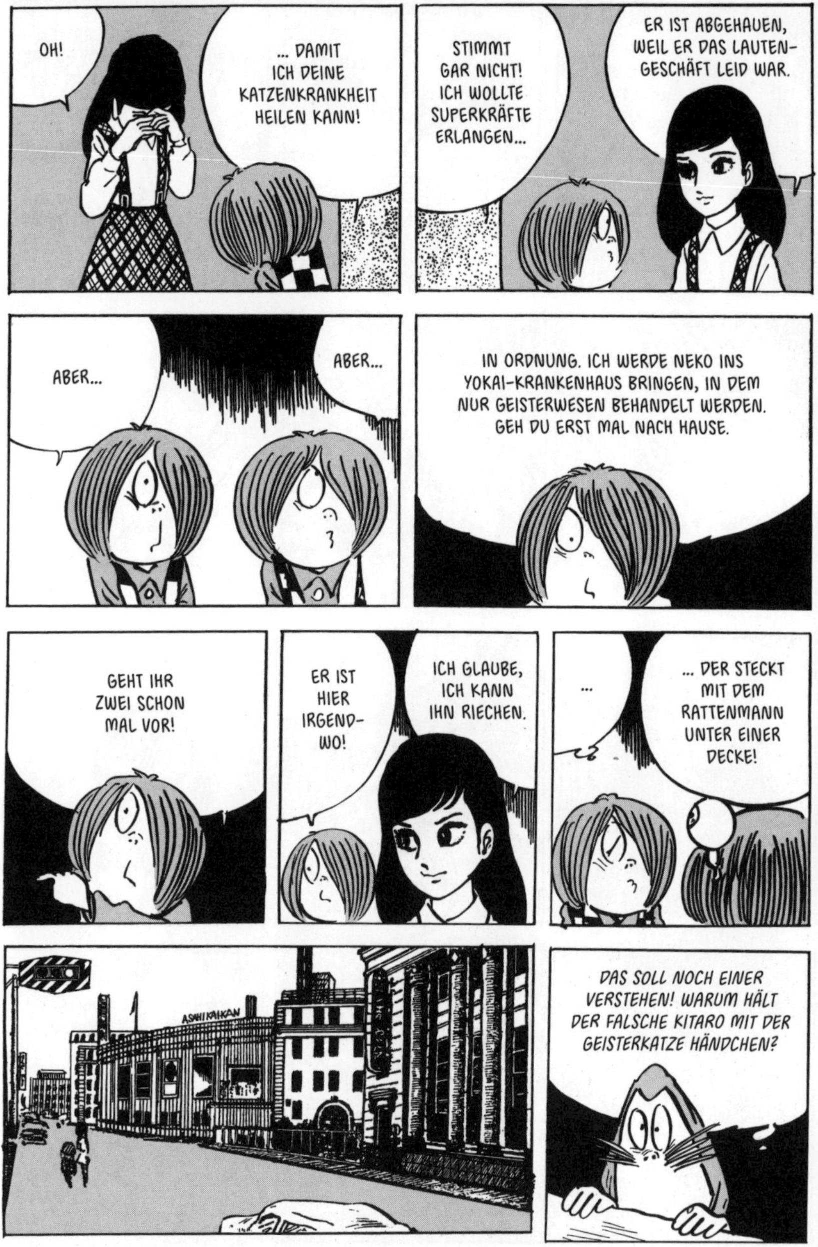
OH!
... DAMIT ICH DEINE KATZENKRANKHEIT HEILEN KANN!
STIMMT GAR NICHT! ICH WOLLTE SUPERKRÄFTE ERLANGEN...
ER IST ABGEHAUEN, WEIL ER DAS LAUTEN-GESCHÄFT LEID WAR.
ABER...
ABER...
IN ORDNUNG. ICH WERDE NEKO INS YOKAI-KRANKENHAUS BRINGEN, IN DEM NUR GEISTERWESEN BEHANDELT WERDEN. GEH DU ERST MAL NACH HAUSE.
GEHT IHR ZWEI SCHON MAL VOR!
ER IST HIER IRGEND-WO!
ICH GLAUBE, ICH KANN IHN RIECHEN.
...
... DER STECKT MIT DEM RATTENMANN UNTER EINER DECKE!
ASAHI KAIKAN
DAS SOLL NOCH EINER VERSTEHEN! WARUM HÄLT DER FALSCHE KITARO MIT DER GEISTERKATZE HÄNDCHEN?

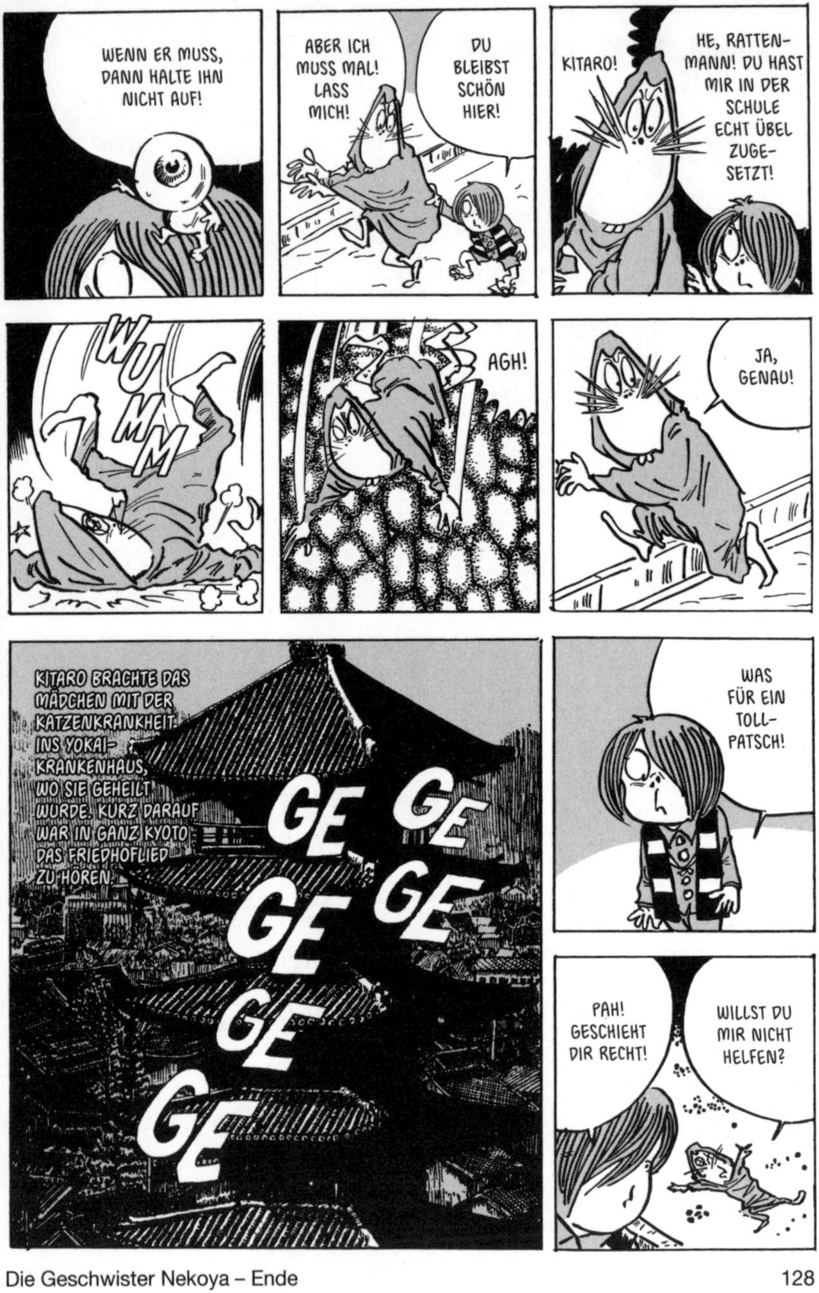
WENN ER MUSS, DANN HALTE IHN NICHT AUF!
ABER ICH MUSS MAL! LASS MICH!
DU BLEIBST SCHÖN HIER!
KITARO!
HE, RATTENMANN! DU HAST MIR IN DER SCHULE ECHT ÜBEL ZUGESETZT!
WUMMM
AGH!
JA, GENAU!
KITARO BRACHTE DAS MÄDCHEN MIT DER KATZENKRANKHEIT INS YOKAI-KRANKENHAUS, WO SIE GEHEILT WURDE. KURZ DARAUF WAR IN GANZ KYOTO DAS FRIEDHOFLIED ZU HÖREN.
GE GE GE GE GE GE GE
WAS FÜR EIN TOLLPATSCH!
WILLST DU MIR NICHT HELFEN?
PAH! GESCHIEHT DIR RECHT!

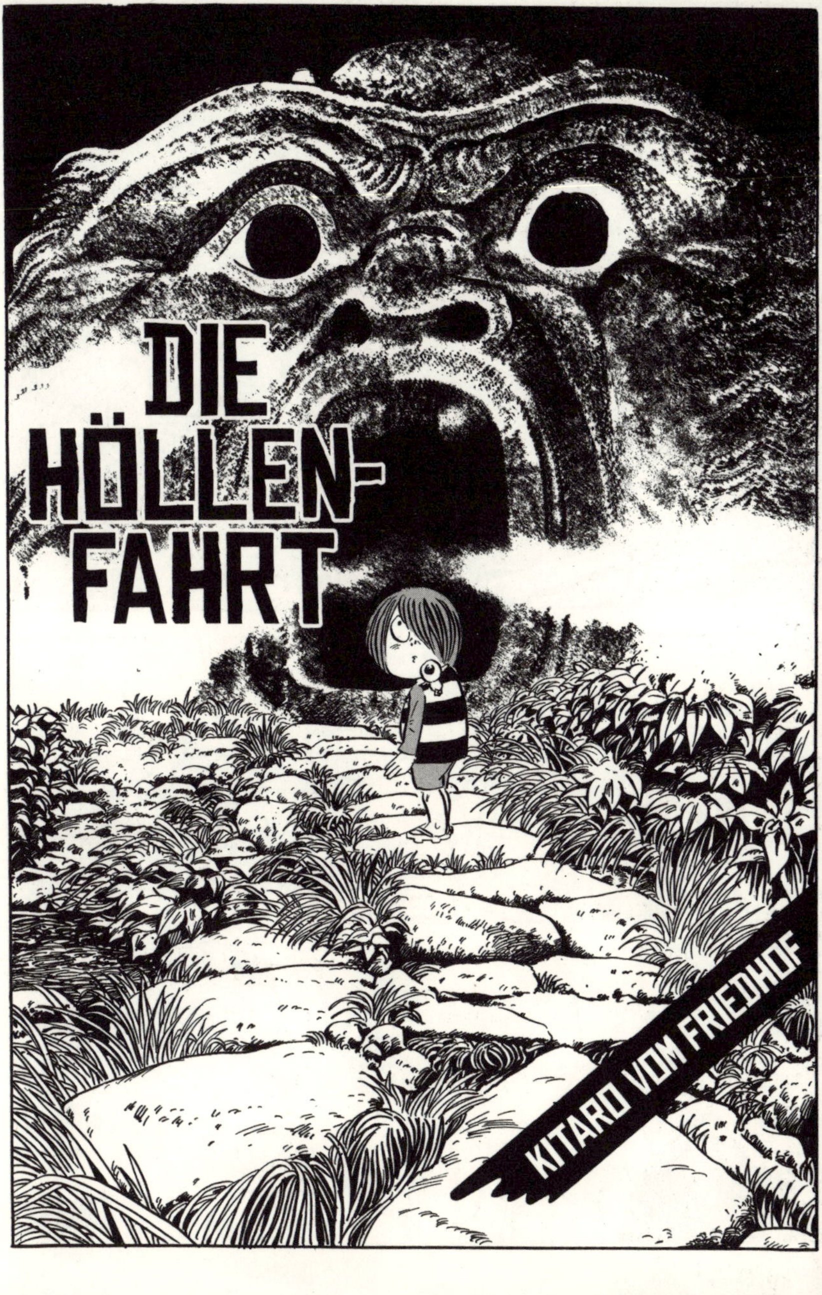
DIE HÖLLEN-FAHRT
KITARO VOM FRIEDHOF

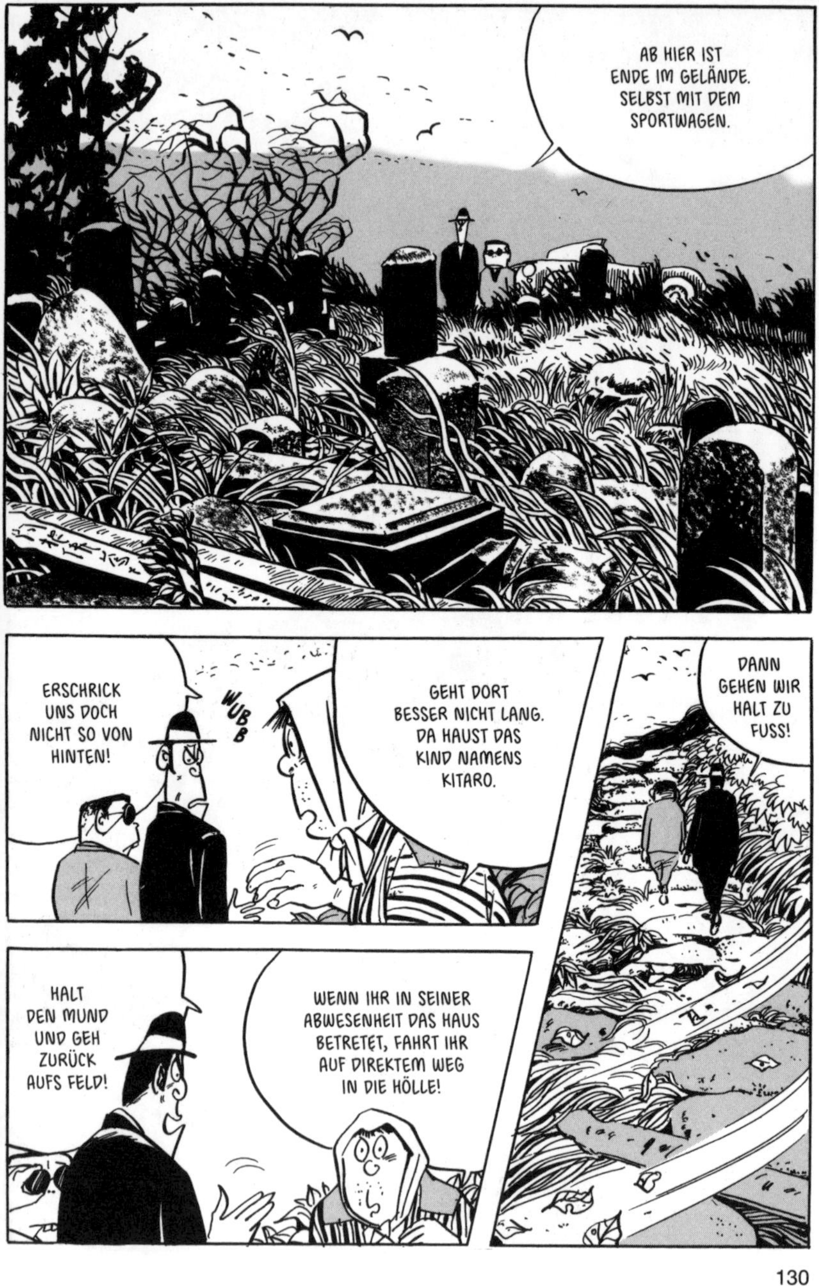

AB HIER IST ENDE IM GELÄNDE. SELBST MIT DEM SPORTWAGEN.
ERSCHRICK UNS DOCH NICHT SO VON HINTEN!
WUBB
GEHT DORT BESSER NICHT LANG. DA HAUST DAS KIND NAMENS KITARO.
HALT DEN MUND UND GEH ZURÜCK AUFS FELD!
WENN IHR IN SEINER ABWESENHEIT DAS HAUS BETRETET, FAHRT IHR AUF DIREKTEM WEG IN DIE HÖLLE!
DANN GEHEN WIR HALT ZU FUSS!

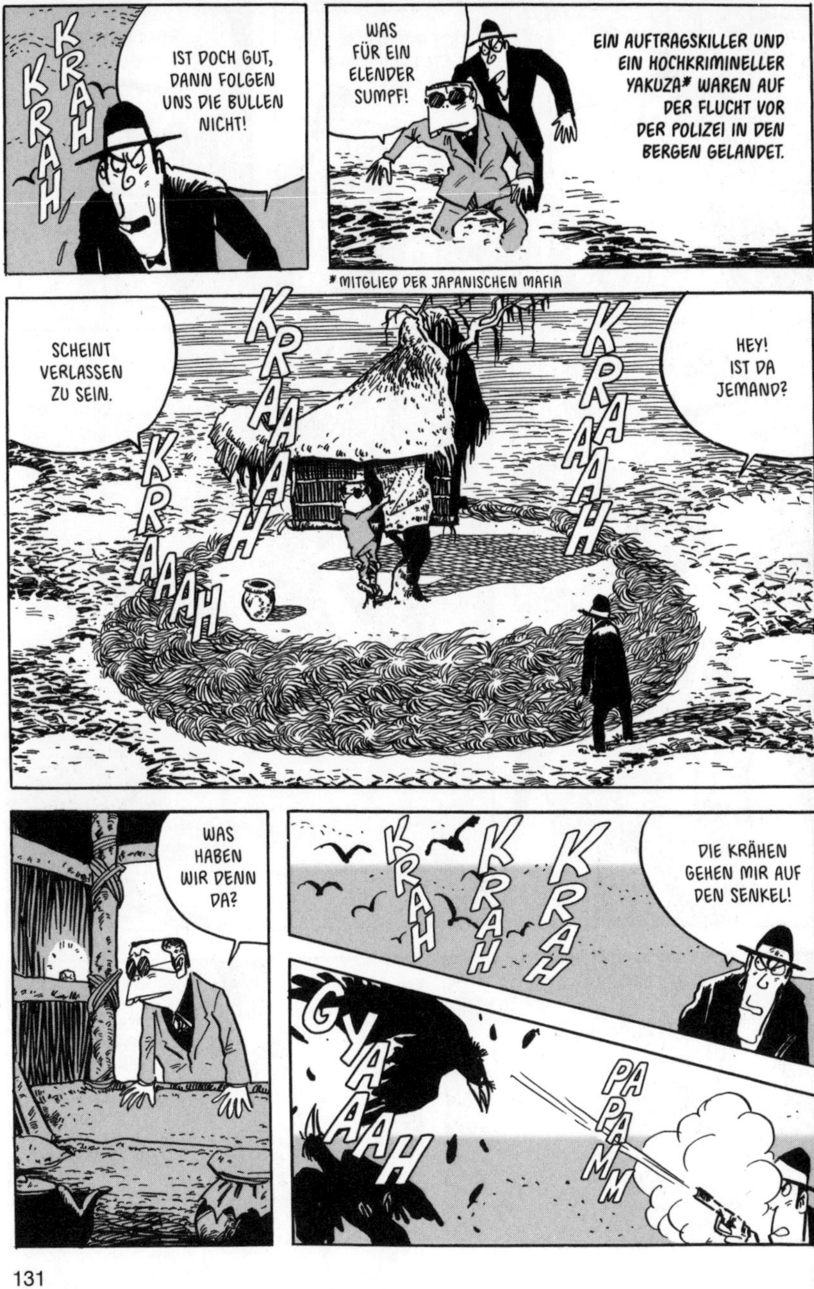
KRAH KRAH
IST DOCH GUT, DANN FOLGEN UNS DIE BULLEN NICHT!
WAS FÜR EIN ELENDER SUMPF!
EIN AUFTRAGSKILLER UND EIN HOCHKRIMINELLER YAKUZA* WAREN AUF DER FLUCHT VOR DER POLIZEI IN DEN BERGEN GELANDET.
* MITGLIED DER JAPANISCHEN MAFIA
HEY! IST DA JEMAND?
KRAAAAH
SCHEINT VERLASSEN ZU SEIN.
KRAAAAH
KRAAAAH
WAS HABEN WIR DENN DA?
DIE KRÄHEN GEHEN MIR AUF DEN SENKEL!
KRAH KRAH KRAH
PAPAMM
GYAAAAH

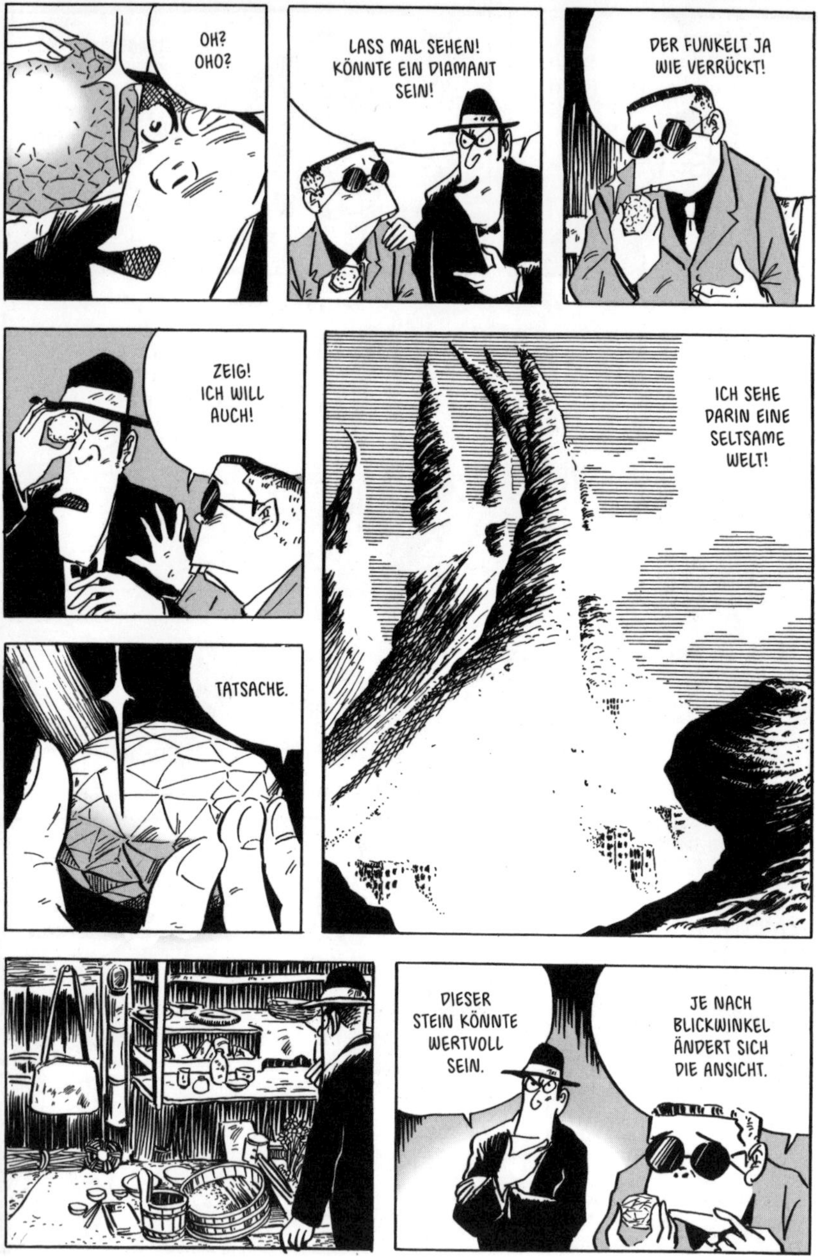
OH?
OHO?
LASS MAL SEHEN! KÖNNTE EIN DIAMANT SEIN!
DER FUNKELT JA WIE VERRÜCKT!
ZEIG! ICH WILL AUCH!
ICH SEHE DARIN EINE SELTSAME WELT!
TATSACHE.
DIESER STEIN KÖNNTE WERTVOLL SEIN.
JE NACH BLICKWINKEL ÄNDERT SICH DIE ANSICHT.

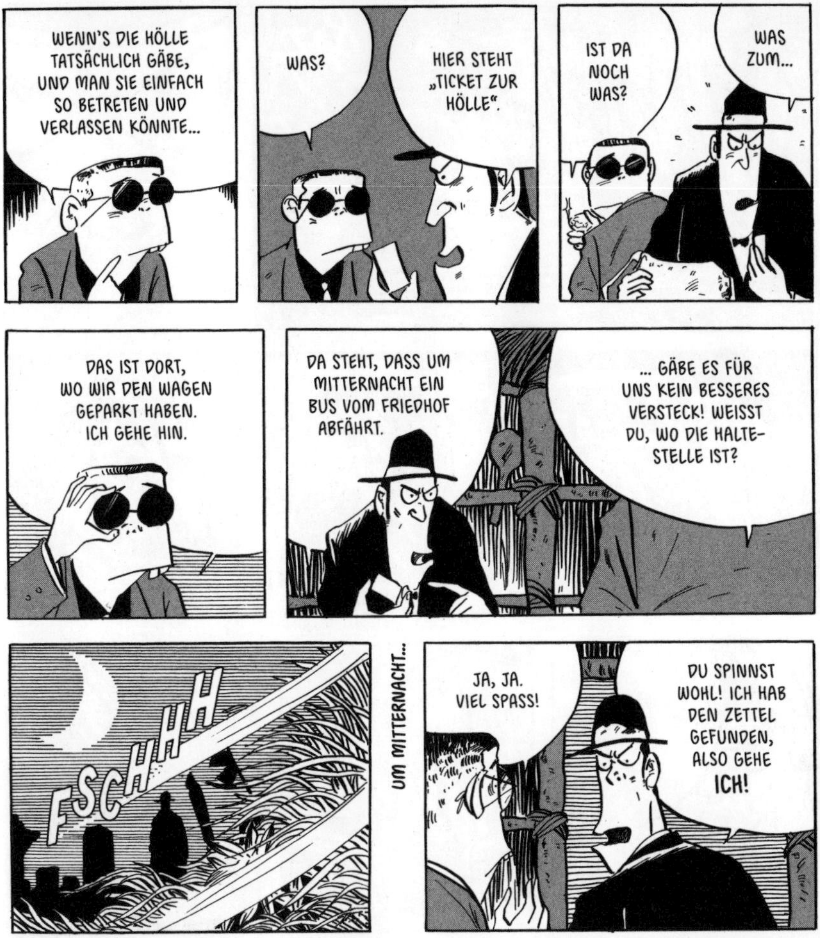

*HALTESTELLE ZUR HÖLLE

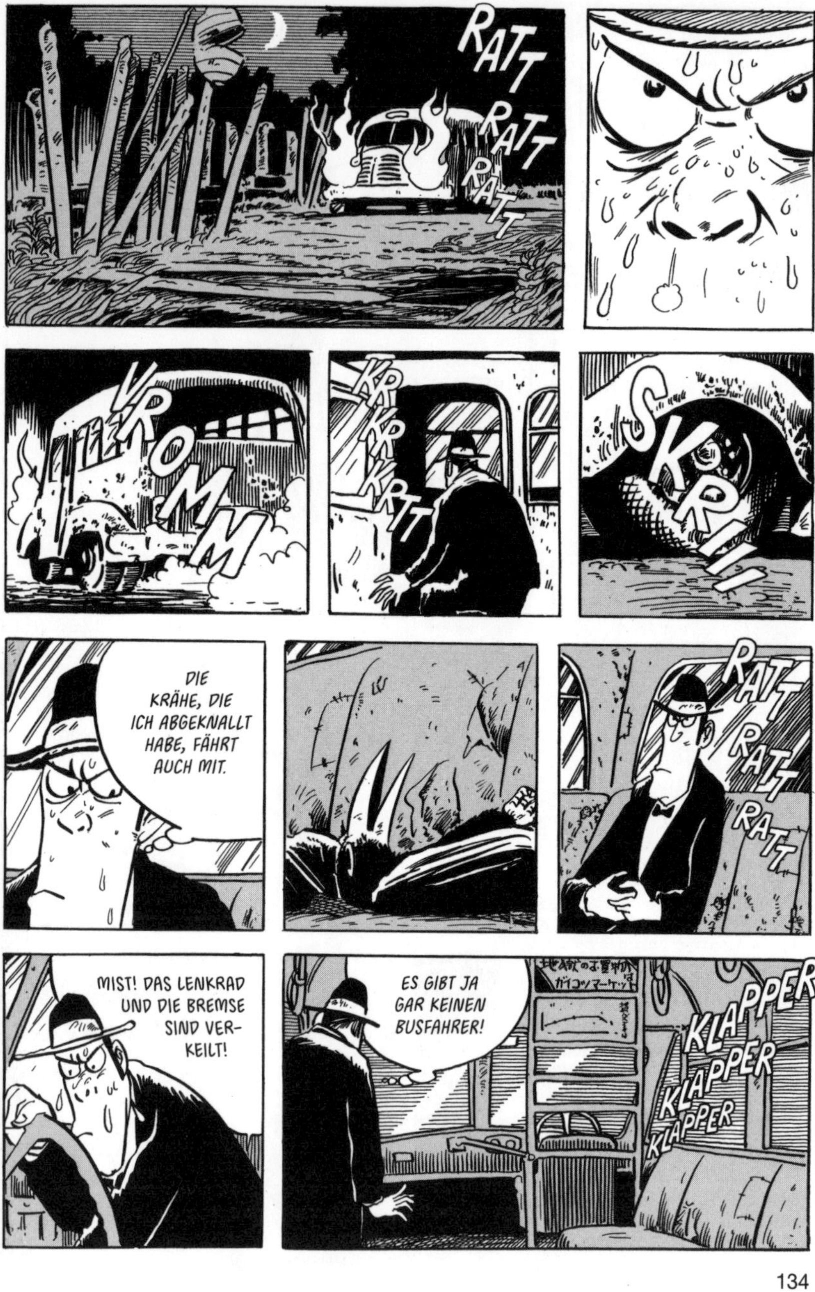
RATT RATT RATT
VROMM
KRKRKRTT
SKRIII
DIE KRÄHE, DIE ICH ABGEKNALLT HABE, FÄHRT AUCH MIT.
RATT RATT RATT
MIST! DAS LENKRAD UND DIE BREMSE SIND VER-KEILT!
ES GIBT JA GAR KEINEN BUSFAHRER!
KLAPPER KLAPPER KLAPPER KLAPPER

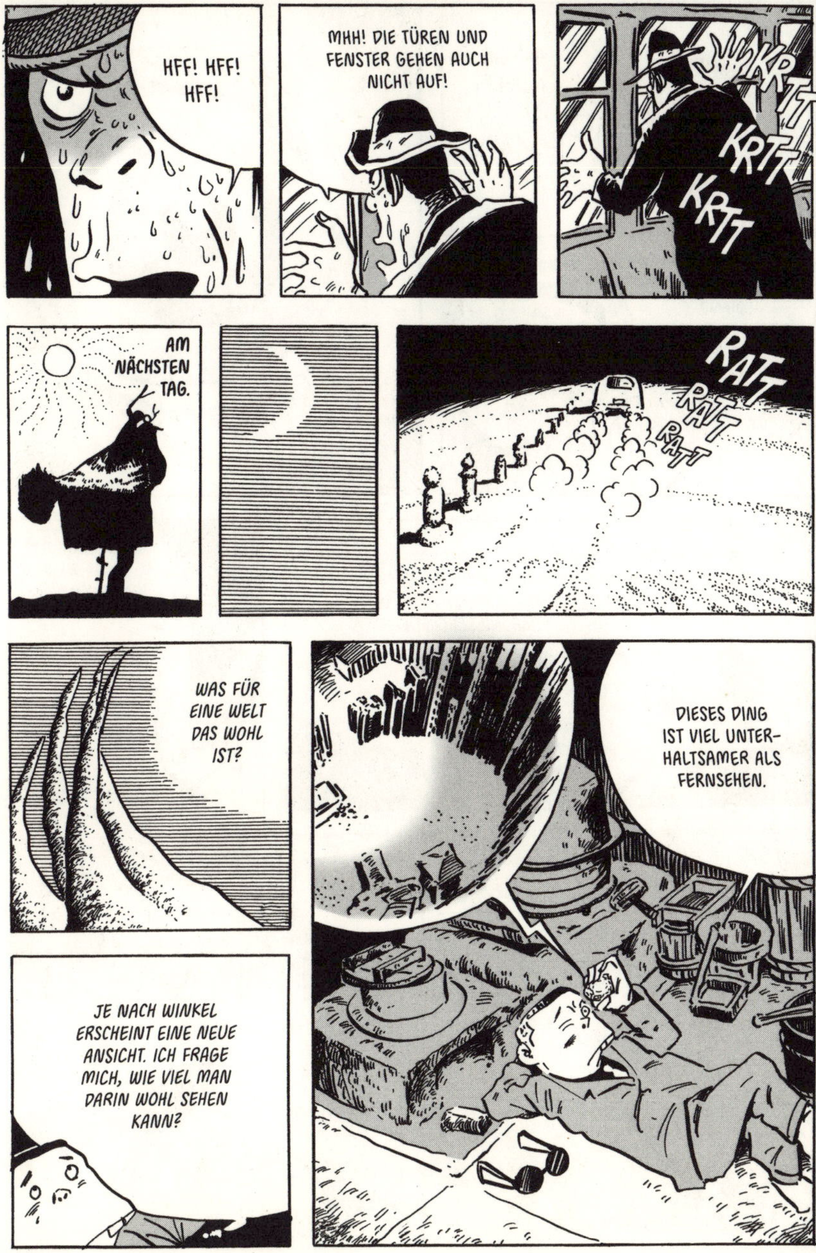
HFF! HFF! HFF!
MHH! DIE TÜREN UND FENSTER GEHEN AUCH NICHT AUF!
KRTT KRTT KRTT
AM NÄCHSTEN TAG.
RATT RATT RATT
WAS FÜR EINE WELT DAS WOHL IST?
DIESES DING IST VIEL UNTERHALTSAMER ALS FERNSEHEN.
JE NACH WINKEL ERSCHEINT EINE NEUE ANSICHT. ICH FRAGE MICH, WIE VIEL MAN DARIN WOHL SEHEN KANN?

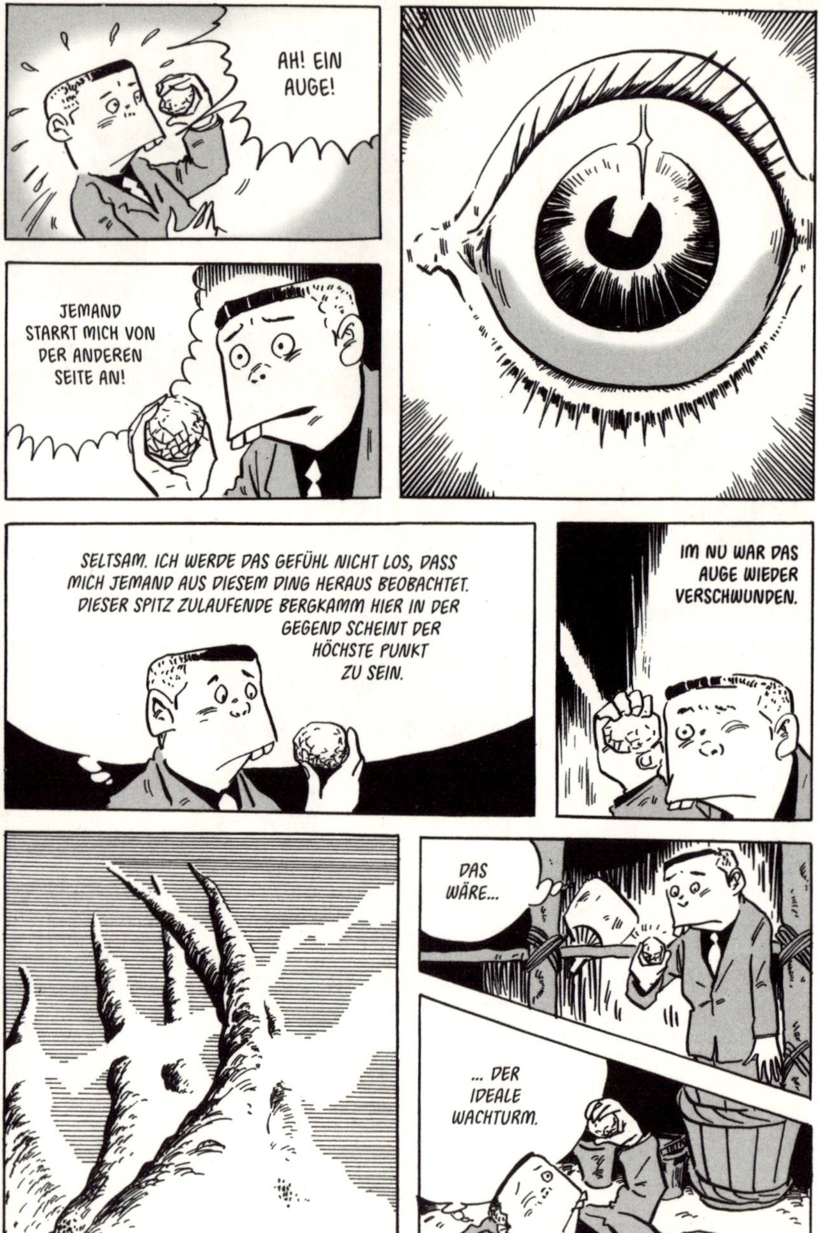
AH! EIN AUGE!
JEMAND STARRT MICH VON DER ANDEREN SEITE AN!
SELTSAM. ICH WERDE DAS GEFÜHL NICHT LOS, DASS MICH JEMAND AUS DIESEM DING HERAUS BEOBACHTET. DIESER SPITZ ZULAUFENDE BERGKAMM HIER IN DER GEGEND SCHEINT DER HÖCHSTE PUNKT ZU SEIN.
IM NU WAR DAS AUGE WIEDER VERSCHWUNDEN.
DAS WÄRE...
... DER IDEALE WACHTURM.

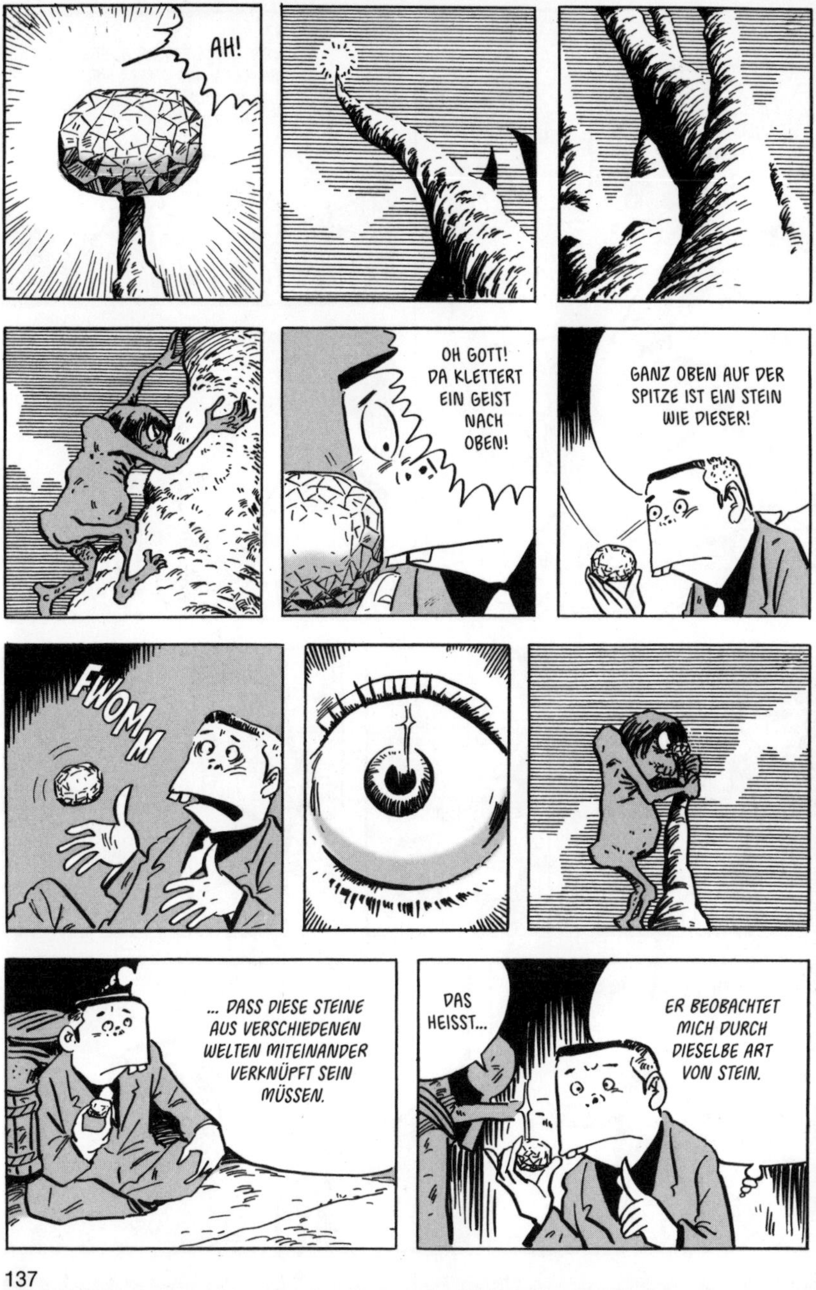
AH!
OH GOTT! DA KLETTERT EIN GEIST NACH OBEN!
GANZ OBEN AUF DER SPITZE IST EIN STEIN WIE DIESER!
FWOMM
... DASS DIESE STEINE AUS VERSCHIEDENEN WELTEN MITEINANDER VERKNÜPFT SEIN MÜSSEN.
DAS HEISST...
ER BEOBACHTET MICH DURCH DIESELBE ART VON STEIN.

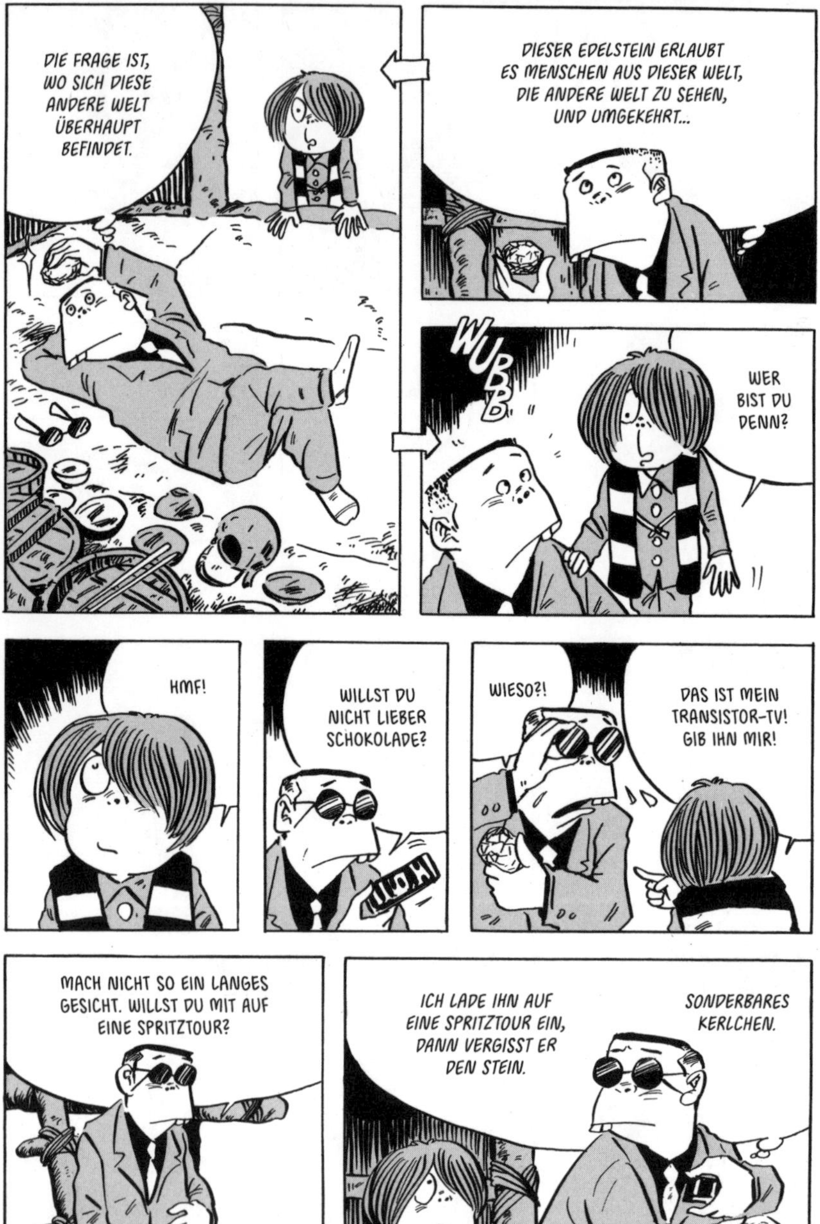
DIESER EDELSTEIN ERLAUBT ES MENSCHEN AUS DIESER WELT, DIE ANDERE WELT ZU SEHEN, UND UMGEKEHRT…
DIE FRAGE IST, WO SICH DIESE ANDERE WELT ÜBERHAUPT BEFINDET.
WUBB
WER BIST DU DENN?
DAS IST MEIN TRANSISTOR-TV! GIB IHN MIR!
WIESO?!
WILLST DU NICHT LIEBER SCHOKOLADE?
HMF!
SONDERBARES KERLCHEN.
ICH LADE IHN AUF EINE SPRITZTOUR EIN, DANN VERGISST ER DEN STEIN.
MACH NICHT SO EIN LANGES GESICHT. WILLST DU MIT AUF EINE SPRITZTOUR?

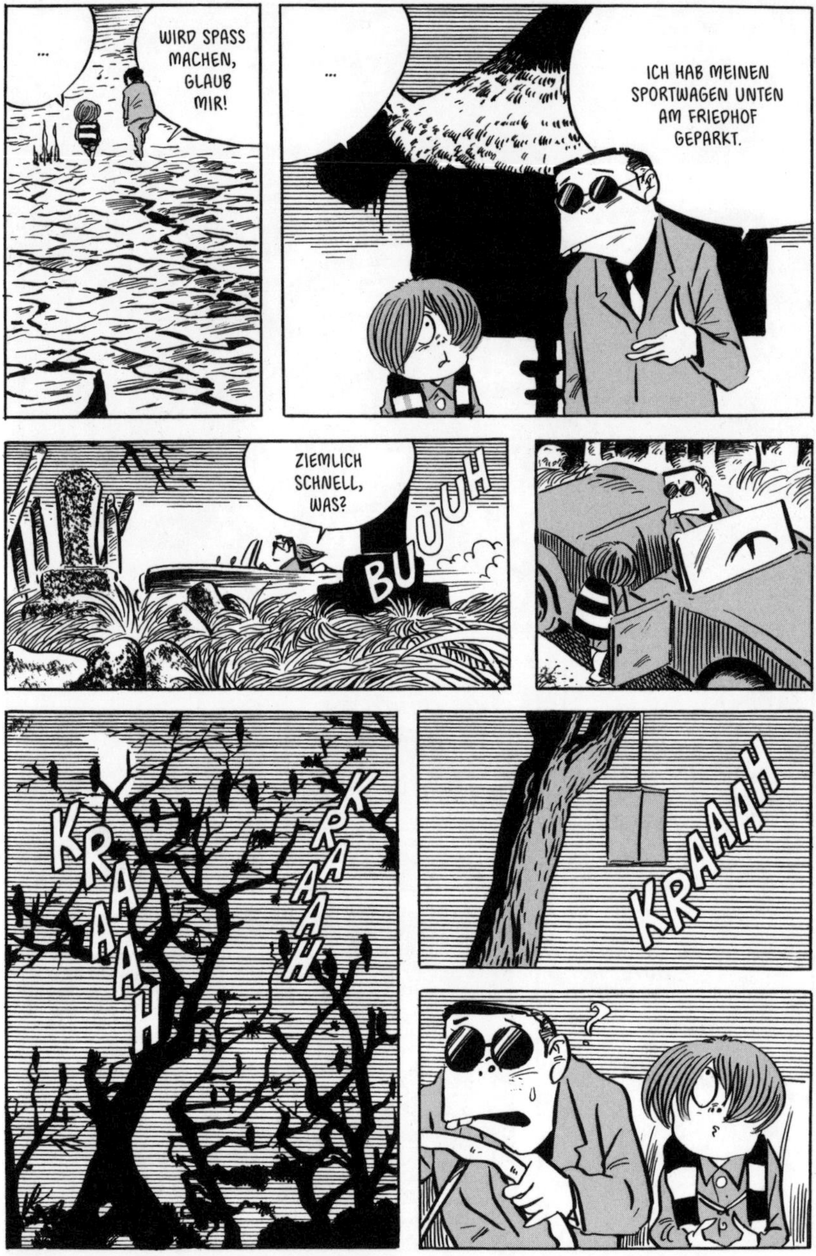
...
WIRD SPASS MACHEN, GLAUB MIR!
...
ICH HAB MEINEN SPORTWAGEN UNTEN AM FRIEDHOF GEPARKT.
ZIEMLICH SCHNELL, WAS?
BUUUH
KRAAAAH
KRAAAAH
KRAAAH
?

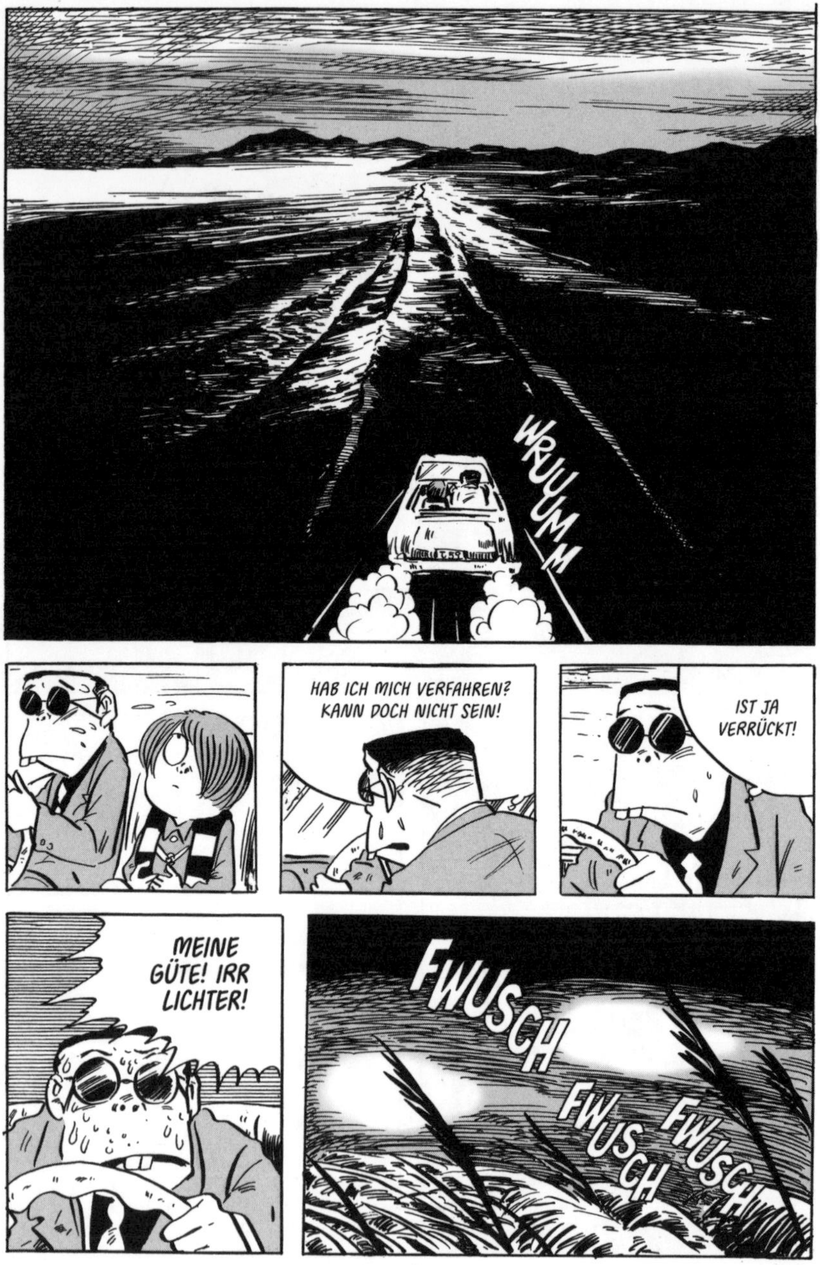
WRUUUMM
HAB ICH MICH VERFAHREN? KANN DOCH NICHT SEIN!
IST JA VERRÜCKT!
MEINE GÜTE! IRR LICHTER!
FWUSCH
FWUSCH FWUSCH

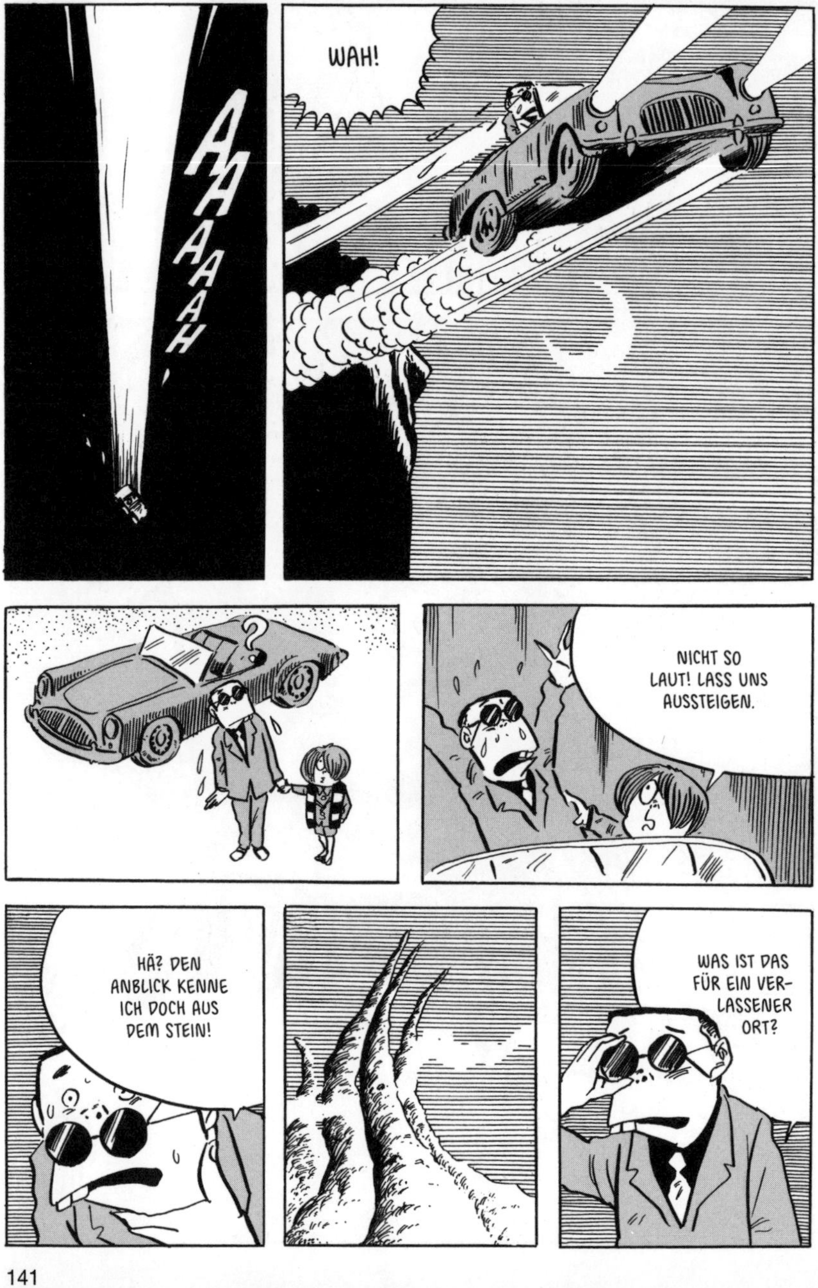
WAH!
AAAAAAAH
NICHT SO LAUT! LASS UNS AUSSTEIGEN.
?
WAS IST DAS FÜR EIN VERLASSENER ORT?
HÄ? DEN ANBLICK KENNE ICH DOCH AUS DEM STEIN!

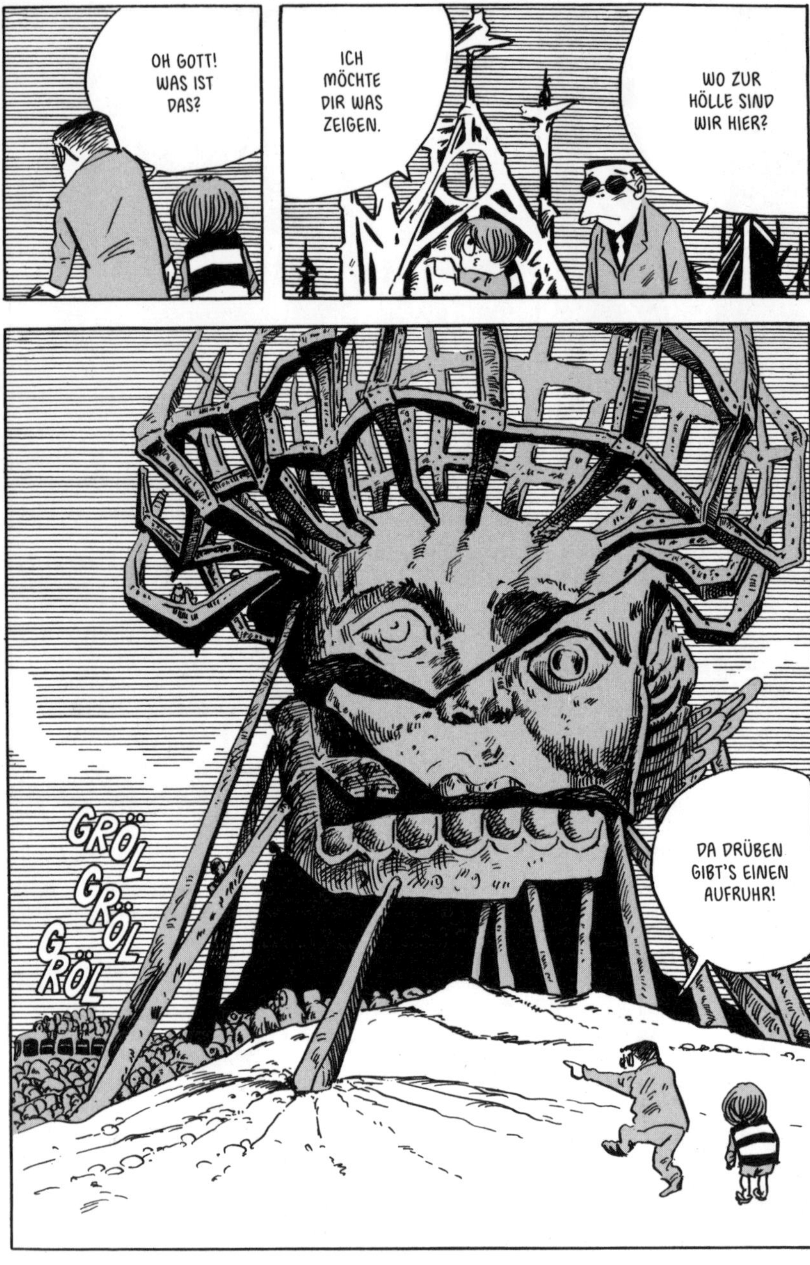
OH GOTT! WAS IST DAS?
ICH MÖCHTE DIR WAS ZEIGEN.
WO ZUR HÖLLE SIND WIR HIER?
GRÖL GRÖL GRÖL
DA DRÜBEN GIBT'S EINEN AUFRUHR!

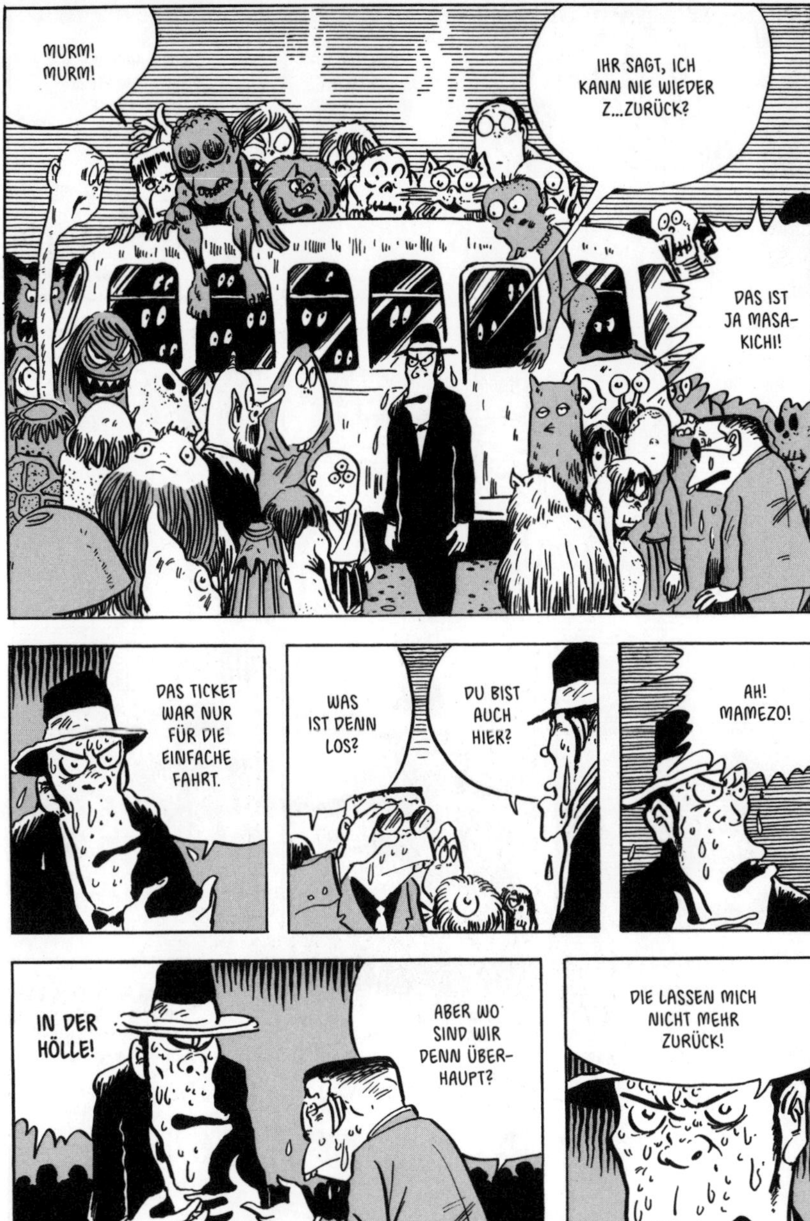
DAS IST JA MASAKICHI!
IHR SAGT, ICH KANN NIE WIEDER Z...ZURÜCK?
MURM! MURM!
AH! MAMEZO!
DU BIST AUCH HIER?
WAS IST DENN LOS?
DAS TICKET WAR NUR FÜR DIE EINFACHE FAHRT.
DIE LASSEN MICH NICHT MEHR ZURÜCK!
ABER WO SIND WIR DENN ÜBERHAUPT?
IN DER HÖLLE!

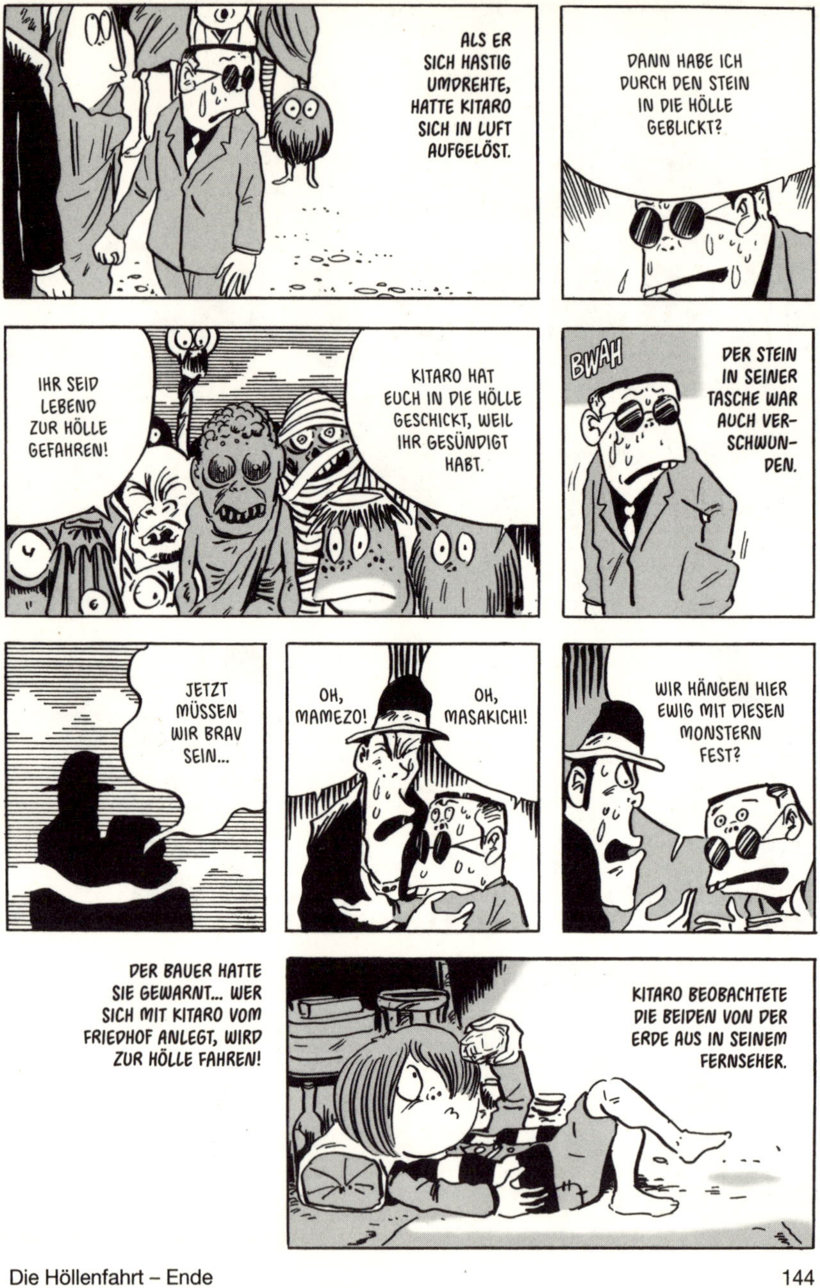
ALS ER SICH HASTIG UMDREHTE, HATTE KITARO SICH IN LUFT AUFGELÖST.
DANN HABE ICH DURCH DEN STEIN IN DIE HÖLLE GEBLICKT?
IHR SEID LEBEND ZUR HÖLLE GEFAHREN!
KITARO HAT EUCH IN DIE HÖLLE GESCHICKT, WEIL IHR GESÜNDIGT HABT.
BWAH
DER STEIN IN SEINER TASCHE WAR AUCH VERSCHWUNDEN.
JETZT MÜSSEN WIR BRAV SEIN...
OH, MAMEZO!
OH, MASAKICHI!
WIR HÄNGEN HIER EWIG MIT DIESEN MONSTERN FEST?
DER BAUER HATTE SIE GEWARNT... WER SICH MIT KITARO VOM FRIEDHOF ANLEGT, WIRD ZUR HÖLLE FAHREN!
KITARO BEOBACHTETE DIE BEIDEN VON DER ERDE AUS IN SEINEM FERNSEHER.

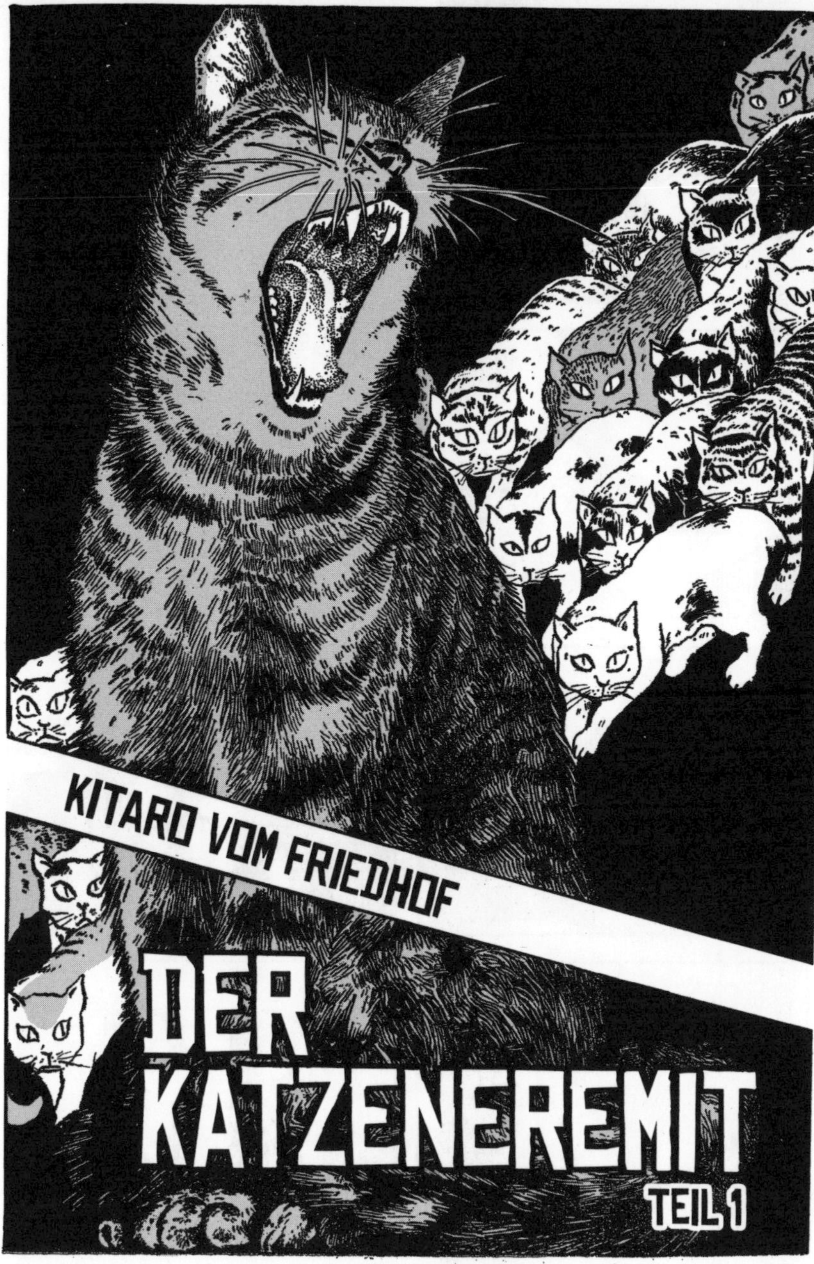
KITARO VOM FRIEDHOF
DER KATZENEREMIT
TEIL 1

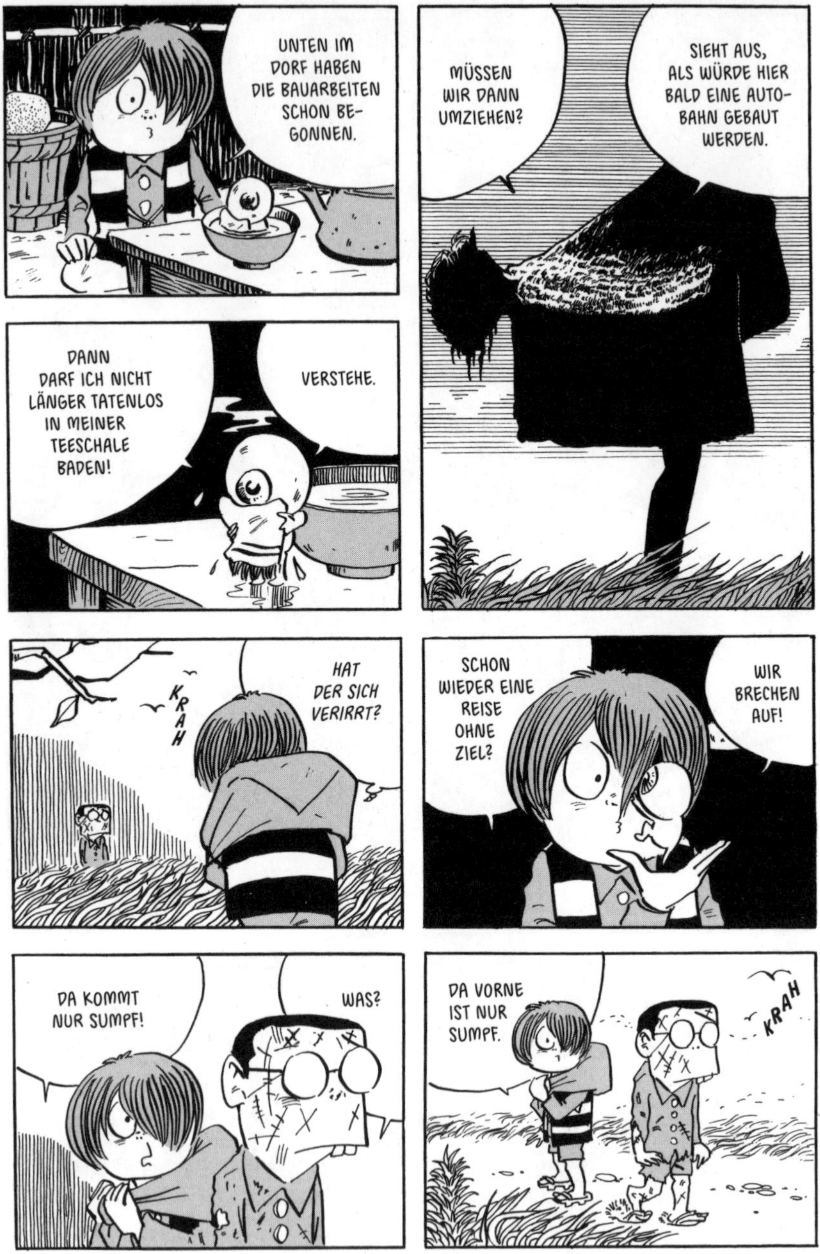
SIEHT AUS, ALS WÜRDE HIER BALD EINE AUTOBAHN GEBAUT WERDEN.
MÜSSEN WIR DANN UMZIEHEN?
UNTEN IM DORF HABEN DIE BAUARBEITEN SCHON BEGONNEN.
VERSTEHE.
DANN DARF ICH NICHT LÄNGER TATENLOS IN MEINER TEESCHALE BADEN!
WIR BRECHEN AUF!
SCHON WIEDER EINE REISE OHNE ZIEL?
HAT DER SICH VERIRRT?
KRAH
DA VORNE IST NUR SUMPF.
KRAH
WAS?
DA KOMMT NUR SUMPF!

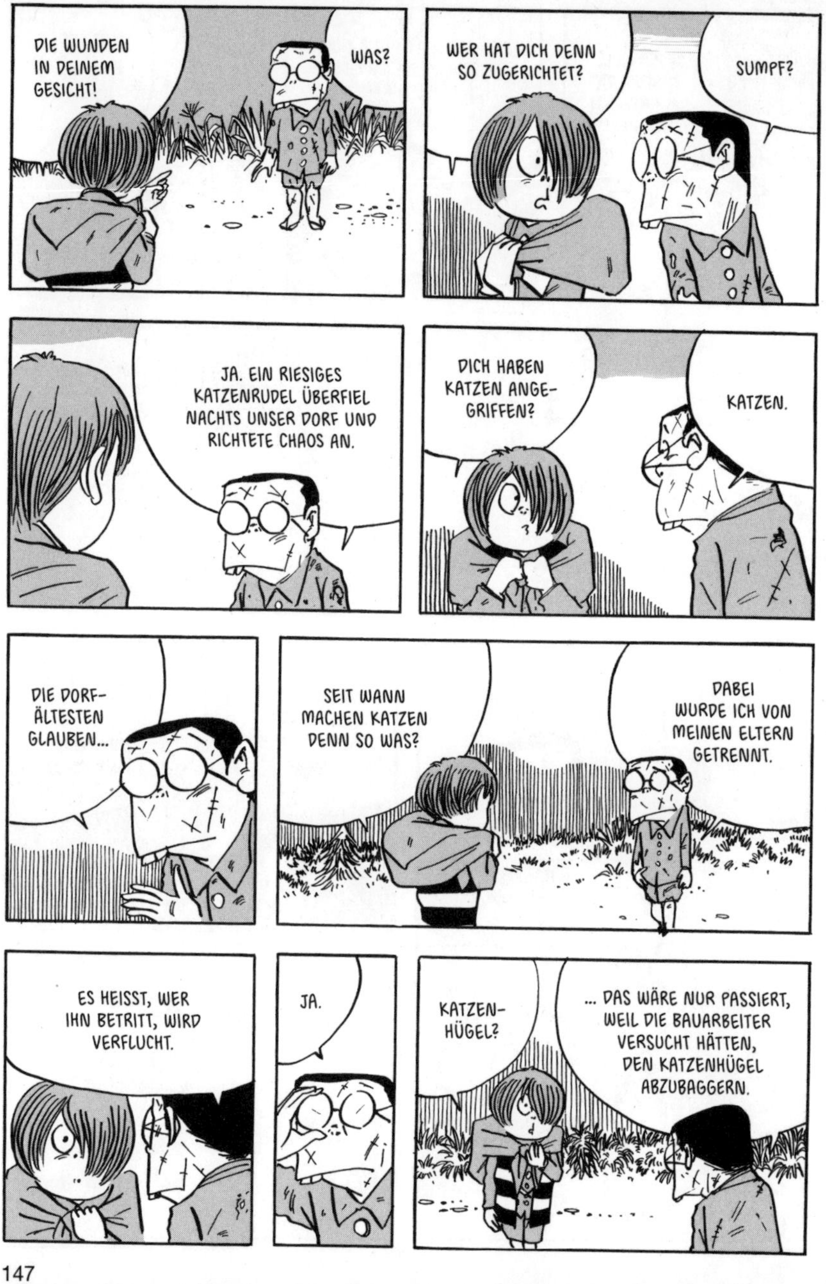
DIE WUNDEN IN DEINEM GESICHT!
WAS?
WER HAT DICH DENN SO ZUGERICHTET?
SUMPF?
JA. EIN RIESIGES KATZENRUDEL ÜBERFIEL NACHTS UNSER DORF UND RICHTETE CHAOS AN.
DICH HABEN KATZEN ANGE-GRIFFEN?
KATZEN.
DIE DORF-ÄLTESTEN GLAUBEN...
SEIT WANN MACHEN KATZEN DENN SO WAS?
DABEI WURDE ICH VON MEINEN ELTERN GETRENNT.
ES HEISST, WER IHN BETRITT, WIRD VERFLUCHT.
JA.
KATZEN-HÜGEL?
... DAS WÄRE NUR PASSIERT, WEIL DIE BAUARBEITER VERSUCHT HÄTTEN, DEN KATZENHÜGEL ABZUBAGGERN.

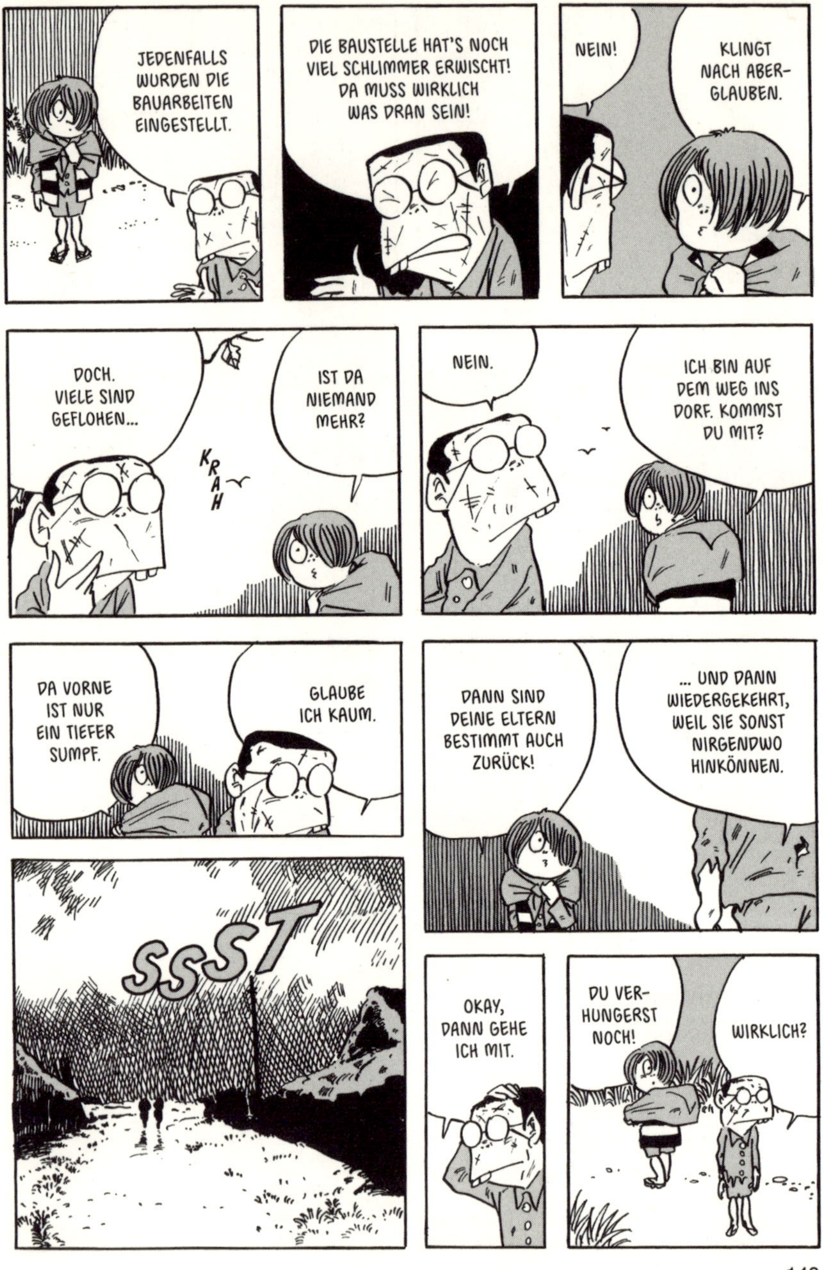
JEDENFALLS WURDEN DIE BAUARBEITEN EINGESTELLT.
DIE BAUSTELLE HAT'S NOCH VIEL SCHLIMMER ERWISCHT! DA MUSS WIRKLICH WAS DRAN SEIN!
KLINGT NACH ABERGLAUBEN.
NEIN!
DOCH. VIELE SIND GEFLOHEN...
IST DA NIEMAND MEHR?
KRAH
NEIN.
ICH BIN AUF DEM WEG INS DORF. KOMMST DU MIT?
DA VORNE IST NUR EIN TIEFER SUMPF.
GLAUBE ICH KAUM.
DANN SIND DEINE ELTERN BESTIMMT AUCH ZURÜCK!
... UND DANN WIEDERGEKEHRT, WEIL SIE SONST NIRGENDWO HINKÖNNEN.
SSST
OKAY, DANN GEHE ICH MIT.
DU VERHUNGERST NOCH!
WIRKLICH?

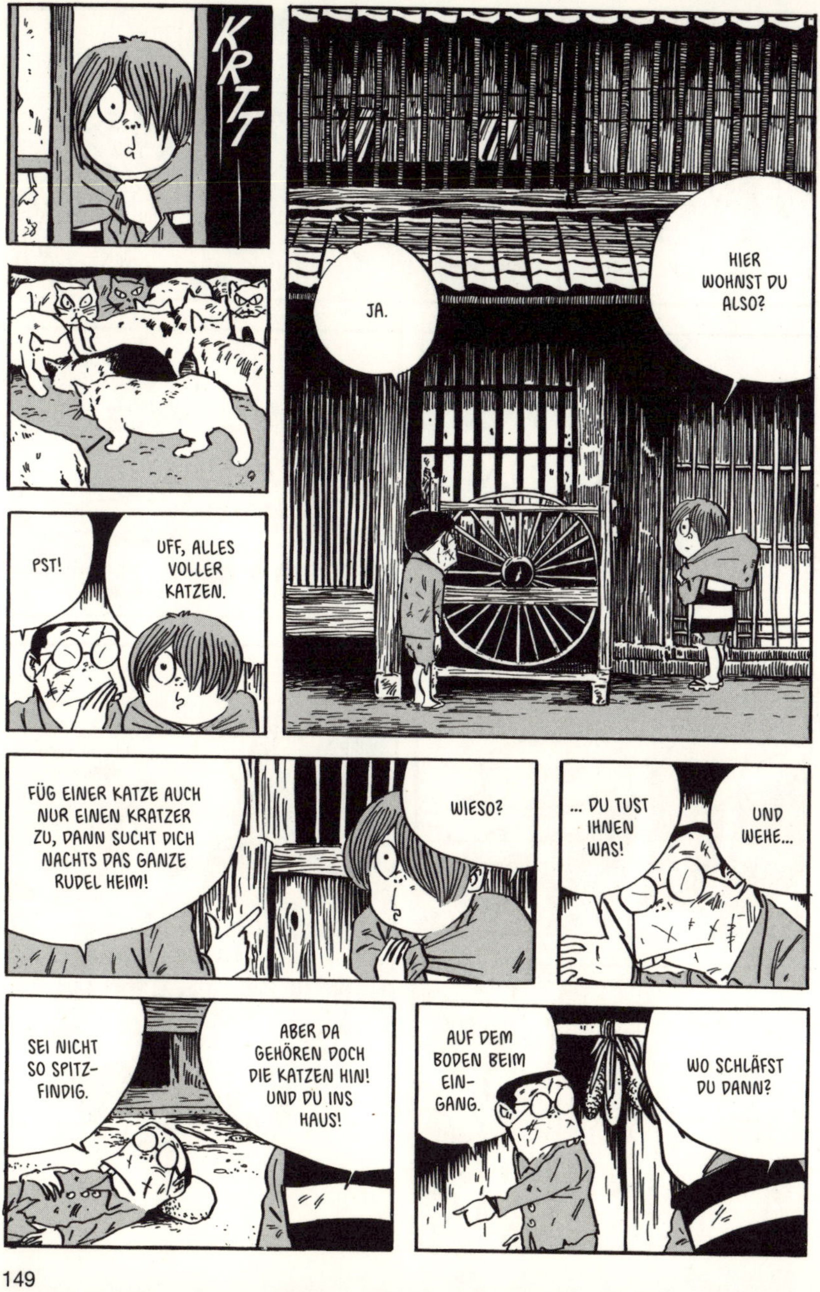
HIER WOHNST DU ALSO?
JA.
KRTT
UFF, ALLES VOLLER KATZEN.
PST!
UND WEHE...
... DU TUST IHNEN WAS!
WIESO?
FÜG EINER KATZE AUCH NUR EINEN KRATZER ZU, DANN SUCHT DICH NACHTS DAS GANZE RUDEL HEIM!
WO SCHLÄFST DU DANN?
AUF DEM BODEN BEIM EIN-GANG.
ABER DA GEHÖREN DOCH DIE KATZEN HIN! UND DU INS HAUS!
SEI NICHT SO SPITZ-FINDIG.

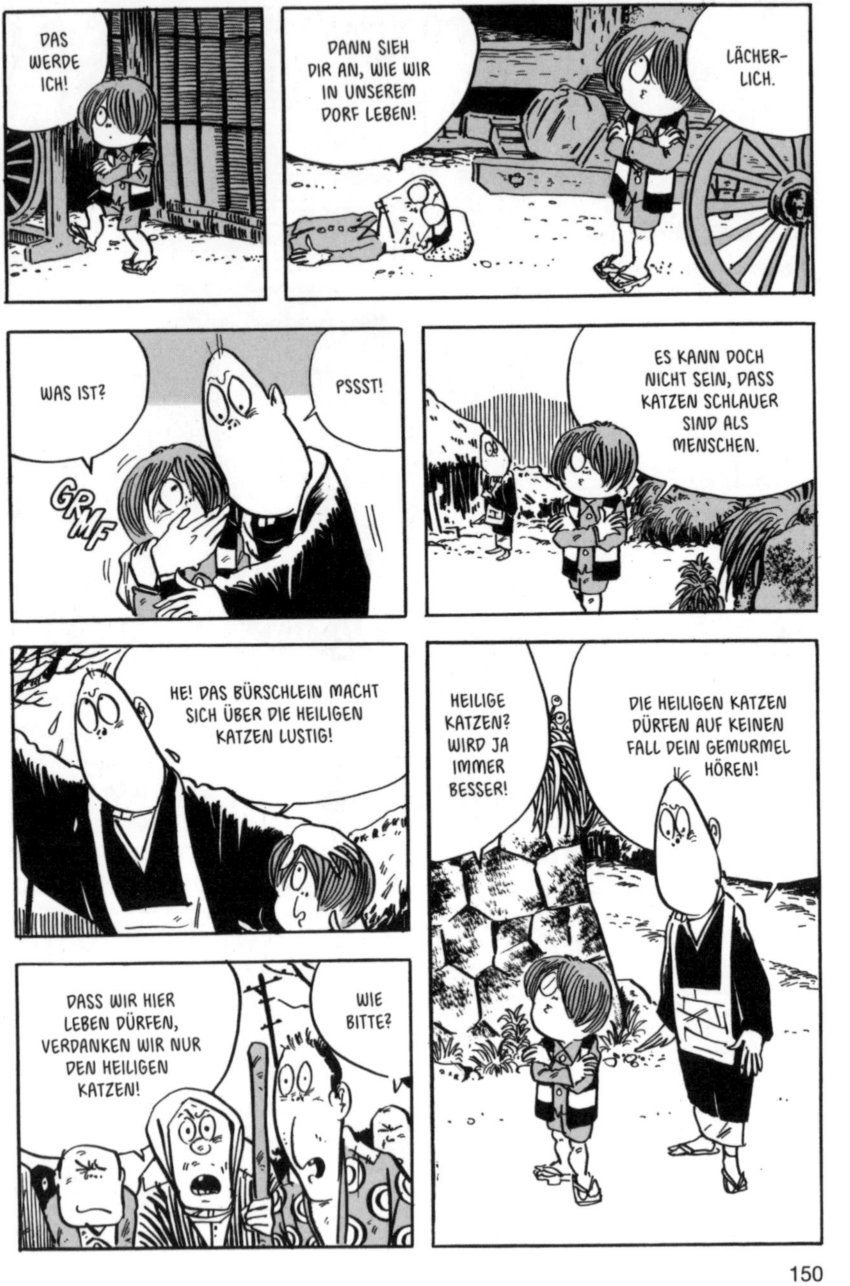
LÄCHER-
LICH.
DANN SIEH DIR AN, WIE WIR IN UNSEREM DORF LEBEN!
DAS WERDE ICH!
ES KANN DOCH NICHT SEIN, DASS KATZEN SCHLAUER SIND ALS MENSCHEN.
PSSST!
WAS IST?
GRMF
DIE HEILIGEN KATZEN DÜRFEN AUF KEINEN FALL DEIN GEMURMEL HÖREN!
HEILIGE KATZEN? WIRD JA IMMER BESSER!
HE! DAS BÜRSCHLEIN MACHT SICH ÜBER DIE HEILIGEN KATZEN LUSTIG!
WIE BITTE?
DASS WIR HIER LEBEN DÜRFEN, VERDANKEN WIR NUR DEN HEILIGEN KATZEN!

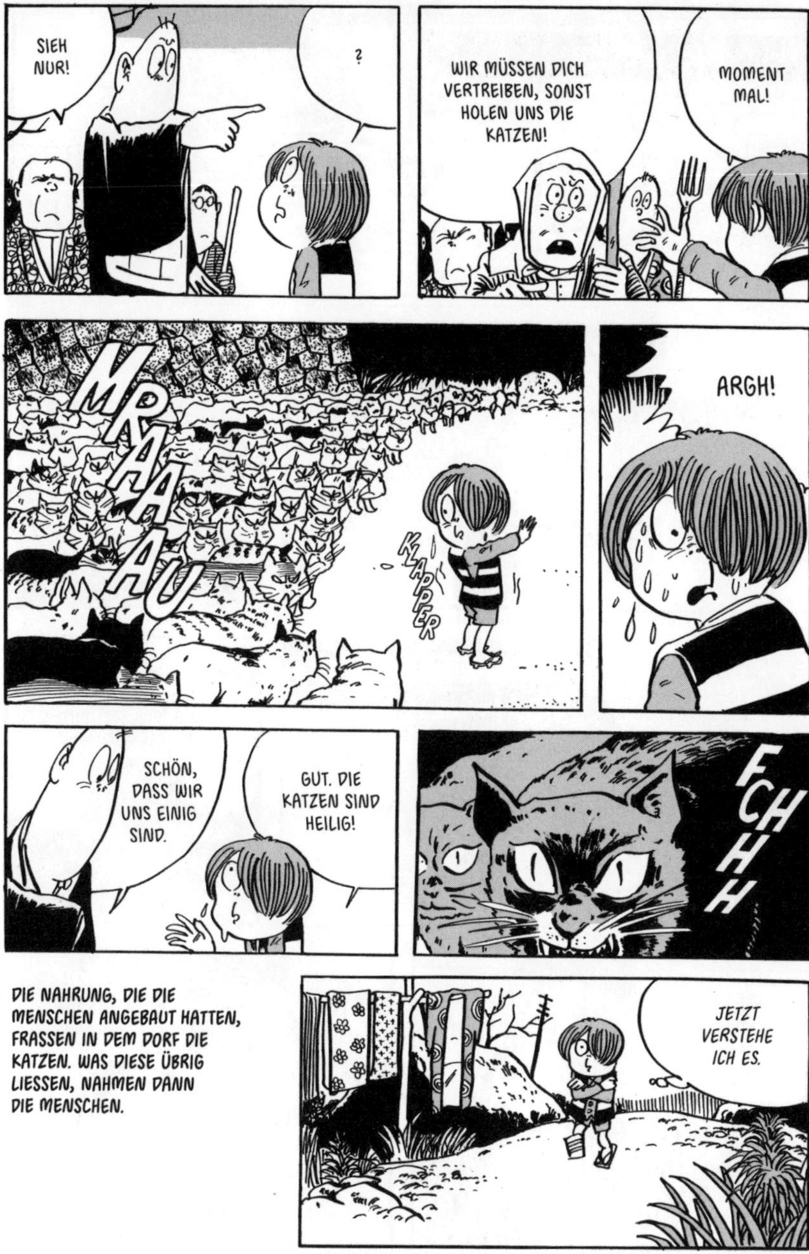
MOMENT MAL!
WIR MÜSSEN DICH VERTREIBEN, SONST HOLEN UNS DIE KATZEN!
?
SIEH NUR!
ARGH!
MRAAAAU
KLAPPER
FCHHH
GUT. DIE KATZEN SIND HEILIG!
SCHÖN, DASS WIR UNS EINIG SIND.
JETZT VERSTEHE ICH ES.
DIE NAHRUNG, DIE DIE MENSCHEN ANGEBAUT HATTEN, FRASSEN IN DEM DORF DIE KATZEN. WAS DIESE ÜBRIG LIESSEN, NAHMEN DANN DIE MENSCHEN.

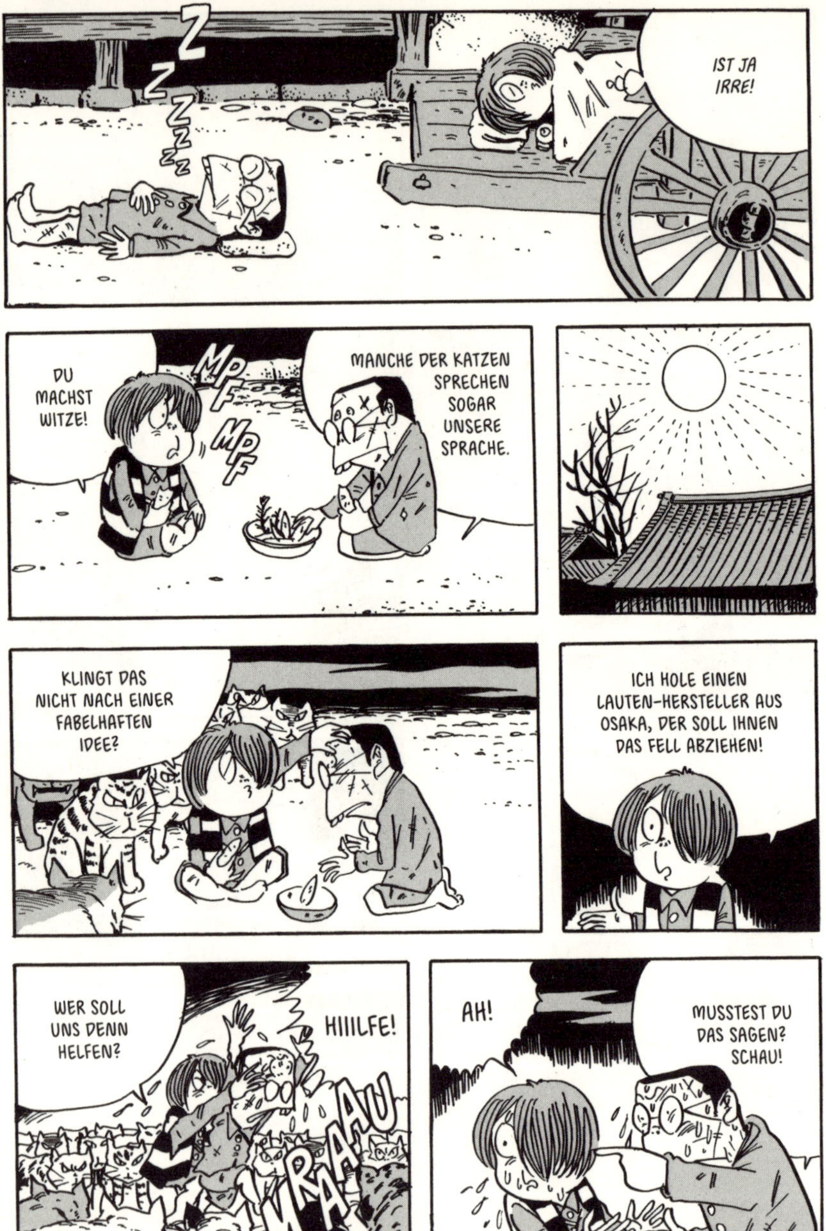
ZZZZZZ
IST JA IRRE!
DU MACHST WITZE!
MPF MPF
MANCHE DER KATZEN SPRECHEN SOGAR UNSERE SPRACHE.
KLINGT DAS NICHT NACH EINER FABELHAFTEN IDEE?
ICH HOLE EINEN LAUTEN-HERSTELLER AUS OSAKA, DER SOLL IHNEN DAS FELL ABZIEHEN!
WER SOLL UNS DENN HELFEN?
HIIILFE!
MRAAAU
AH!
MUSSTEST DU DAS SAGEN? SCHAU!

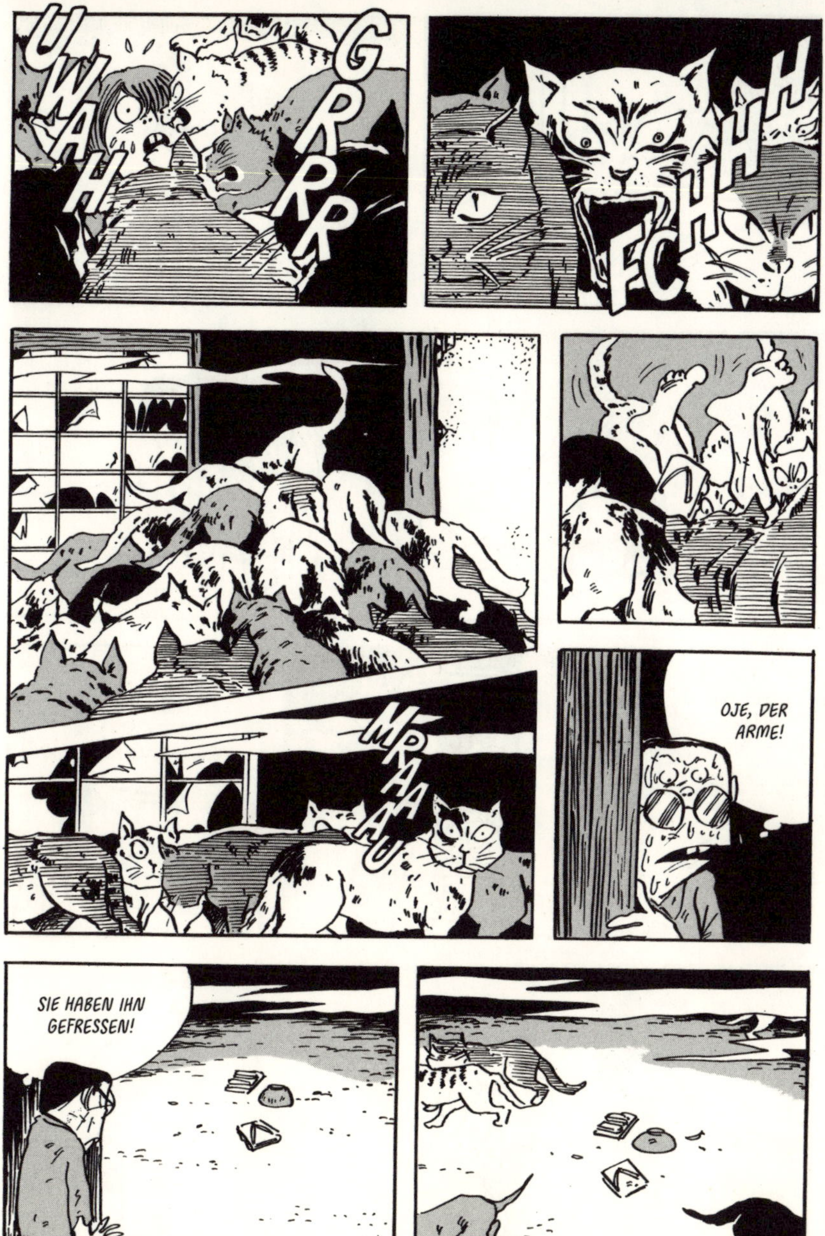
UWAH
GRRRR
FCHHHH
MRAAAU
OJE, DER ARME!
SIE HABEN IHN GEFRESSEN!

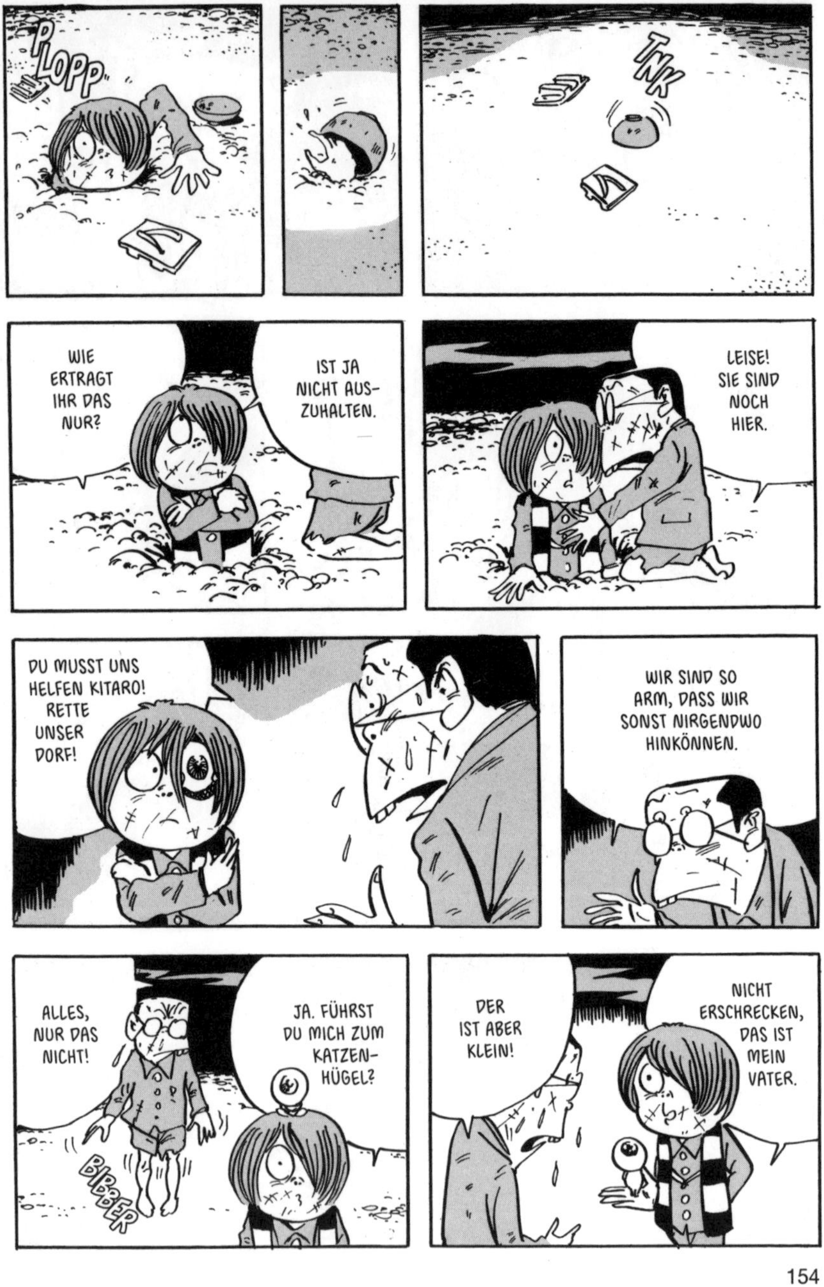
PLOPP
TNK
WIE ERTRAGT IHR DAS NUR?
IST JA NICHT AUSZUHALTEN.
LEISE! SIE SIND NOCH HIER.
DU MUSST UNS HELFEN KITARO! RETTE UNSER DORF!
WIR SIND SO ARM, DASS WIR SONST NIRGENDWO HINKÖNNEN.
ALLES, NUR DAS NICHT!
BIBBER
JA. FÜHRST DU MICH ZUM KATZENHÜGEL?
DER IST ABER KLEIN!
NICHT ERSCHRECKEN, DAS IST MEIN VATER.

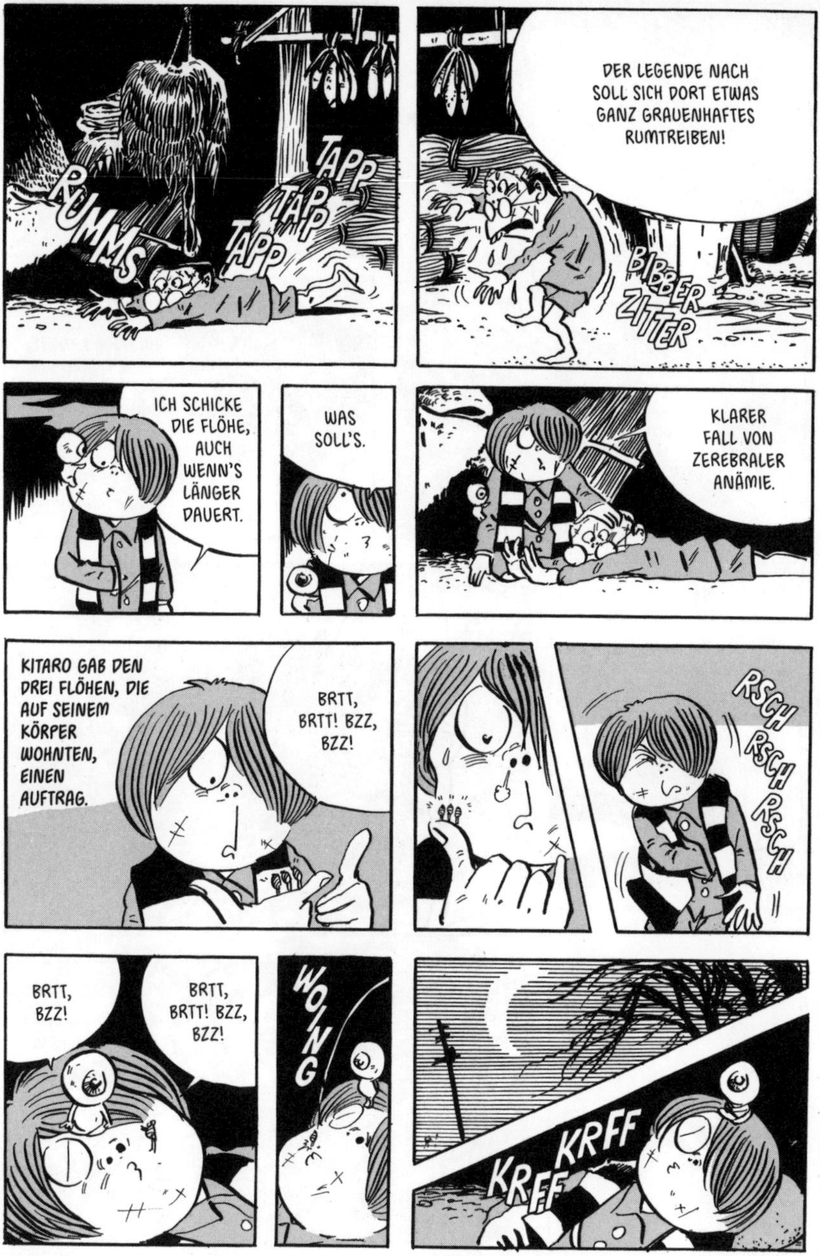
RUMMS
TAPP
TAPP
TAPP
DER LEGENDE NACH SOLL SICH DORT ETWAS GANZ GRAUENHAFTES RUMTREIBEN!
BIBBER
ZITTER
ICH SCHICKE DIE FLÖHE, AUCH WENN'S LÄNGER DAUERT.
WAS SOLL'S.
KLARER FALL VON ZEREBRALER ANÄMIE.
KITARO GAB DEN DREI FLÖHEN, DIE AUF SEINEM KÖRPER WOHNTEN, EINEN AUFTRAG.
BRTT, BRTT! BZZ, BZZ!
RSCH
RSCH
RSCH
RSCH
BRTT, BZZ!
BRTT, BRTT! BZZ, BZZ!
WOING
KRFF
KRFF

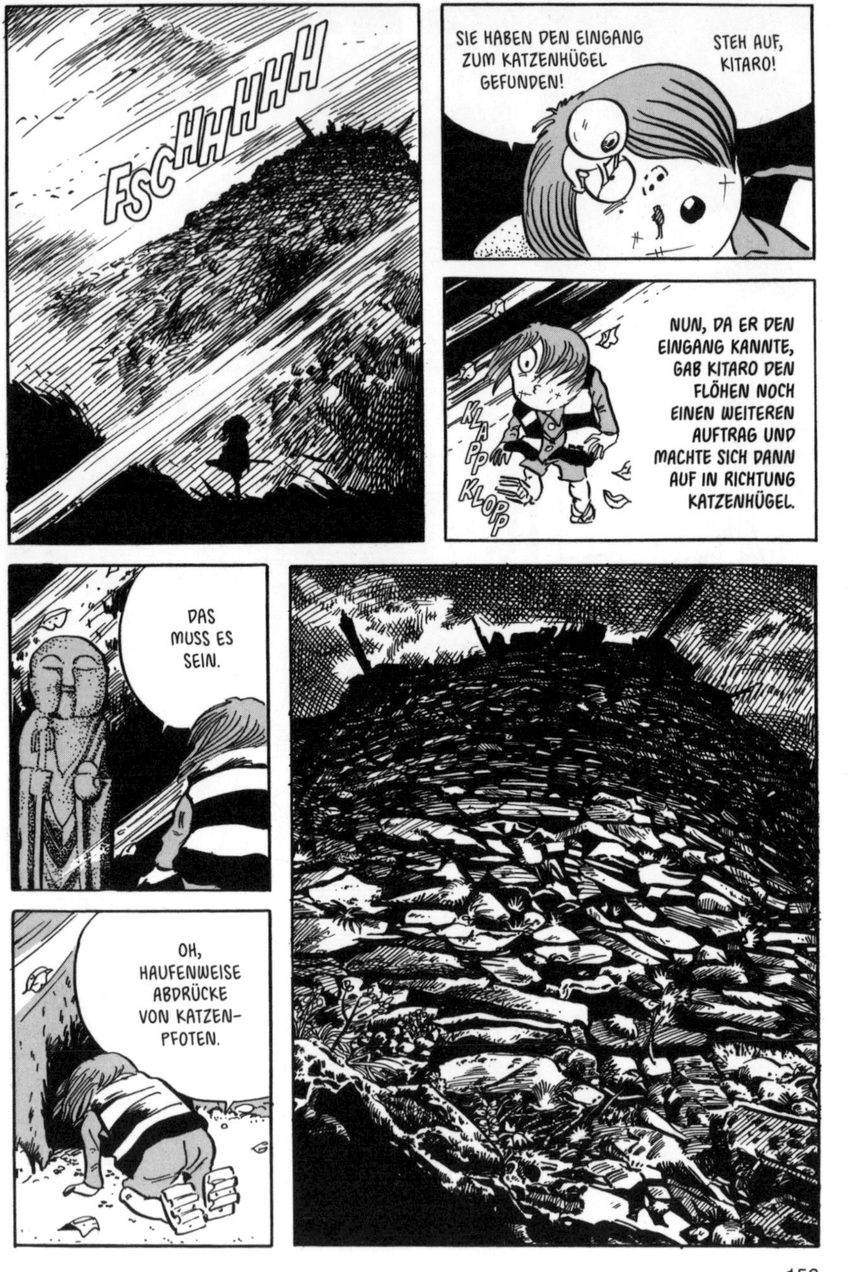
FSCHHHHHHH
SIE HABEN DEN EINGANG ZUM KATZENHÜGEL GEFUNDEN!
STEH AUF, KITARO!
NUN, DA ER DEN EINGANG KANNTE, GAB KITARO DEN FLÖHEN NOCH EINEN WEITEREN AUFTRAG UND MACHTE SICH DANN AUF IN RICHTUNG KATZENHÜGEL.
KLAPP KLOPP
DAS MUSS ES SEIN.
OH, HAUFENWEISE ABDRÜCKE VON KATZEN-PFOTEN.

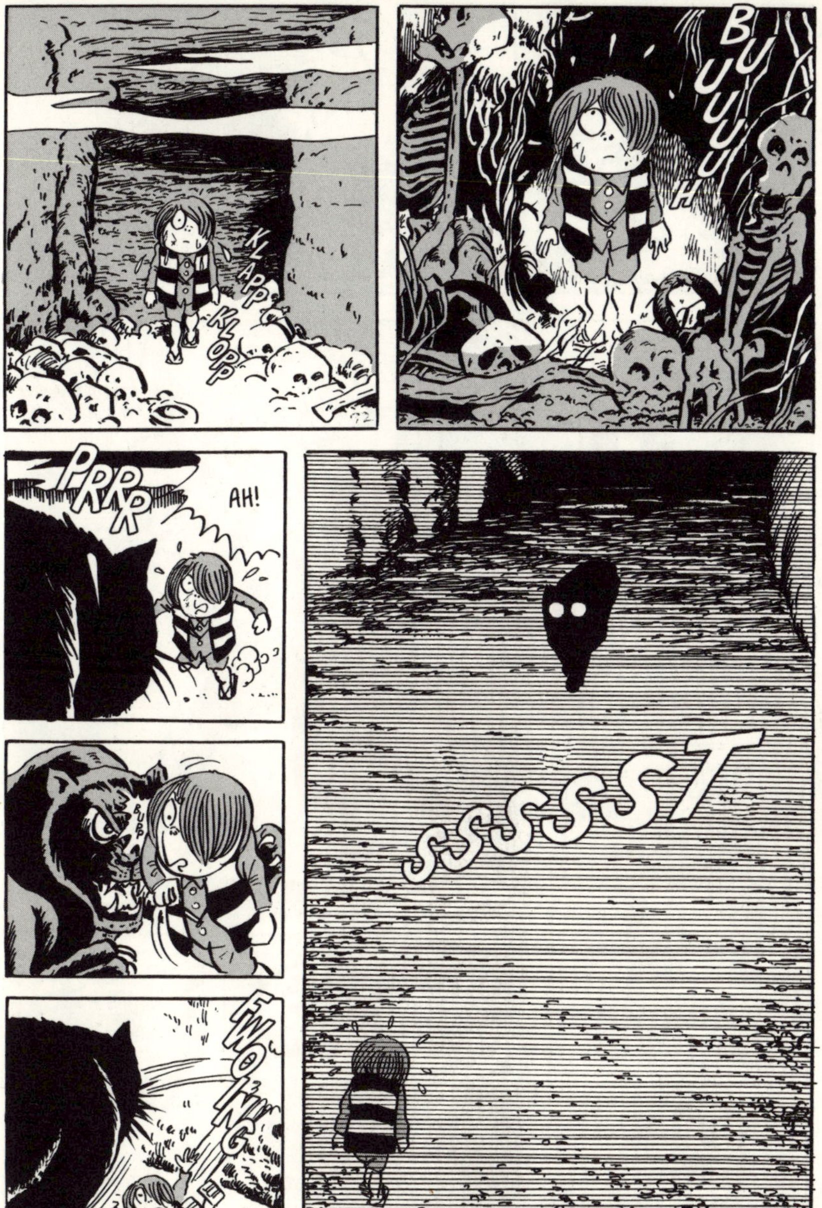
KLAPP KLOPP
BUUUUUH
PRRR
AH!
BUPP
FWOING
SSSSST

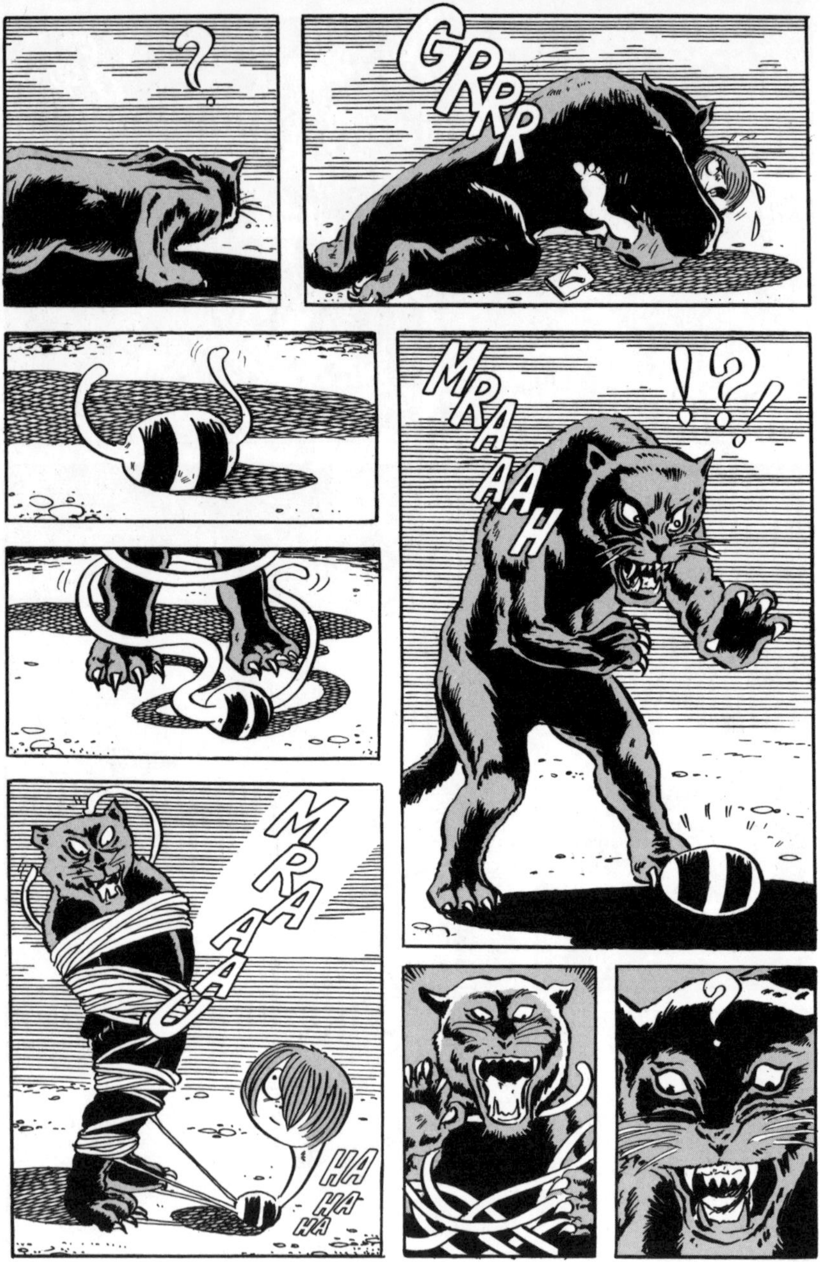
?
GRRR
MRAAAH
!?!
MRAAAU
HA HA HA
?

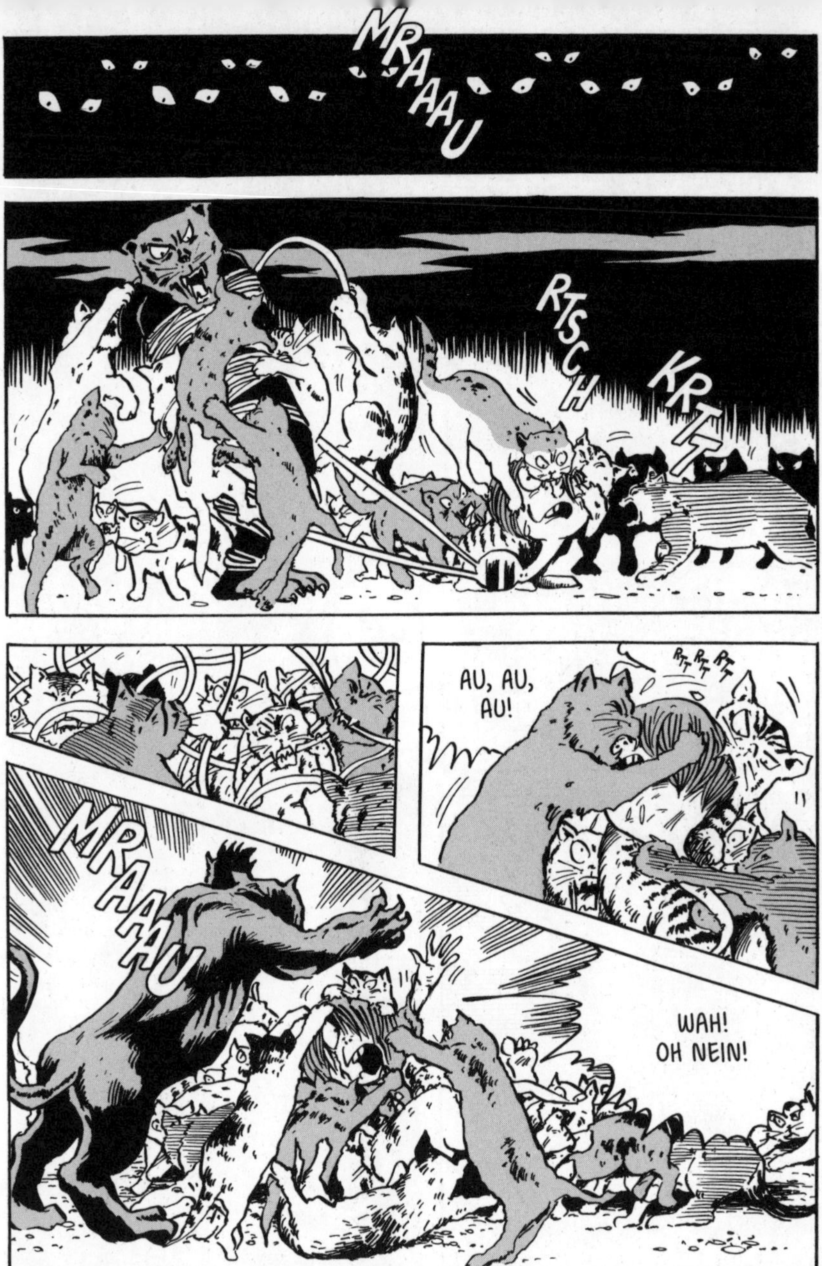
MRAAAU
RTSCH
KRTT
AU, AU, AU!
MRAAAU
WAH! OH NEIN!

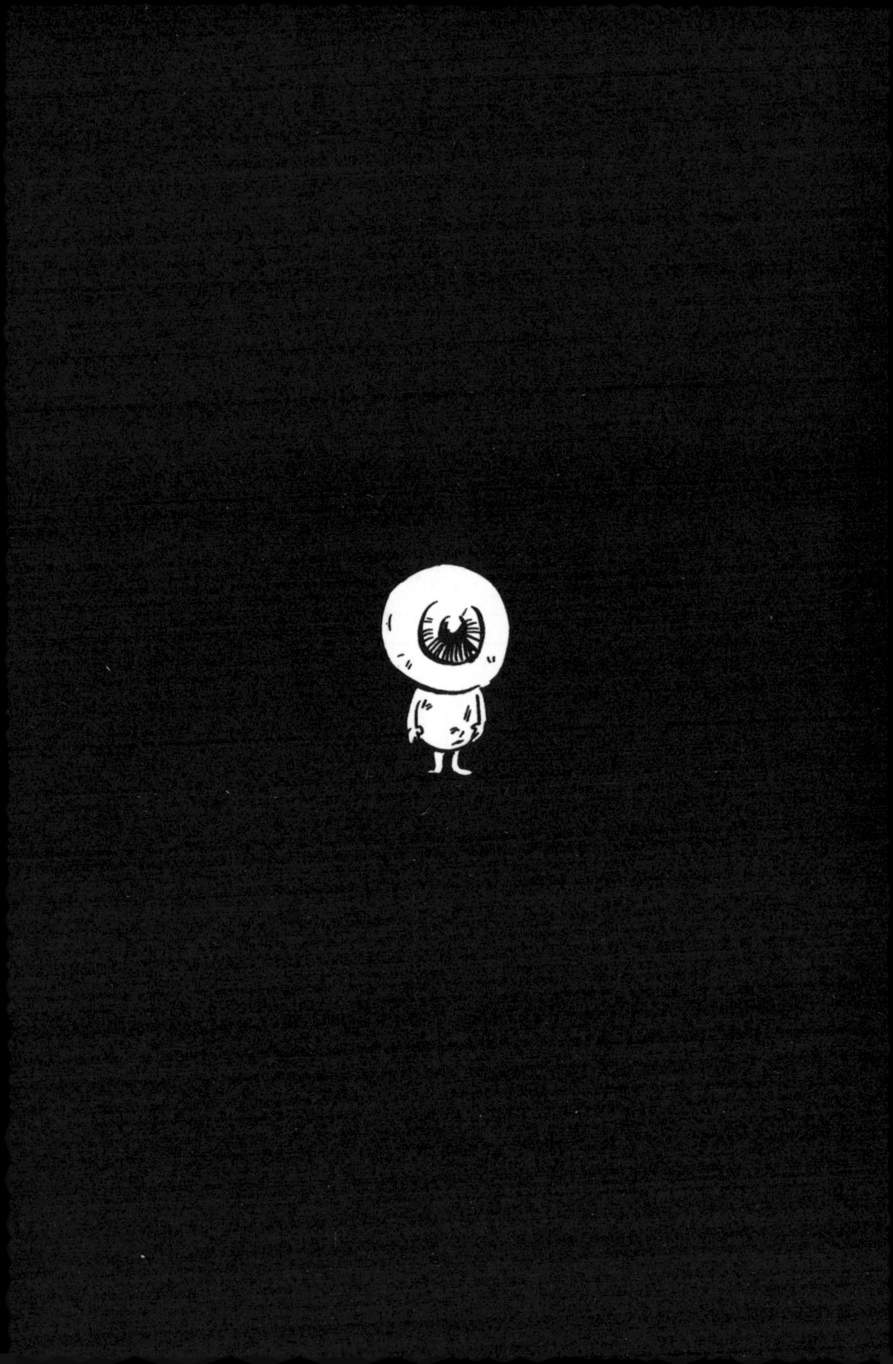

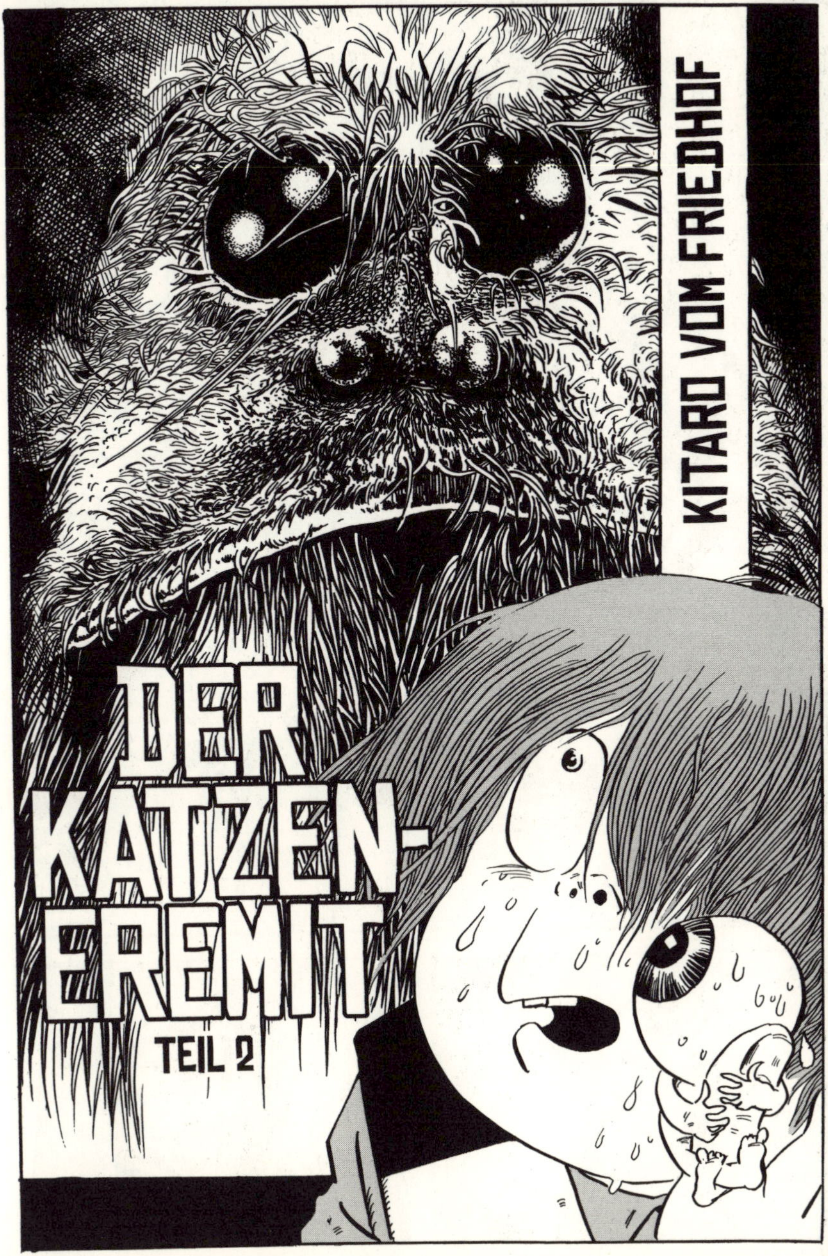
KITARO VOM FRIEDHOF
DER KATZEN-EREMIT
TEIL 2

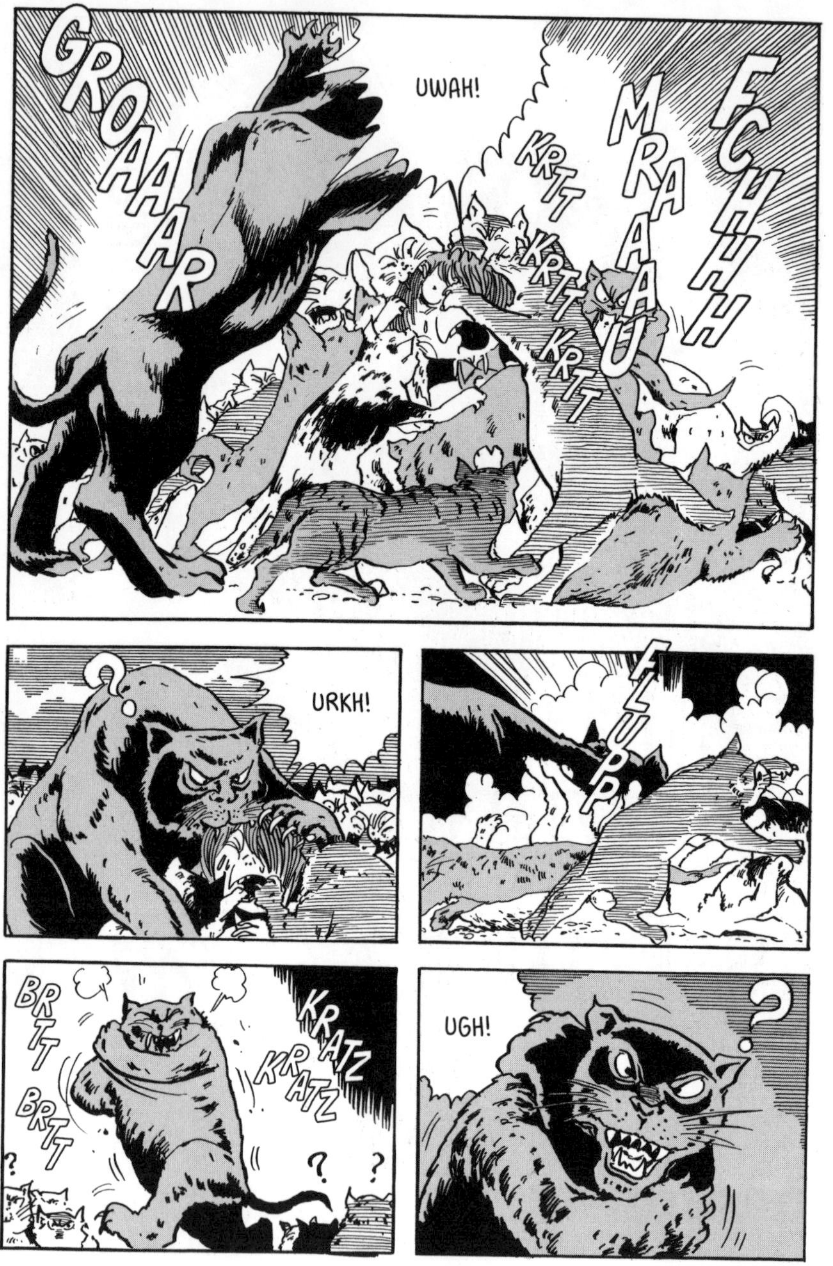
GROAAAAR
UWAH!
KRTT KRTT KRTT
MRAAAAU
FCHHHH
URKH!
FLUPP
BRTT BRTT
KRATZ KRATZ
UGH!

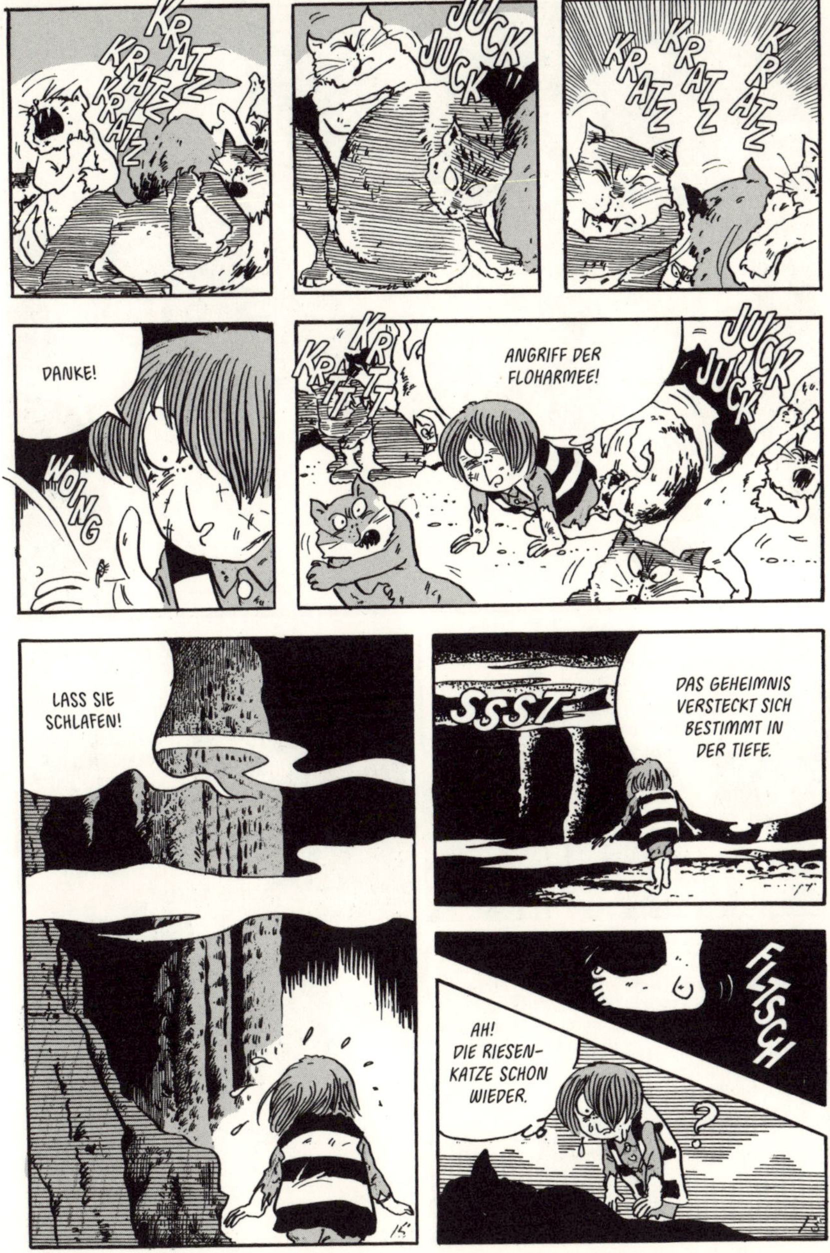
KRATZ
KRATZ
KRATZ
JUCK
JUCK
KRATZ
KRATZ
KRATZ
DANKE!
WOING
KRTT
ANGRIFF DER FLOHARMEE!
JUCK
JUCK
LASS SIE SCHLAFEN!
SSST
DAS GEHEIMNIS VERSTECKT SICH BESTIMMT IN DER TIEFE.
FLTSCH
AH! DIE RIESEN-KATZE SCHON WIEDER.

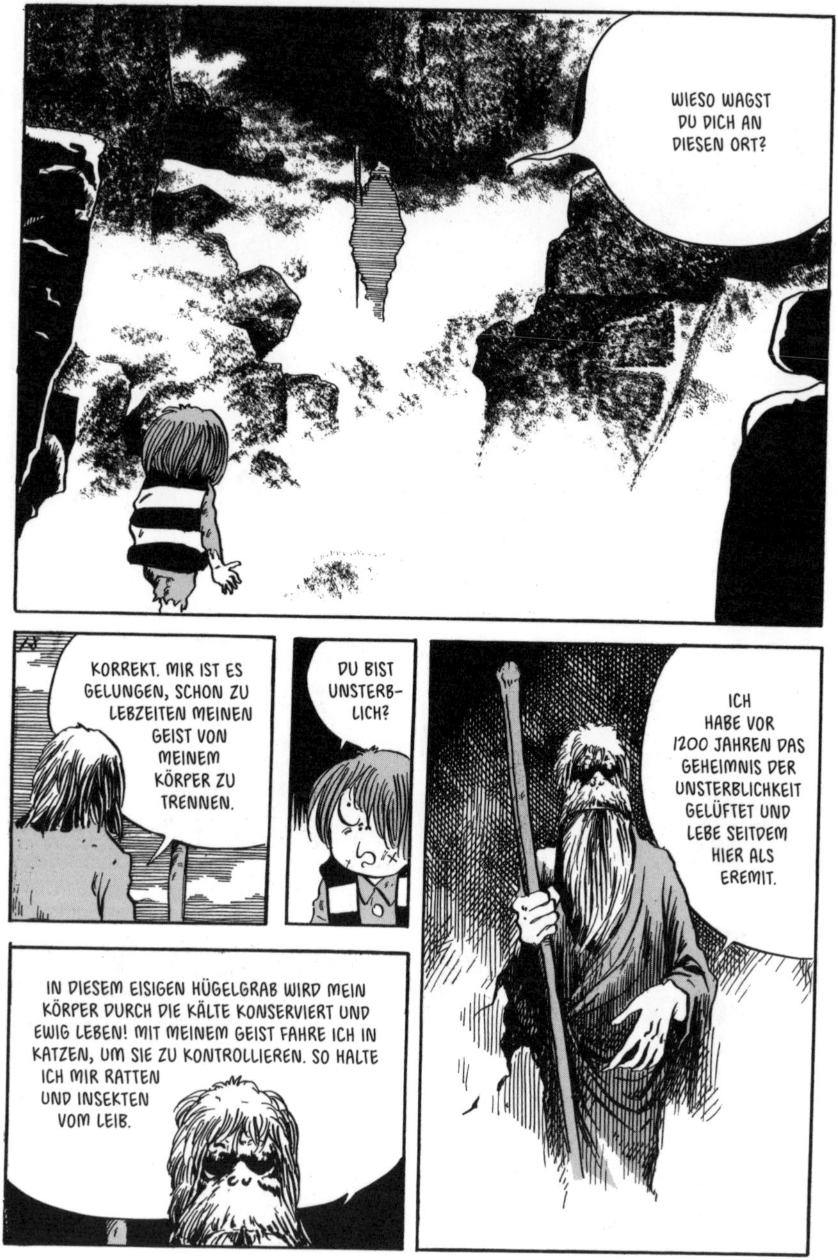
WIESO WAGST DU DICH AN DIESEN ORT?
KORREKT. MIR IST ES GELUNGEN, SCHON ZU LEBZEITEN MEINEN GEIST VON MEINEM KÖRPER ZU TRENNEN.
DU BIST UNSTERB-LICH?
ICH HABE VOR 1200 JAHREN DAS GEHEIMNIS DER UNSTERBLICHKEIT GELÜFTET UND LEBE SEITDEM HIER ALS EREMIT.
IN DIESEM EISIGEN HÜGELGRAB WIRD MEIN KÖRPER DURCH DIE KÄLTE KONSERVIERT UND EWIG LEBEN! MIT MEINEM GEIST FAHRE ICH IN KATZEN, UM SIE ZU KONTROLLIEREN. SO HALTE ICH MIR RATTEN UND INSEKTEN VOM LEIB.

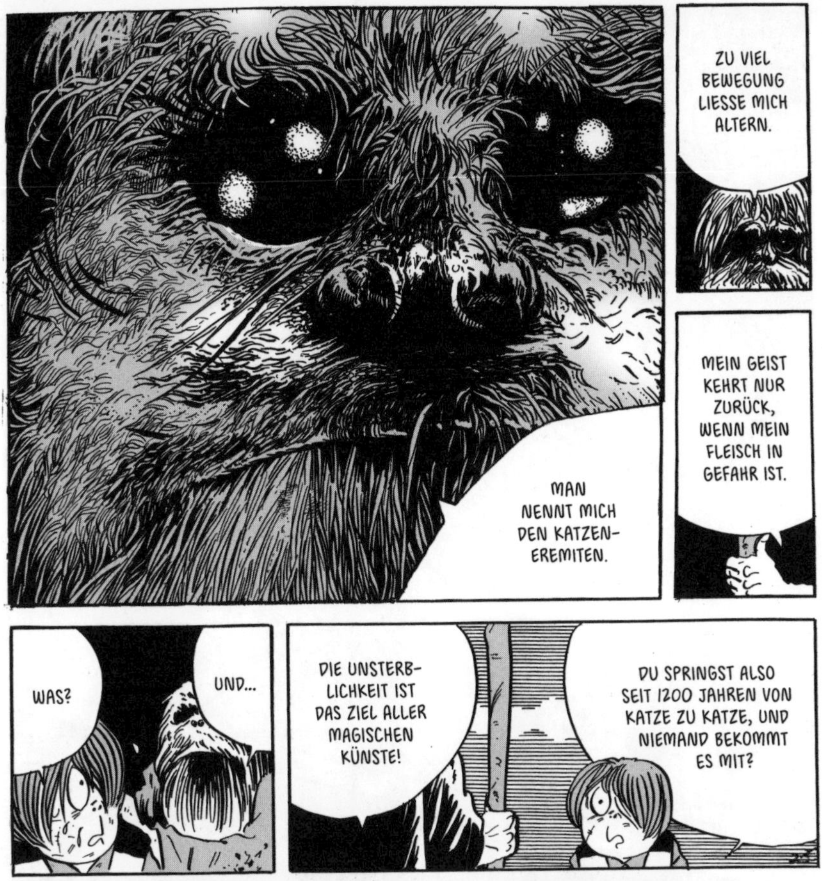
ZU VIEL BEWEGUNG LIESSE MICH ALTERN.
MEIN GEIST KEHRT NUR ZURÜCK, WENN MEIN FLEISCH IN GEFAHR IST.
MAN NENNT MICH DEN KATZEN-EREMITEN.
DU SPRINGST ALSO SEIT 1200 JAHREN VON KATZE ZU KATZE, UND NIEMAND BEKOMMT ES MIT?
DIE UNSTERB-LICHKEIT IST DAS ZIEL ALLER MAGISCHEN KÜNSTE!
UND...
WAS?
URGH!
... NIEMAND, DER MEIN GEHEIMNIS KANNTE, KAM JE MIT DEM LEBEN DA-VON.
HE HE HE HE HE HE HE

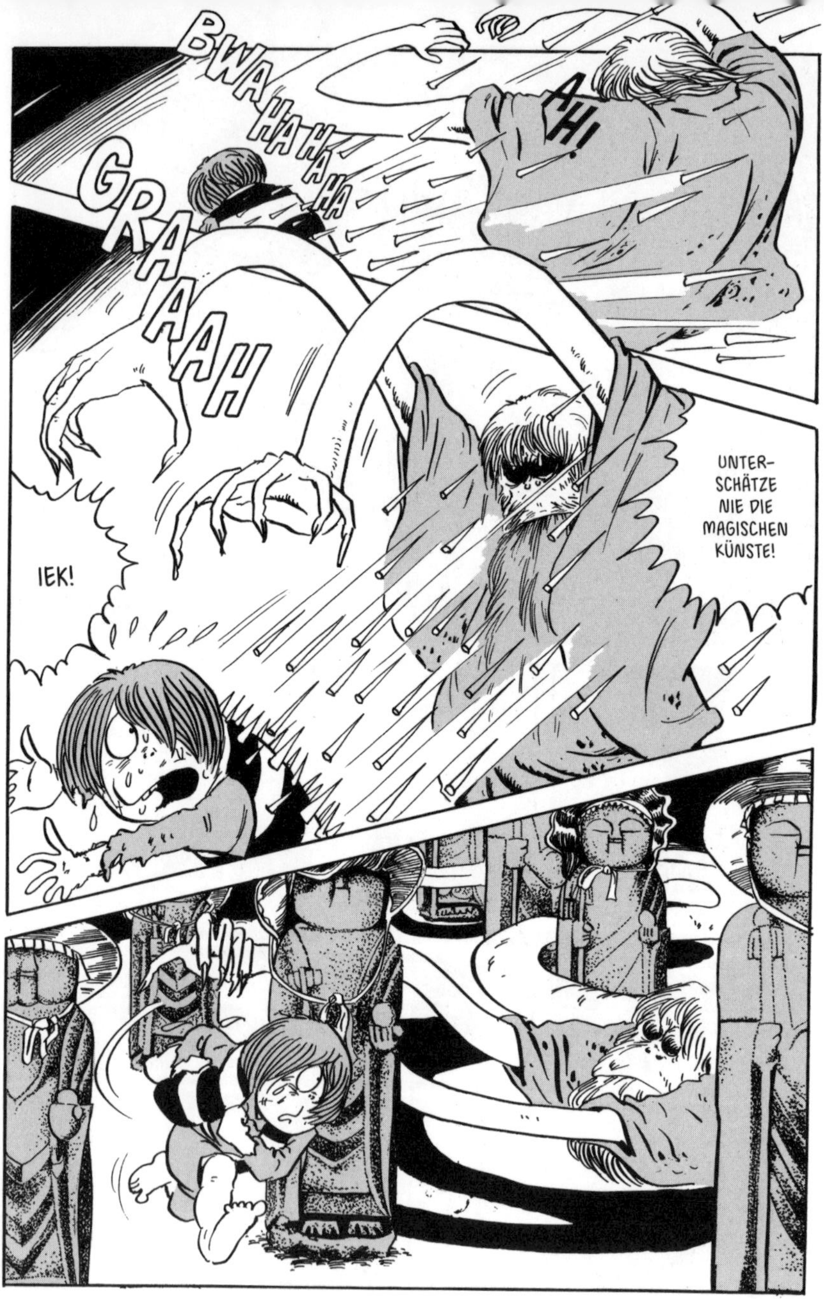
BWAHAHAHAHA
AH!
GRAAAAH
UNTER-
SCHÄTZE
NIE DIE
MAGISCHEN
KÜNSTE!
IEK!

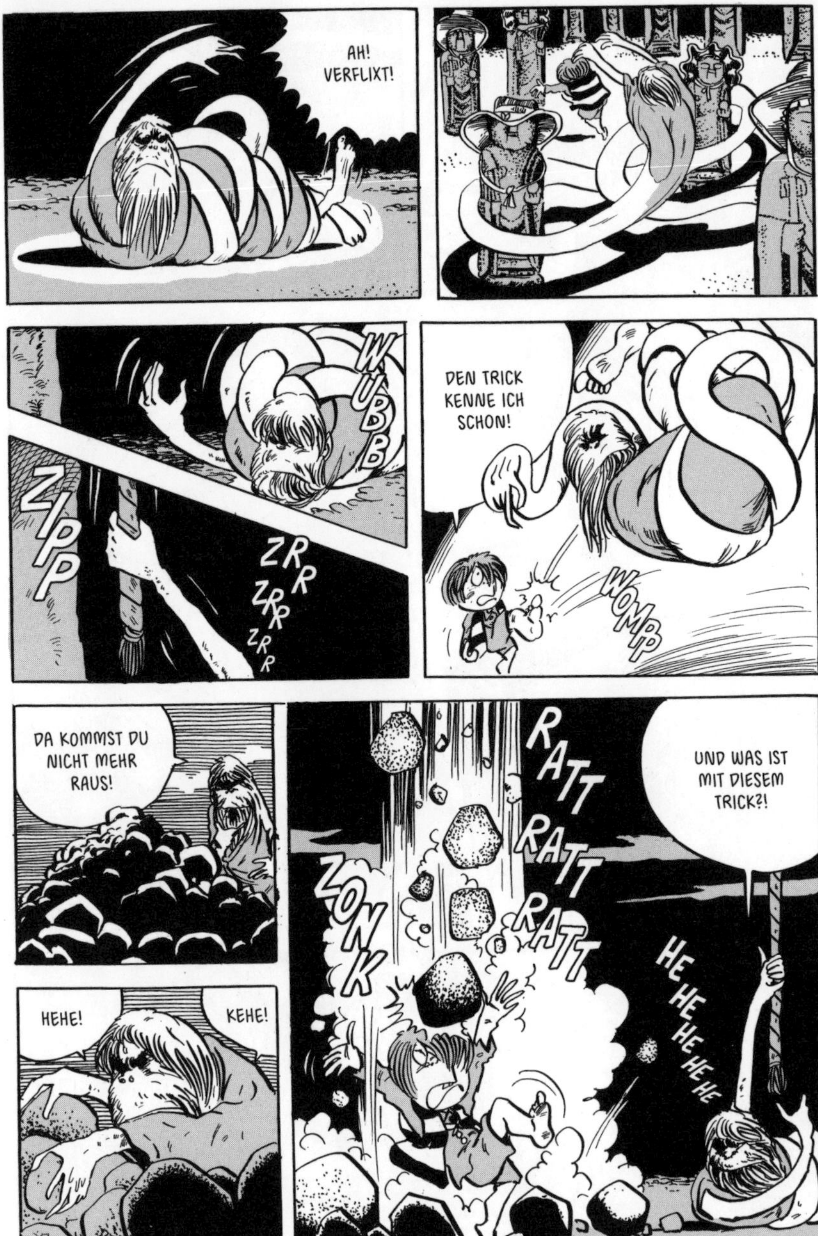
AH! VERFLIXT!
WUBB
ZIPP
ZRR
ZRR
ZRR
DEN TRICK KENNE ICH SCHON!
WOMPP
DA KOMMST DU NICHT MEHR RAUS!
HEHE!
KEHE!
RATT
RATT
RATT
ZONK
UND WAS IST MIT DIESEM TRICK?!
HE HE HE HE HE

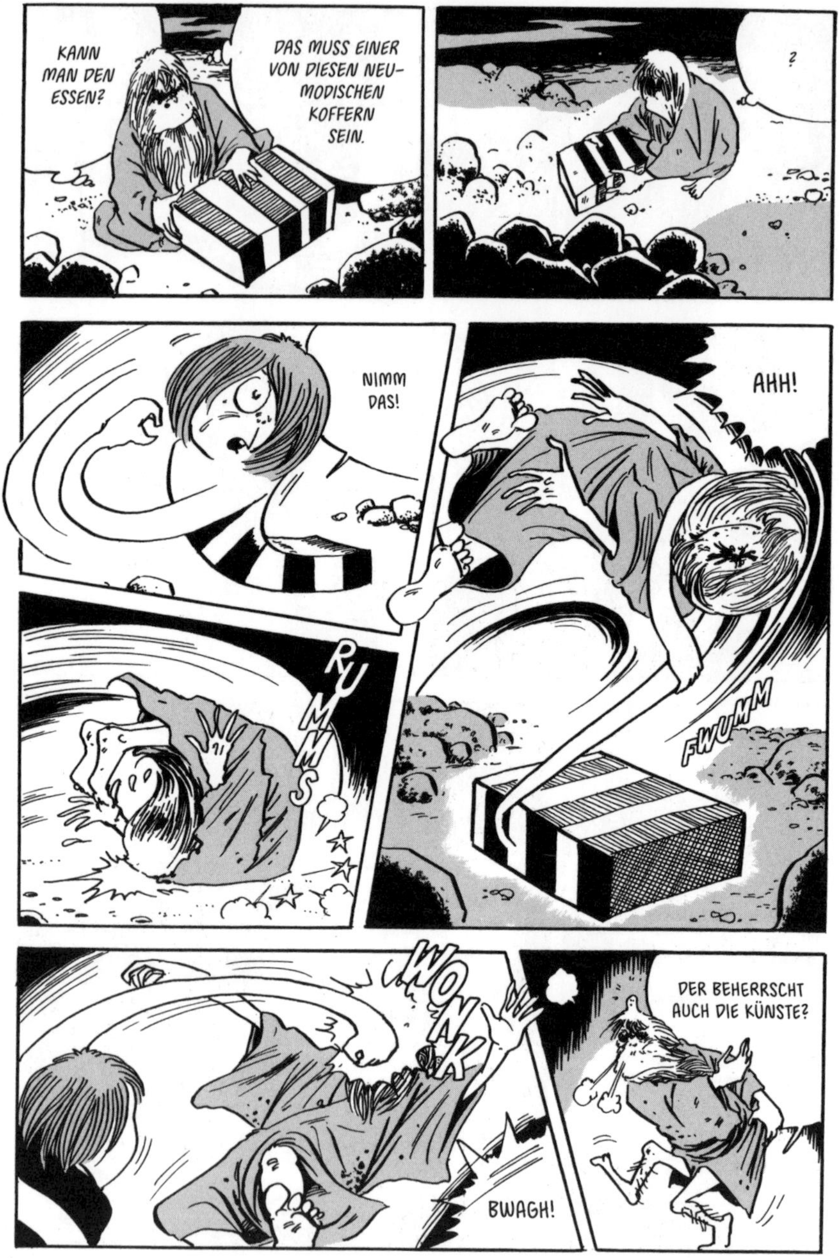
KANN MAN DEN ESSEN?
DAS MUSS EINER VON DIESEN NEUMODISCHEN KOFFERN SEIN.
?
NIMM DAS!
AHH!
RUMMS
FWUMM
WONK
BWAGH!
DER BEHERRSCHT AUCH DIE KÜNSTE?

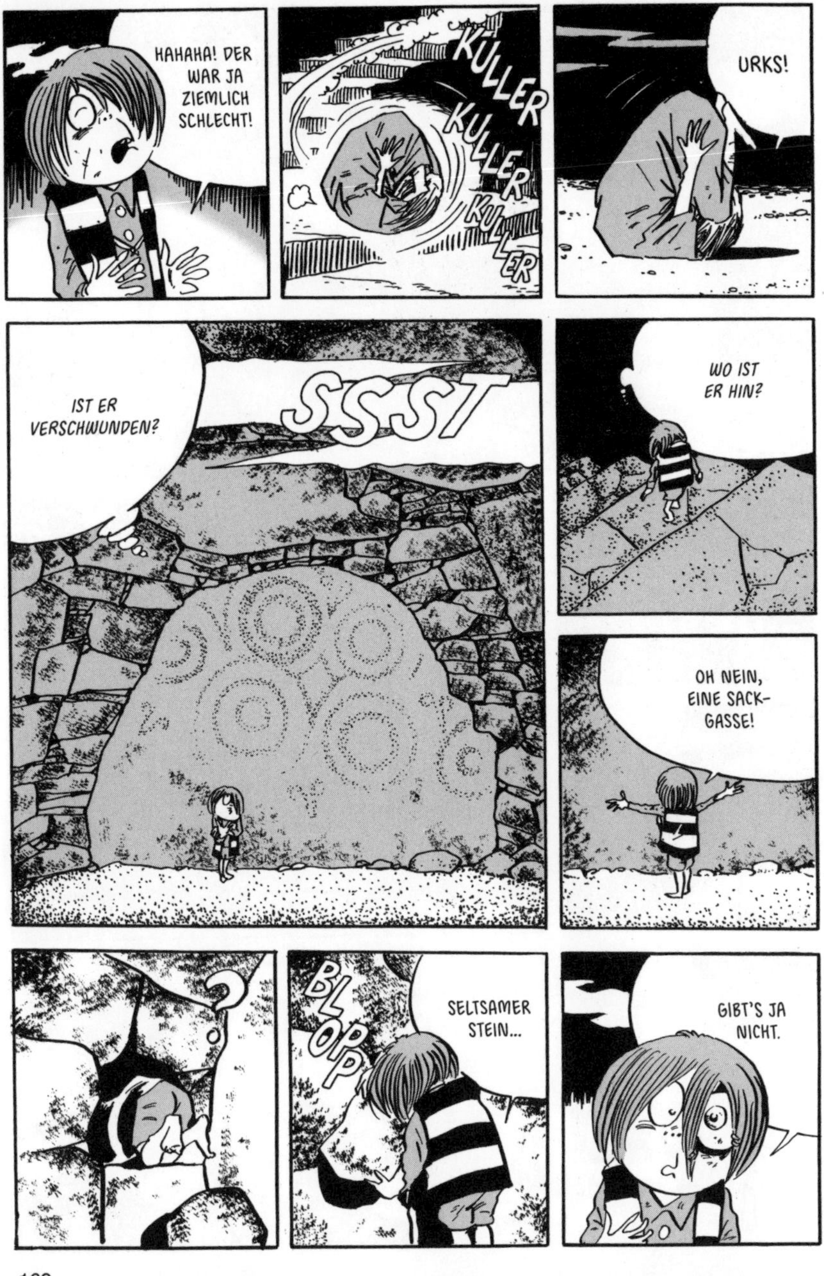
HAHAHA! DER WAR JA ZIEMLICH SCHLECHT!
KULLER KULLER KULLER
URKS!
IST ER VERSCHWUNDEN?
SSST
WO IST ER HIN?
OH NEIN, EINE SACK-GASSE!
?
SELTSAMER STEIN...
BLOPP
GIBT'S JA NICHT.

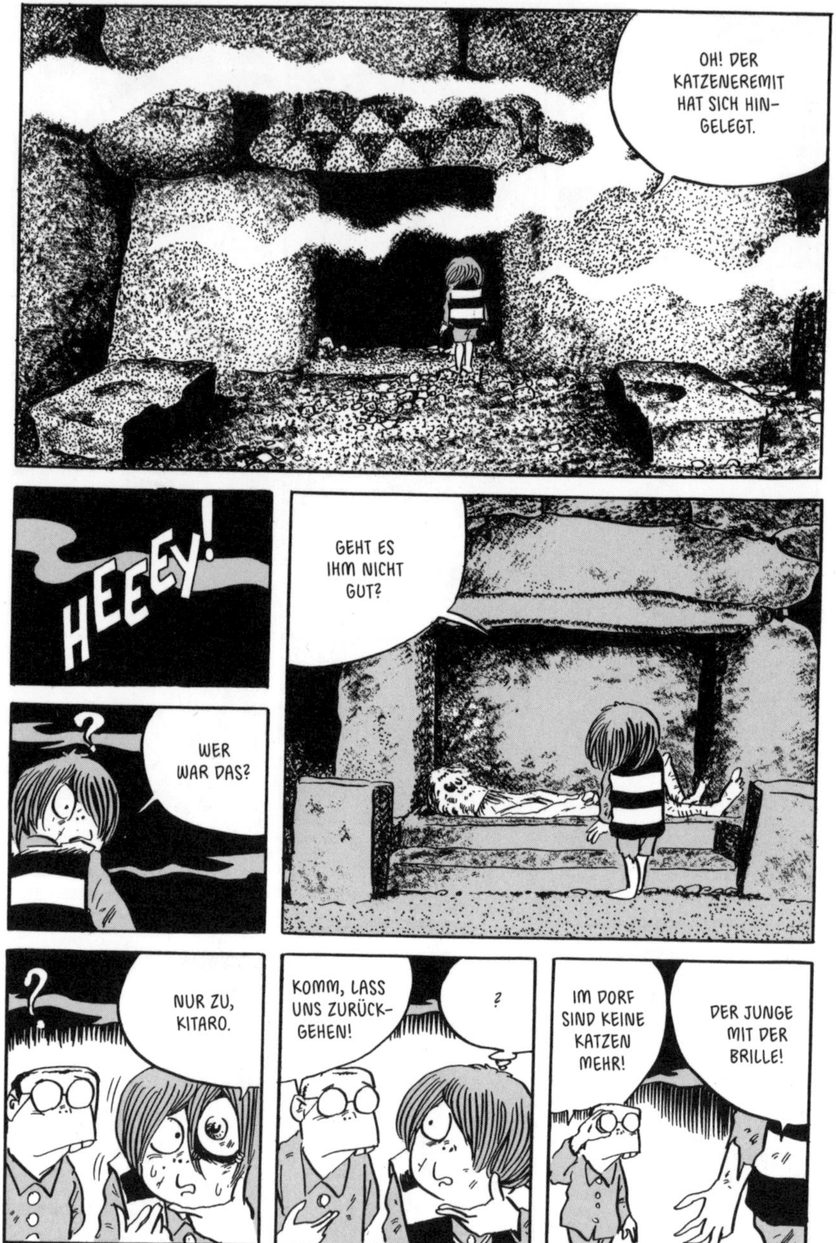
OH! DER KATZENEREMIT HAT SICH HIN-GELEGT.
HEEEY!
GEHT ES IHM NICHT GUT?
WER WAR DAS?
NUR ZU, KITARO.
KOMM, LASS UNS ZURÜCK-GEHEN!
?
IM DORF SIND KEINE KATZEN MEHR!
DER JUNGE MIT DER BRILLE!

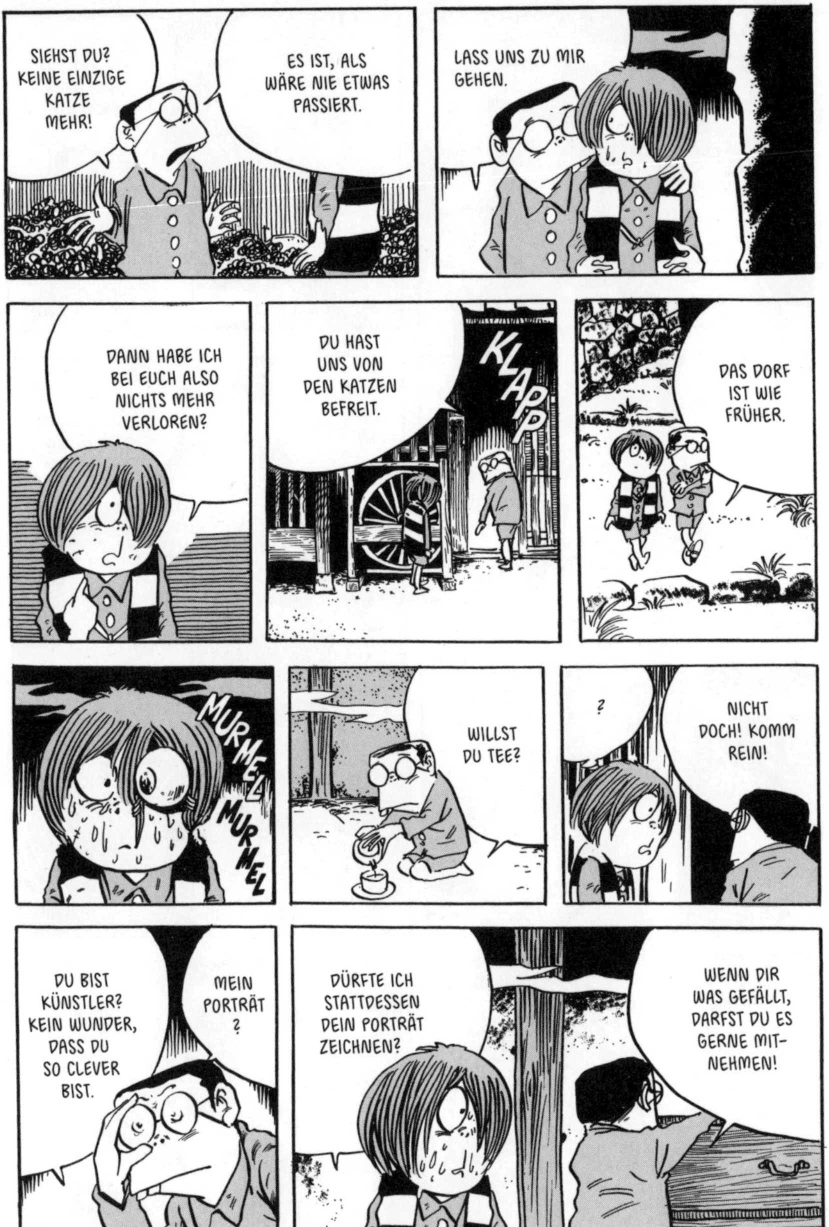

SIEHST DU? KEINE EINZIGE KATZE MEHR!
ES IST, ALS WÄRE NIE ETWAS PASSIERT.
LASS UNS ZU MIR GEHEN.
DANN HABE ICH BEI EUCH ALSO NICHTS MEHR VERLOREN?
DU HAST UNS VON DEN KATZEN BEFREIT.
KLAPP
DAS DORF IST WIE FRÜHER.
MURMEL MURMEL
WILLST DU TEE?
?
NICHT DOCH! KOMM REIN!
DU BIST KÜNSTLER? KEIN WUNDER, DASS DU SO CLEVER BIST.
MEIN PORTRÄT ?
DÜRFTE ICH STATTDESSEN DEIN PORTRÄT ZEICHNEN?
WENN DIR WAS GEFÄLLT, DARFST DU ES GERNE MIT-NEHMEN!

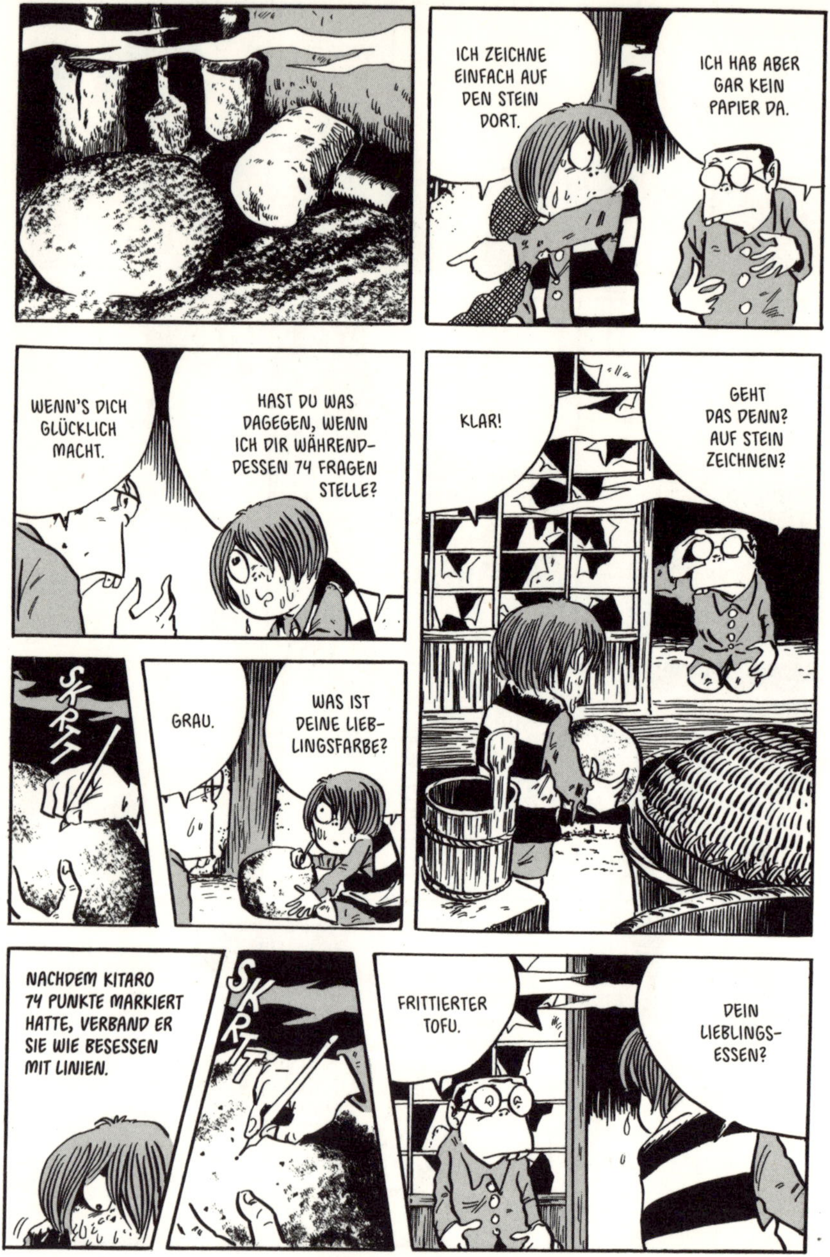
ICH HAB ABER GAR KEIN PAPIER DA.
ICH ZEICHNE EINFACH AUF DEN STEIN DORT.
GEHT DAS DENN? AUF STEIN ZEICHNEN?
KLAR!
HAST DU WAS DAGEGEN, WENN ICH DIR WÄHREND-DESSEN 74 FRAGEN STELLE?
WENN'S DICH GLÜCKLICH MACHT.
WAS IST DEINE LIEB-LINGSFARBE?
GRAU.
SKRTT
DEIN LIEBLINGS-ESSEN?
FRITTIERTER TOFU.
SKRTT
NACHDEM KITARO 74 PUNKTE MARKIERT HATTE, VERBAND ER SIE WIE BESESSEN MIT LINIEN.

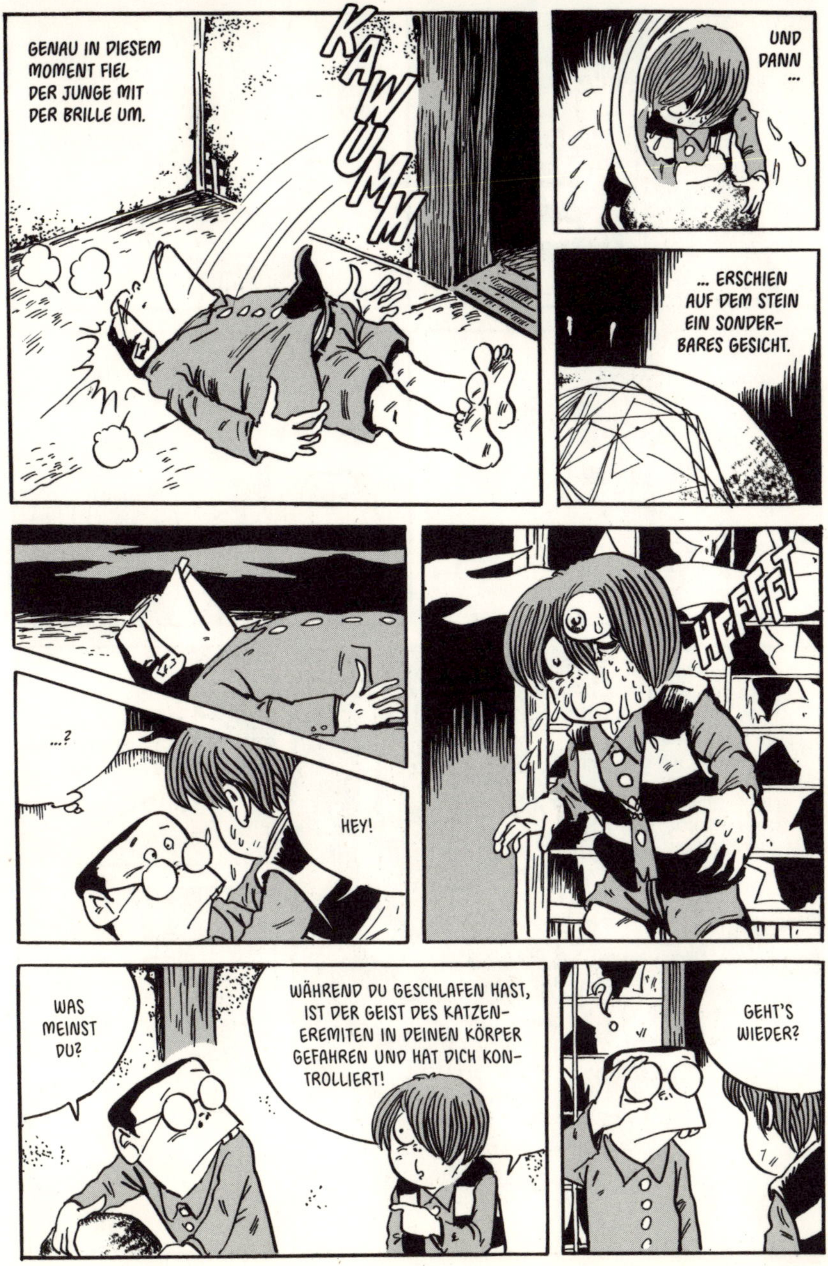
GENAU IN DIESEM MOMENT FIEL DER JUNGE MIT DER BRILLE UM.
KAWUMM
UND DANN ...
... ERSCHIEN AUF DEM STEIN EIN SONDERBARES GESICHT.
...?
HEY!
HFFFFT
WAS MEINST DU?
WÄHREND DU GESCHLAFEN HAST, IST DER GEIST DES KATZENEREMITEN IN DEINEN KÖRPER GEFAHREN UND HAT DICH KONTROLLIERT!
GEHT'S WIEDER?

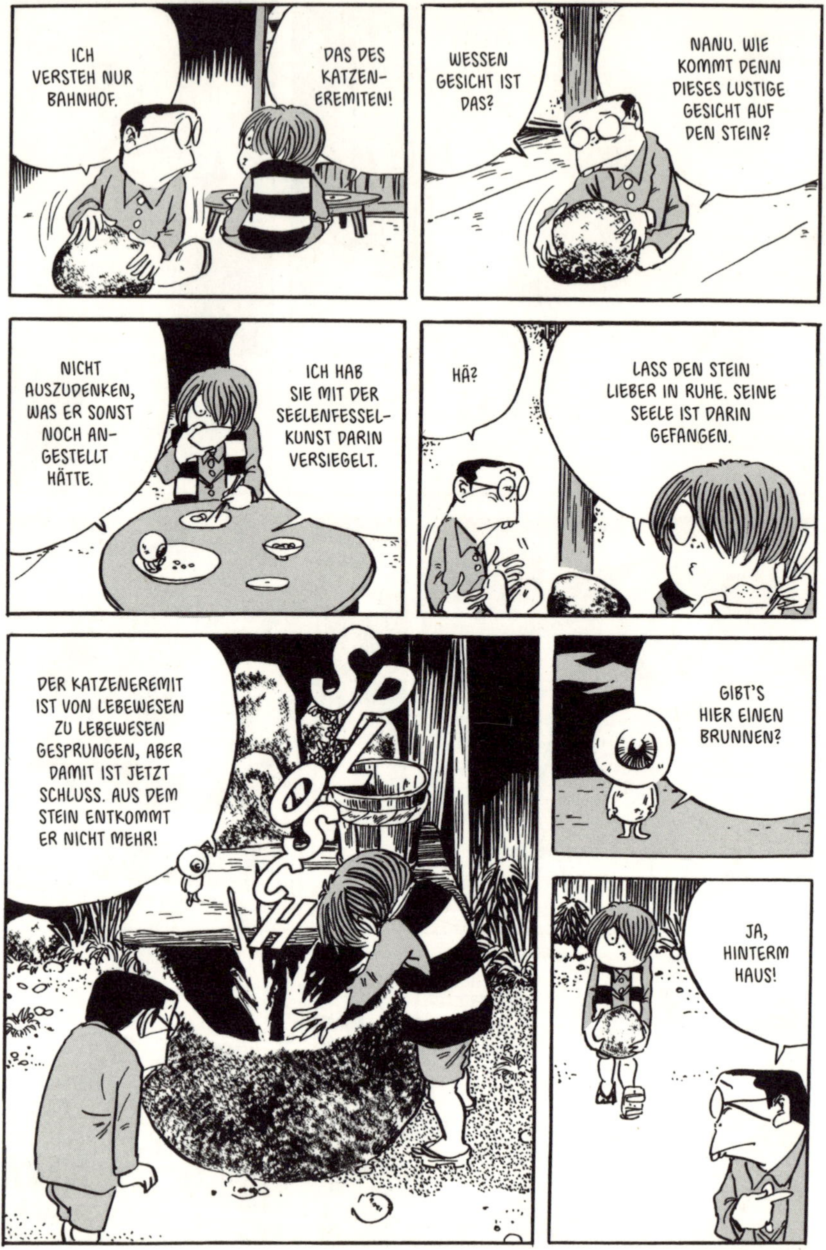
DAS DES KATZEN-EREMITEN!
ICH VERSTEH NUR BAHNHOF.
NANU. WIE KOMMT DENN DIESES LUSTIGE GESICHT AUF DEN STEIN?
WESSEN GESICHT IST DAS?
ICH HAB SIE MIT DER SEELENFESSEL-KUNST DARIN VERSIEGELT.
NICHT AUSZUDENKEN, WAS ER SONST NOCH AN-GESTELLT HÄTTE.
LASS DEN STEIN LIEBER IN RUHE. SEINE SEELE IST DARIN GEFANGEN.
HÄ?
GIBT'S HIER EINEN BRUNNEN?
DER KATZENEREMIT IST VON LEBEWESEN ZU LEBEWESEN GESPRUNGEN, ABER DAMIT IST JETZT SCHLUSS. AUS DEM STEIN ENTKOMMT ER NICHT MEHR!
SPLOSCH
JA, HINTERM HAUS!

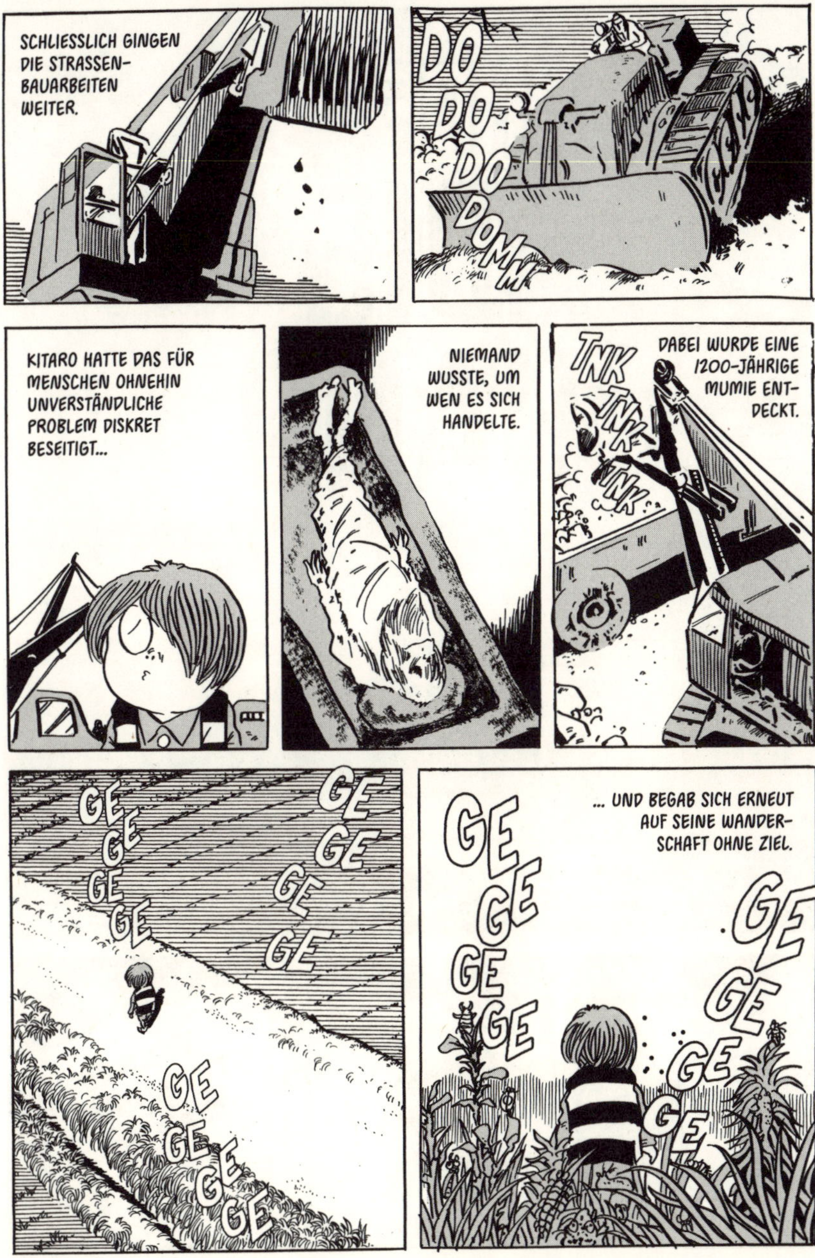

Der Katzeneremit, Teil 2 – Ende

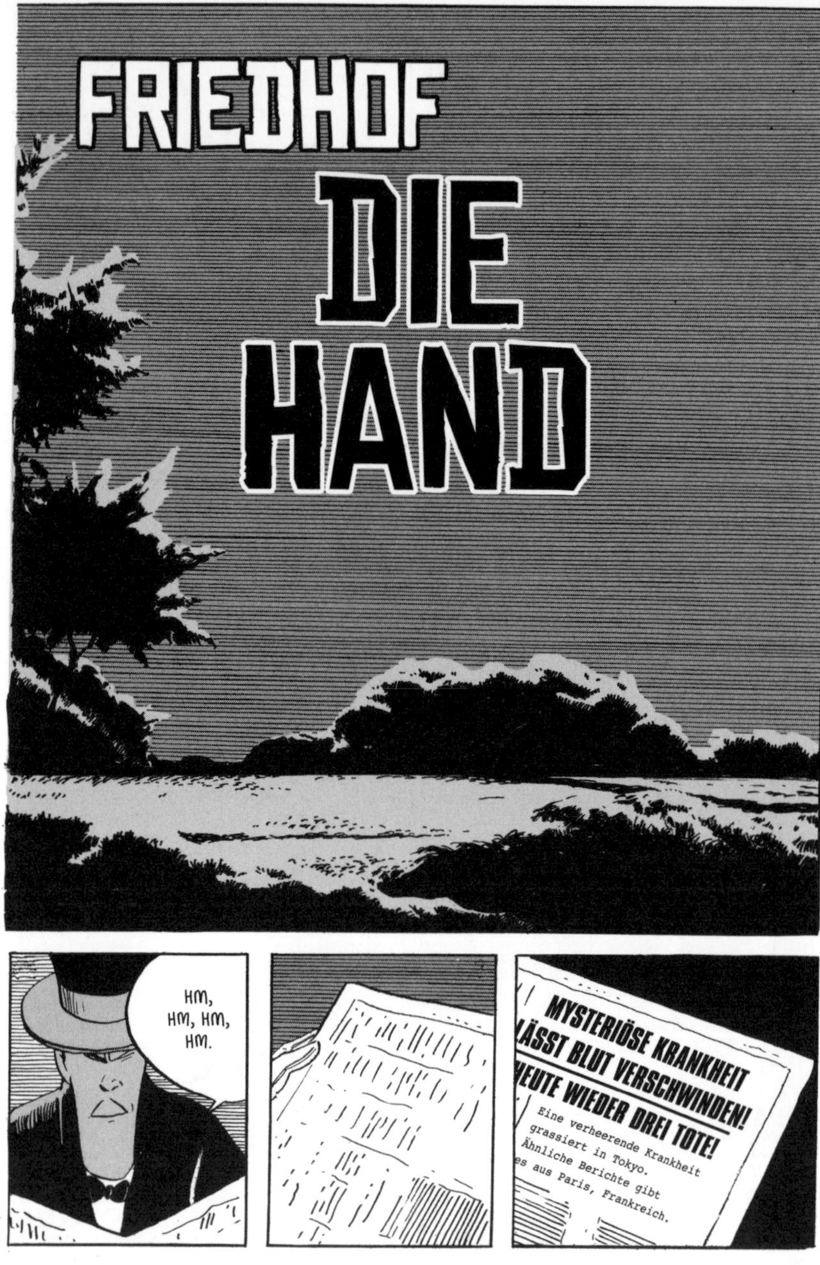
FRIEDHOF
DIE HAND
HM, HM, HM, HM.
MYSTERIÖSE KRANKHEIT LÄSST BLUT VERSCHWINDEN!
HEUTE WIEDER DREI TOTE!
Eine verheerende Krankheit grassiert in Tokyo. Ähnliche Berichte gibt es aus Paris, Frankreich.

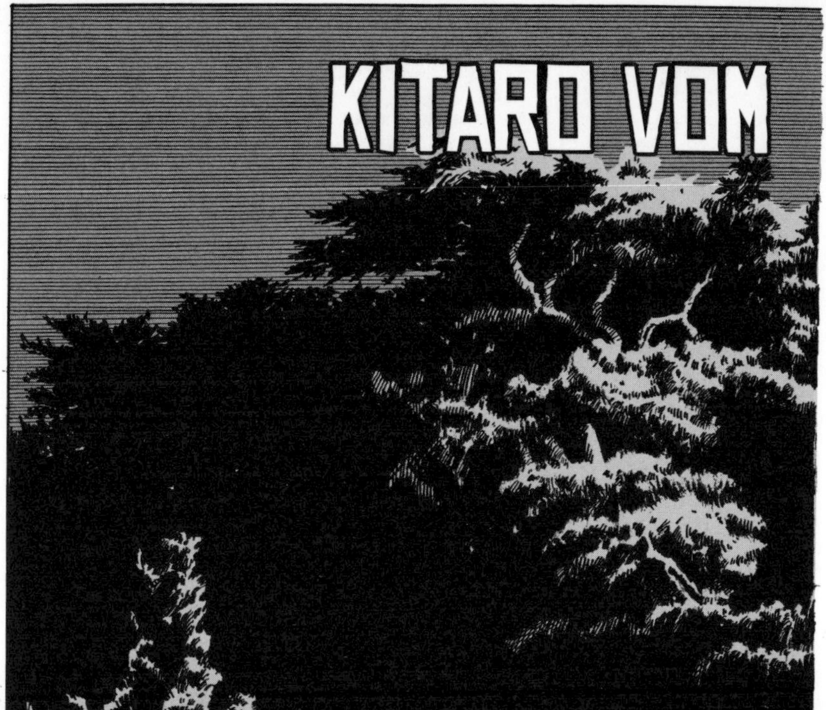
KITARO VOM

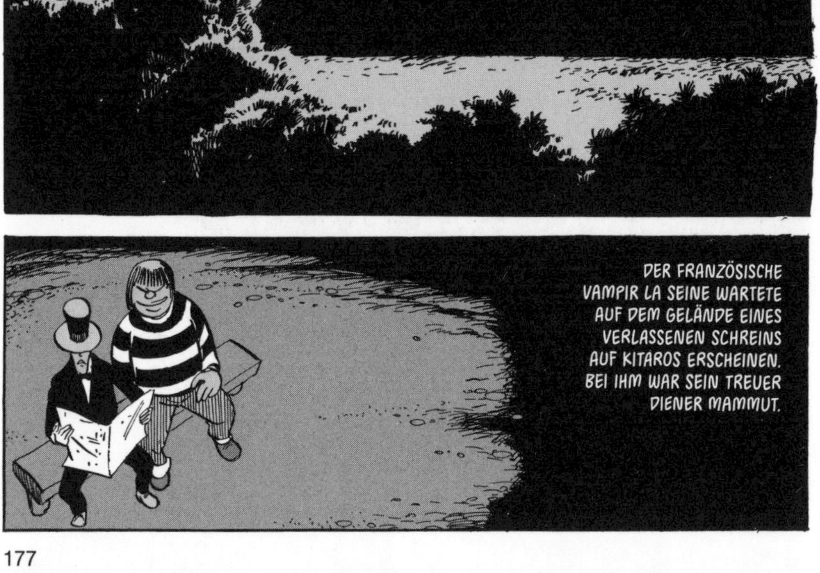
DER FRANZÖSISCHE VAMPIR LA SEINE WARTETE AUF DEM GELÄNDE EINES VERLASSENEN SCHREINS AUF KITAROS ERSCHEINEN. BEI IHM WAR SEIN TREUER DIENER MAMMUT.

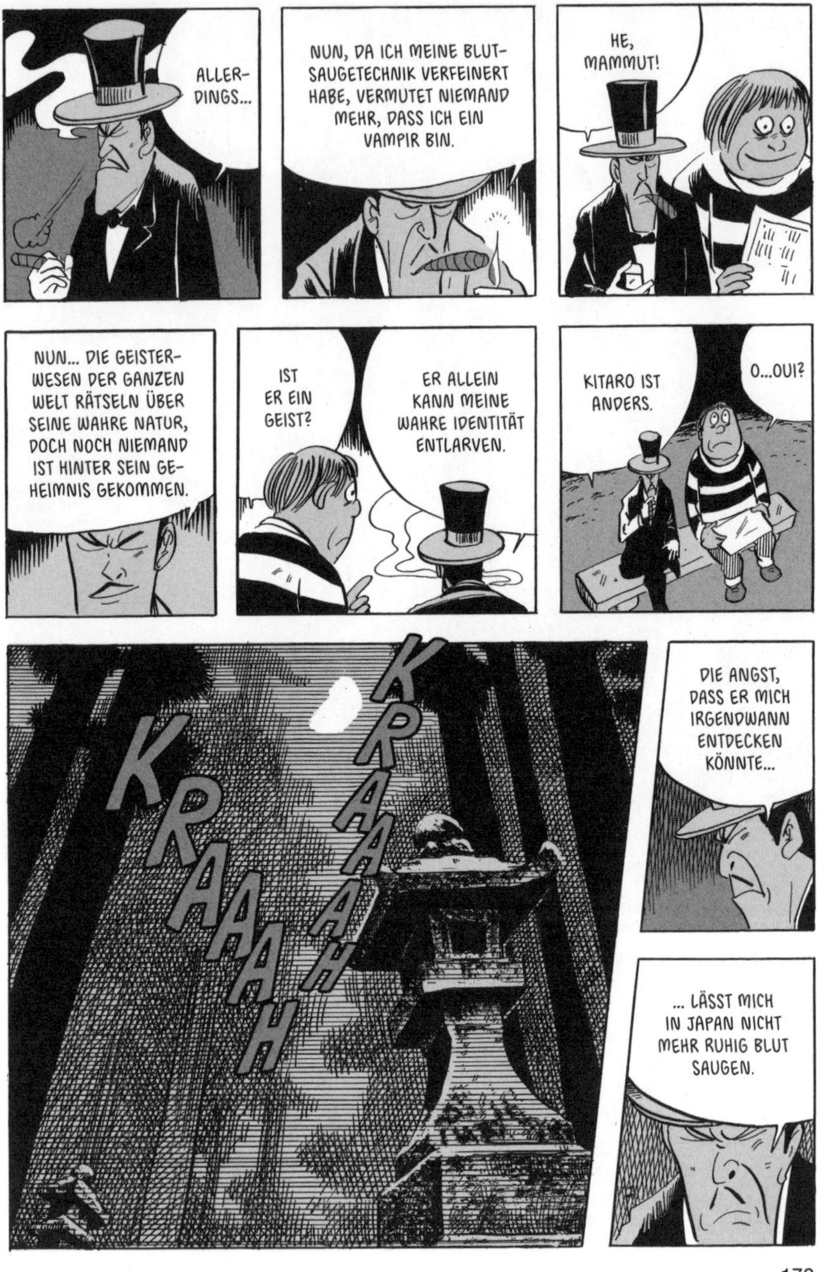
ALLER-
DINGS...
NUN, DA ICH MEINE BLUT-
SAUGETECHNIK VERFEINERT
HABE, VERMUTET NIEMAND
MEHR, DASS ICH EIN
VAMPIR BIN.
HE,
MAMMUT!
NUN... DIE GEISTER-
WESEN DER GANZEN
WELT RÄTSELN ÜBER
SEINE WAHRE NATUR,
DOCH NOCH NIEMAND
IST HINTER SEIN GE-
HEIMNIS GEKOMMEN.
IST
ER EIN
GEIST?
ER ALLEIN
KANN MEINE
WAHRE IDENTITÄT
ENTLARVEN.
KITARO IST
ANDERS.
O...OUI?
KRAAAAH
KRAAAAH
DIE ANGST,
DASS ER MICH
IRGENDWANN
ENTDECKEN
KÖNNTE...
... LÄSST MICH
IN JAPAN NICHT
MEHR RUHIG BLUT
SAUGEN.

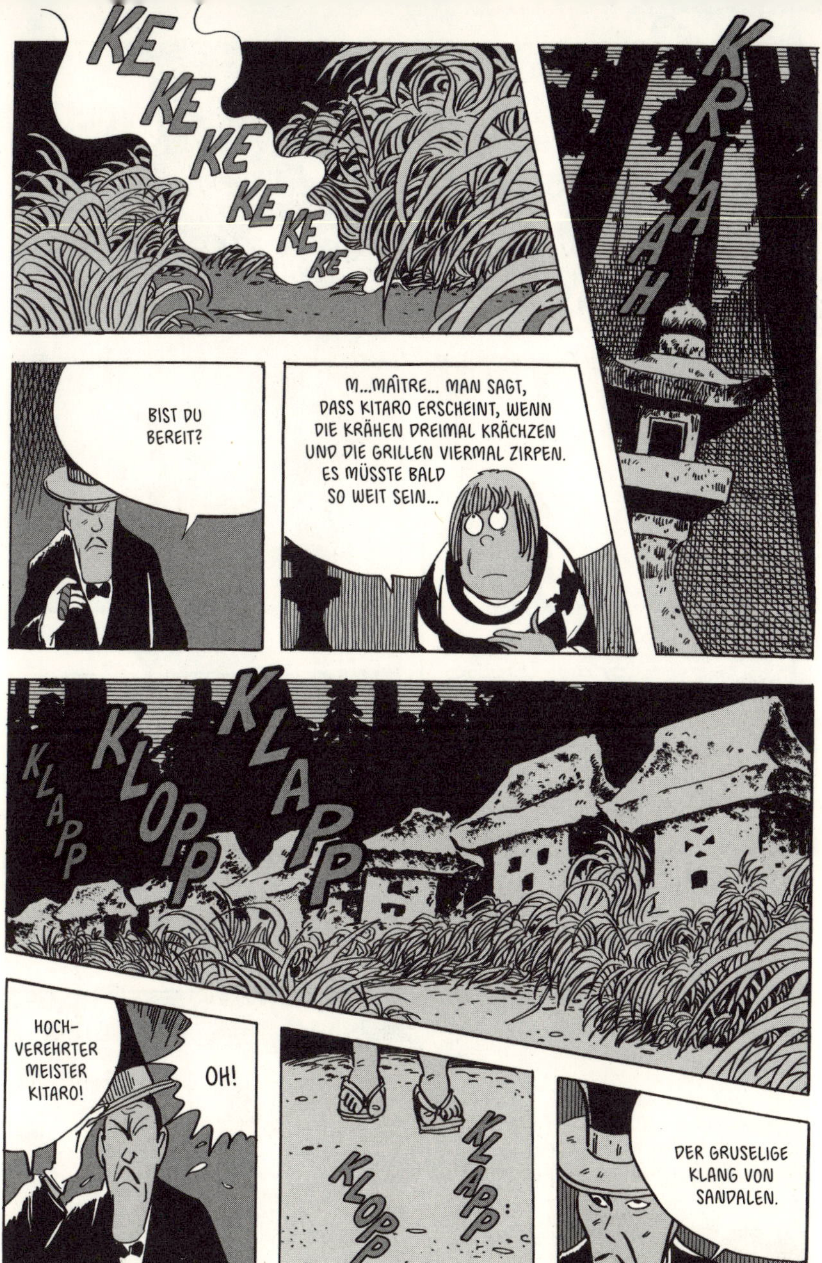
KE KE KE KE KE KE KE
KRAAAH
BIST DU BEREIT?
M...MAÎTRE... MAN SAGT, DASS KITARO ERSCHEINT, WENN DIE KRÄHEN DREIMAL KRÄCHZEN UND DIE GRILLEN VIERMAL ZIRPEN.
ES MÜSSTE BALD SO WEIT SEIN...
KLAPP
KLOPP
KLAPP
HOCH-VEREHRTER MEISTER KITARO!
OH!
KLAPP
KLOPP
DER GRUSELIGE KLANG VON SANDALEN.

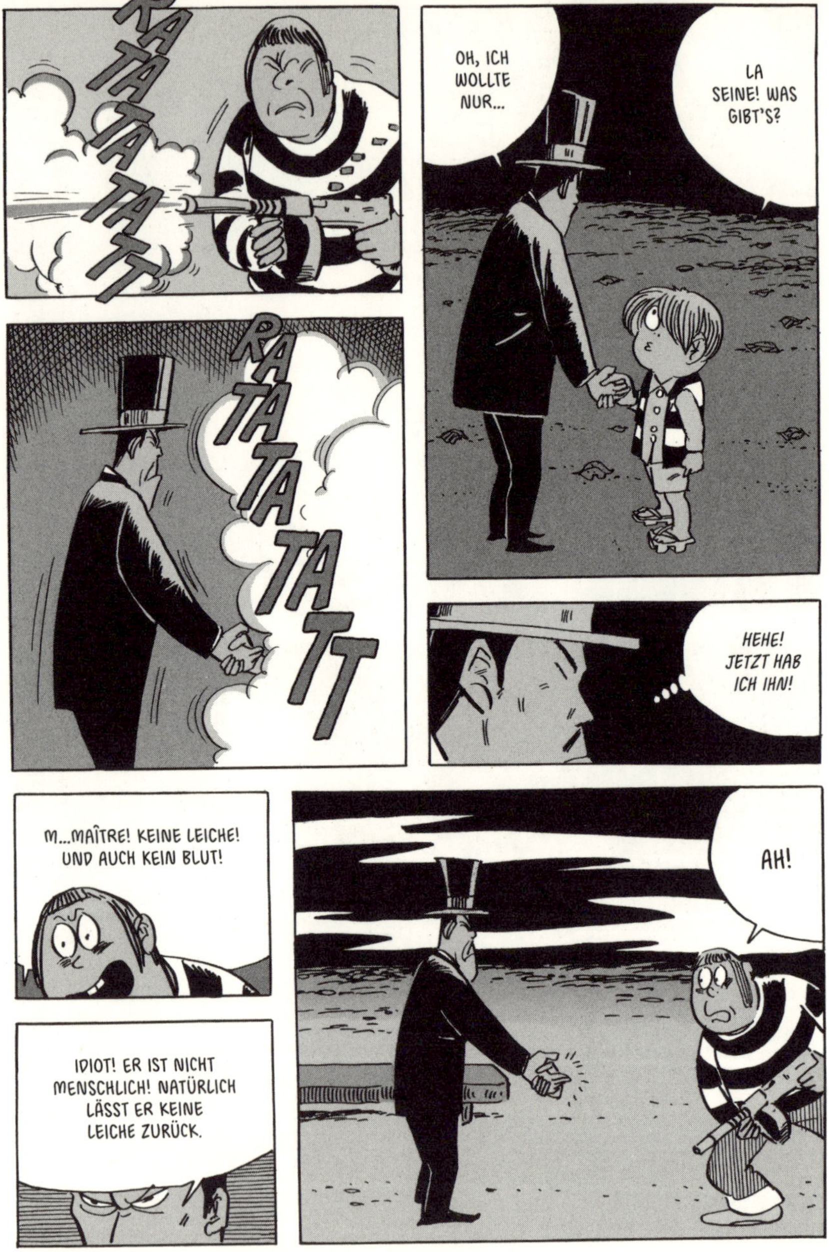
RATATATATT
OH, ICH WOLLTE NUR...
LA SEINE! WAS GIBT'S?
RATATATATATT
HEHE! JETZT HAB ICH IHN!
M...MAÎTRE! KEINE LEICHE! UND AUCH KEIN BLUT!
IDIOT! ER IST NICHT MENSCHLICH! NATÜRLICH LÄSST ER KEINE LEICHE ZURÜCK.
AH!

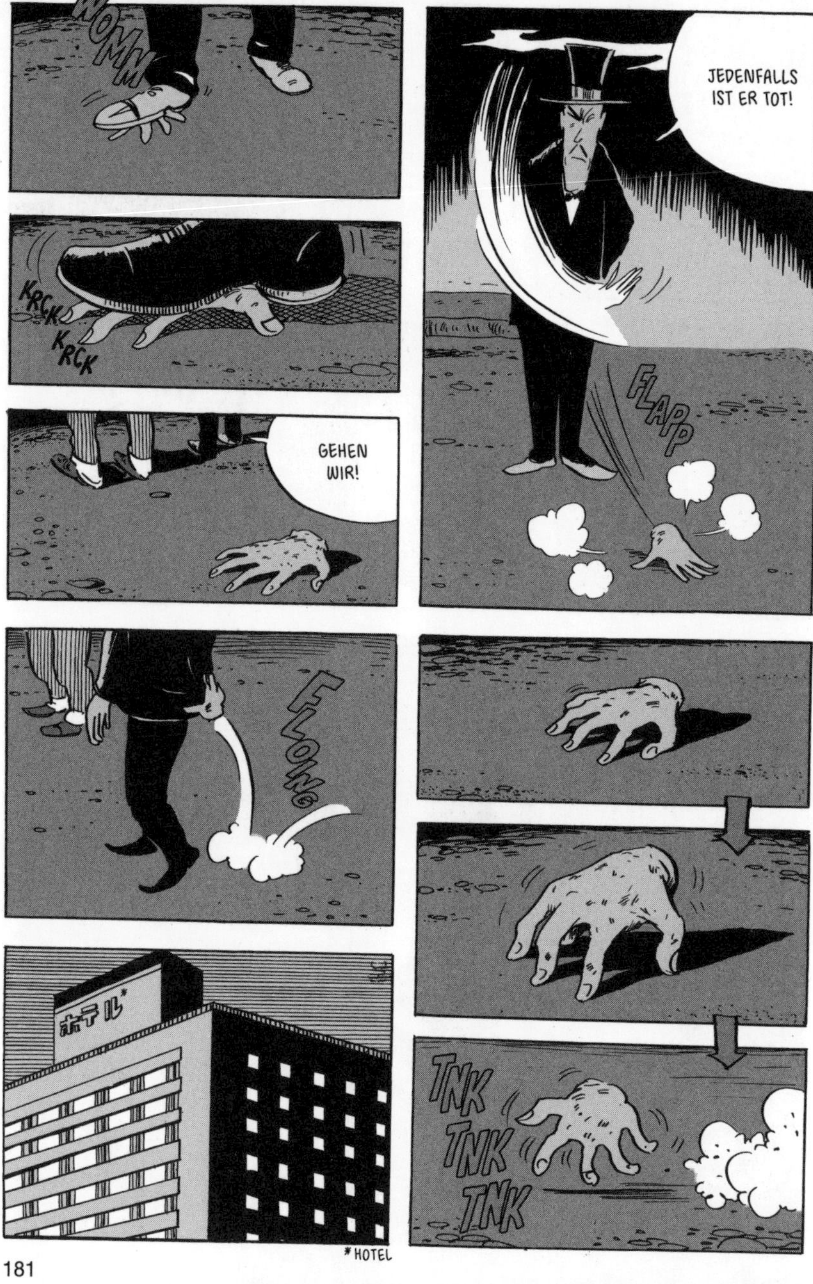
WOMM
KRCK
KRCK
GEHEN WIR!
JEDENFALLS IST ER TOT!
FLAPP
FLOING
ホテル*
TNK
TNK
TNK
* HOTEL

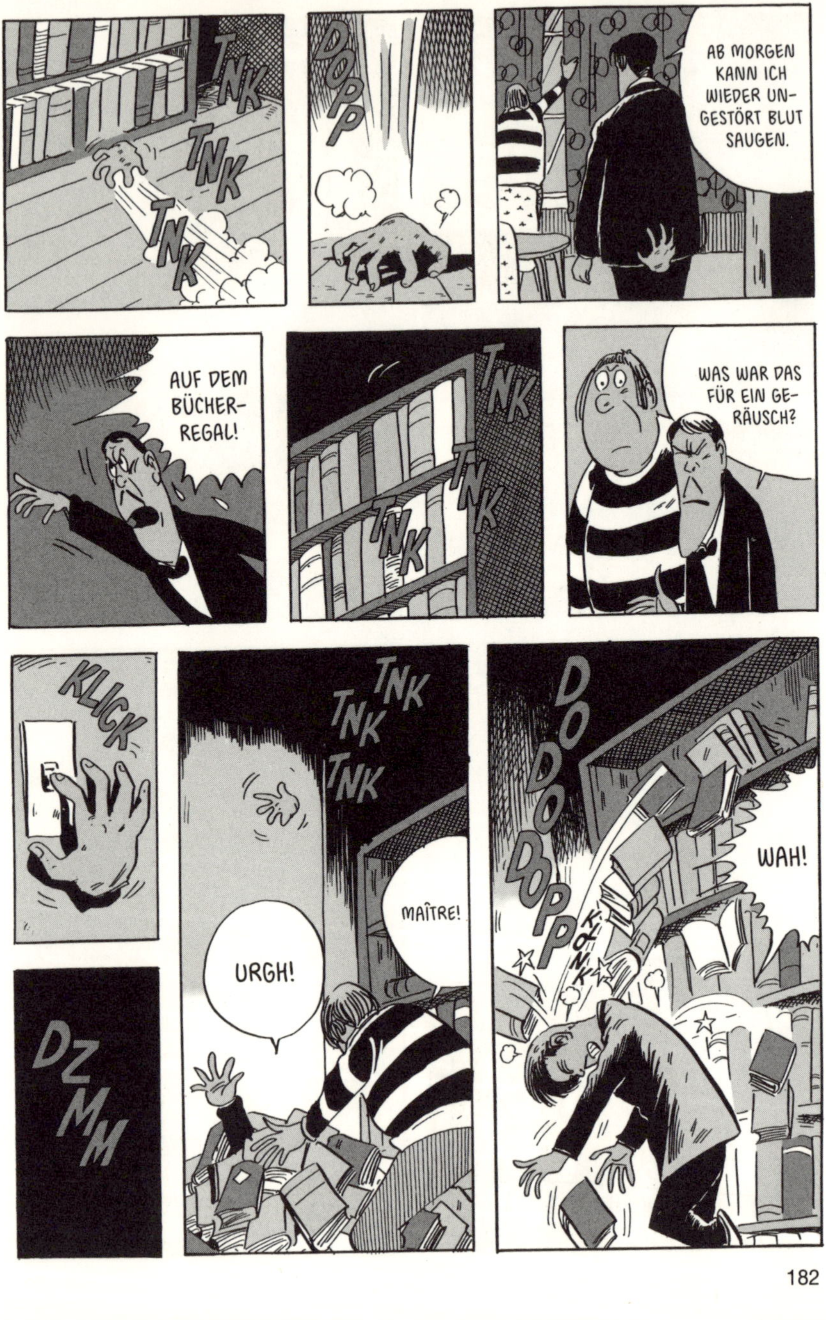

TNK
TNK
TNK
DOPP
AB MORGEN KANN ICH WIEDER UNGESTÖRT BLUT SAUGEN.
AUF DEM BÜCHERREGAL!
TNK
TNK
TNK
WAS WAR DAS FÜR EIN GERÄUSCH?
KLICK
DZMM
TNK
TNK
TNK
MAÎTRE!
URGH!
DODODOPP
KLONK
WAH!

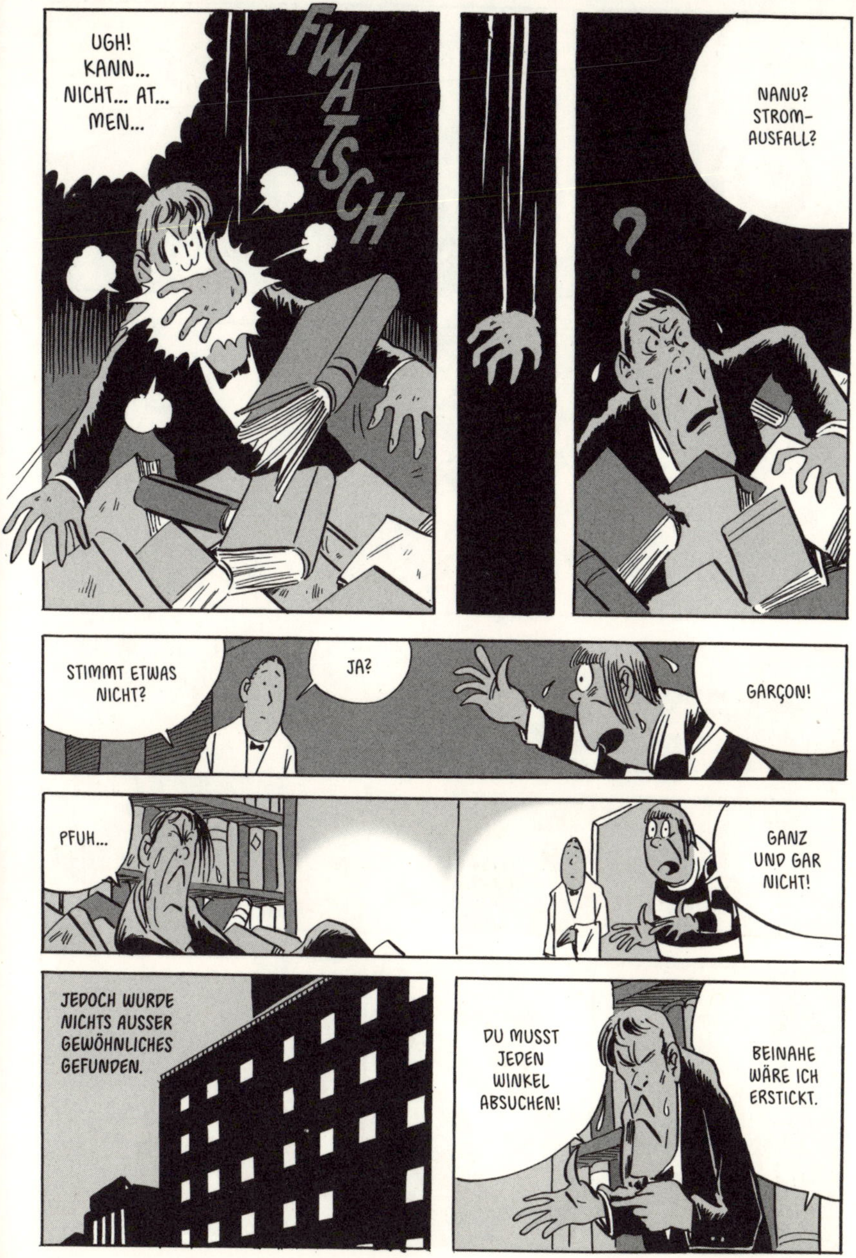
UGH! KANN... NICHT... AT... MEN...
FWATSCH
NANU? STROM-AUSFALL?
?
GARÇON!
JA?
STIMMT ETWAS NICHT?
PFUH...
GANZ UND GAR NICHT!
JEDOCH WURDE NICHTS AUSSER GEWÖHNLICHES GEFUNDEN.
BEINAHE WÄRE ICH ERSTICKT.
DU MUSST JEDEN WINKEL ABSUCHEN!

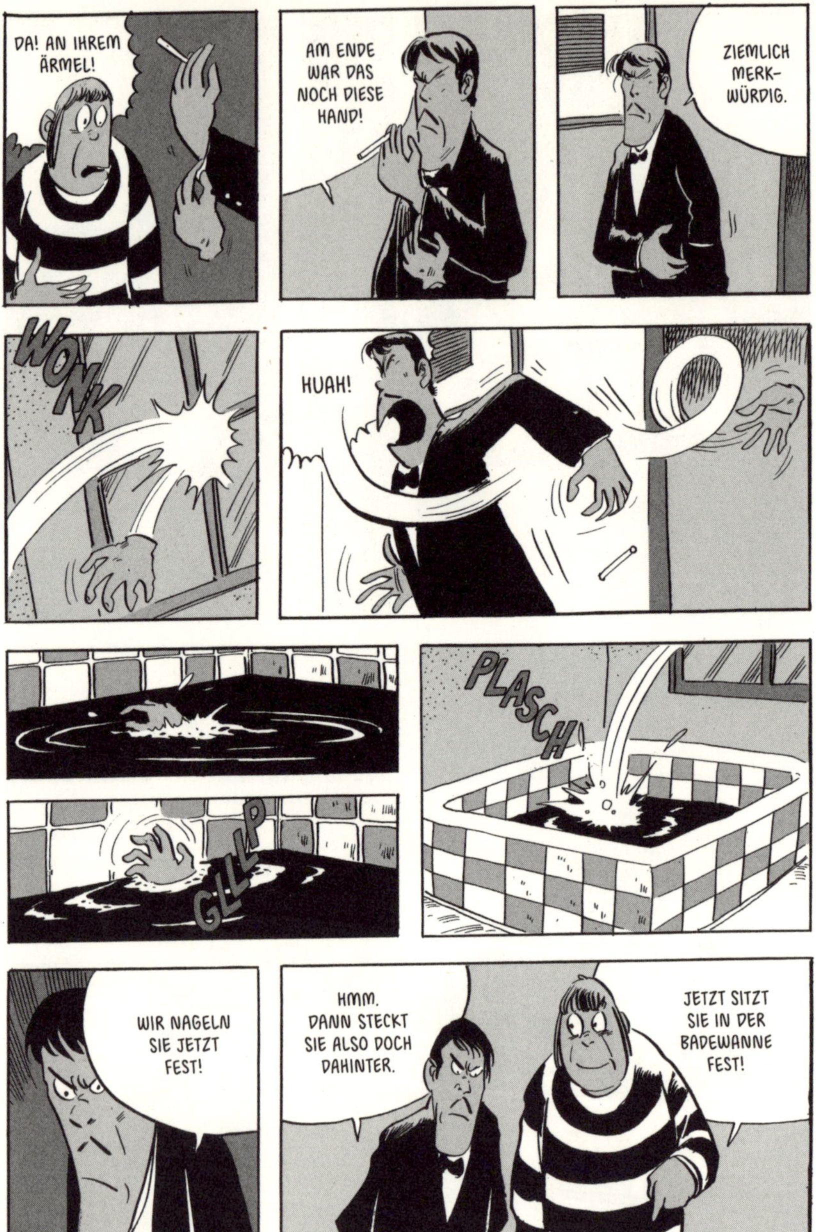
DA! AN IHREM ÄRMEL!
AM ENDE WAR DAS NOCH DIESE HAND!
ZIEMLICH MERK-WÜRDIG.
WONK
HUAH!
PLASCH
GLLLP
WIR NAGELN SIE JETZT FEST!
HMM. DANN STECKT SIE ALSO DOCH DAHINTER.
JETZT SITZT SIE IN DER BADEWANNE FEST!

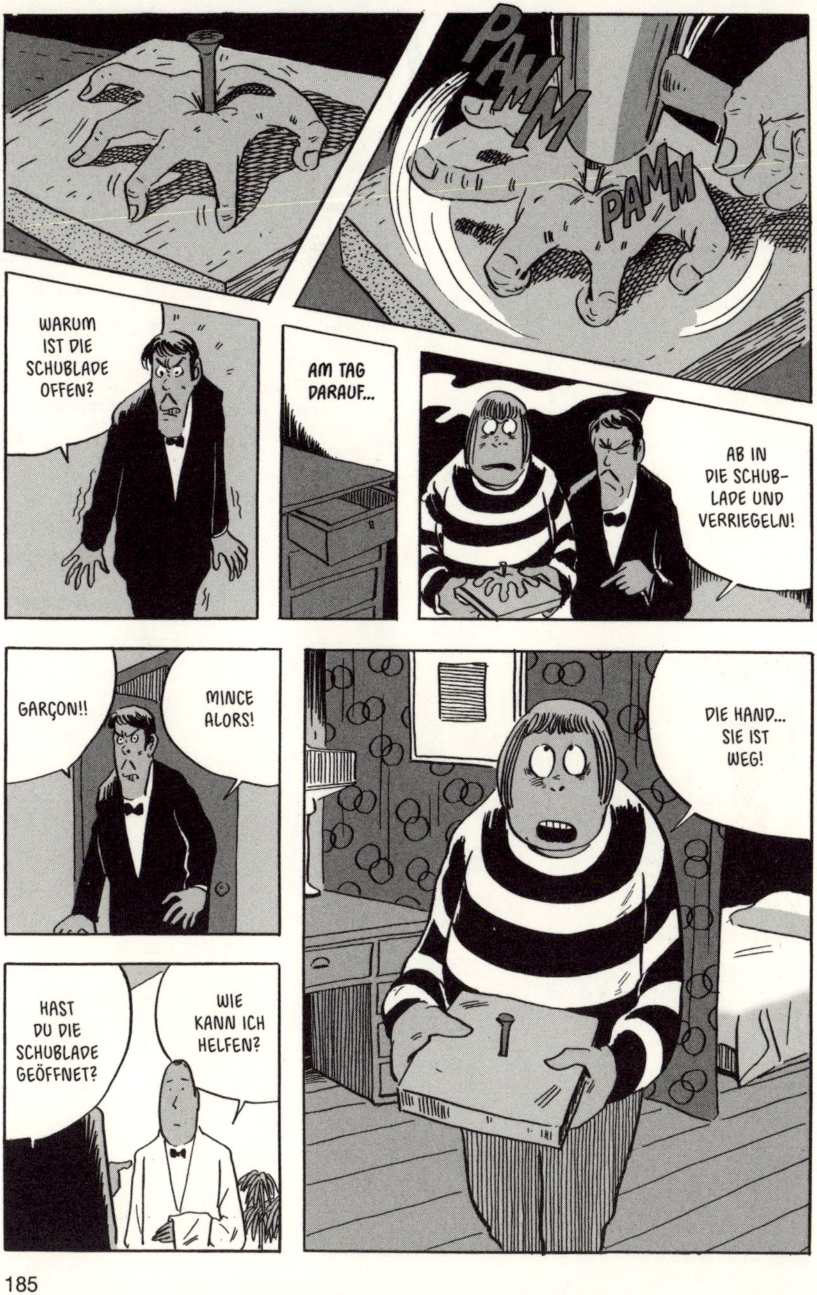
PAMM
PAMM
WARUM IST DIE SCHUBLADE OFFEN?
AM TAG DARAUF...
AB IN DIE SCHUB-LADE UND VERRIEGELN!
MINCE ALORS!
GARÇON!!
WIE KANN ICH HELFEN?
HAST DU DIE SCHUBLADE GEÖFFNET?
DIE HAND... SIE IST WEG!

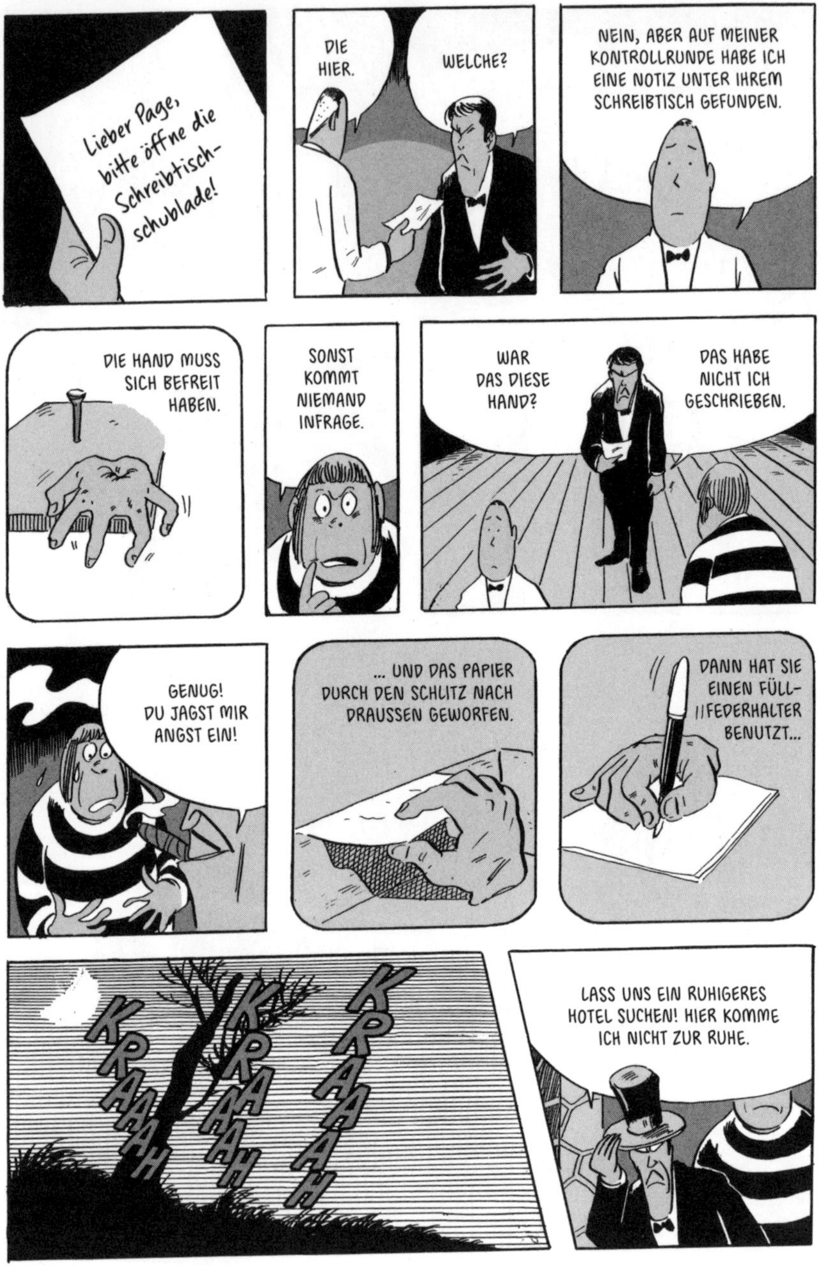
Lieber Page, bitte öffne die Schreibtisch-schublade!
DIE HIER.
WELCHE?
NEIN, ABER AUF MEINER KONTROLLRUNDE HABE ICH EINE NOTIZ UNTER IHREM SCHREIBTISCH GEFUNDEN.
DIE HAND MUSS SICH BEFREIT HABEN.
SONST KOMMT NIEMAND INFRAGE.
DAS HABE NICHT ICH GESCHRIEBEN.
WAR DAS DIESE HAND?
DANN HAT SIE EINEN FÜLL-FEDERHALTER BENUTZT…
… UND DAS PAPIER DURCH DEN SCHLITZ NACH DRAUSSEN GEWORFEN.
GENUG! DU JAGST MIR ANGST EIN!
KRAAAAH
KRAAAH
KRAAAH
LASS UNS EIN RUHIGERES HOTEL SUCHEN! HIER KOMME ICH NICHT ZUR RUHE.

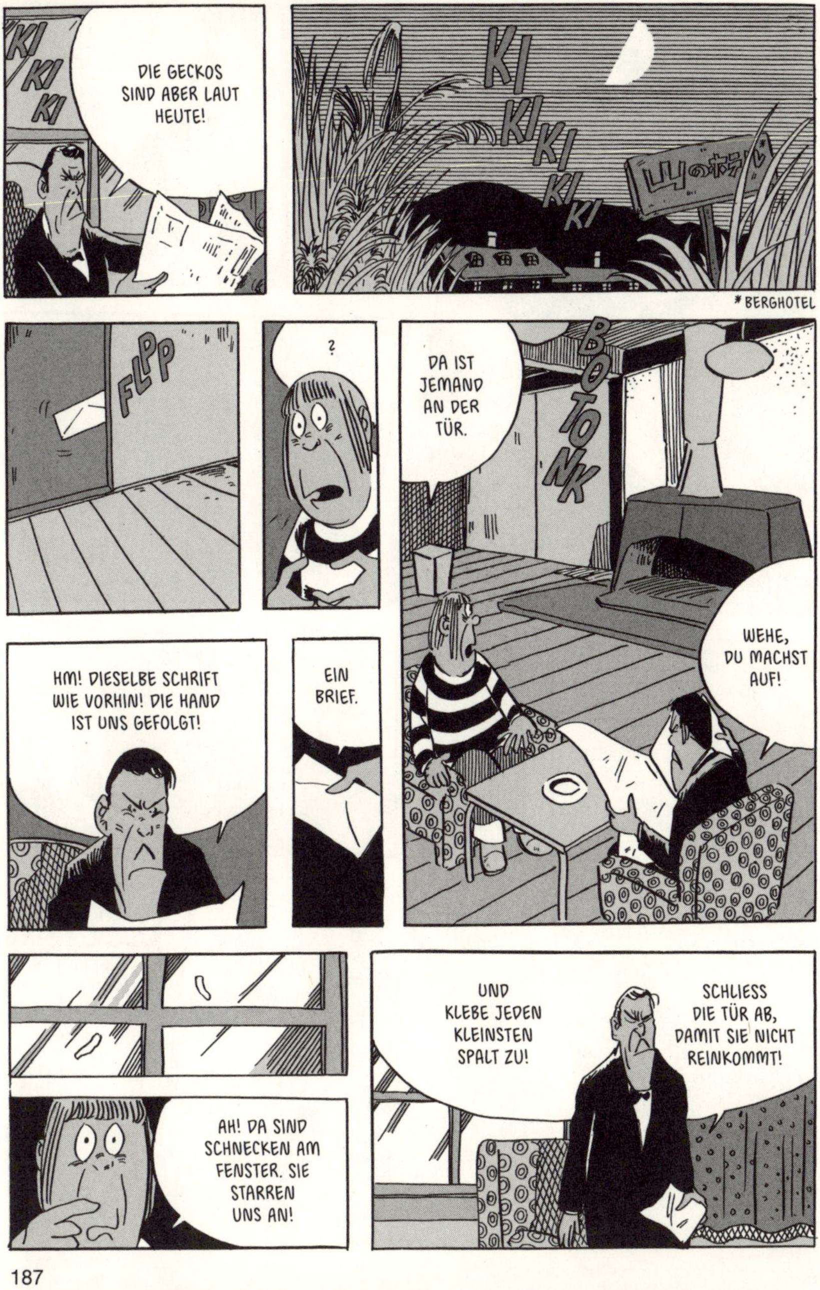
KI KI KI
DIE GECKOS SIND ABER LAUT HEUTE!
KI KI KI KI KI KI
* BERGHOTEL
FLPP
?
DA IST JEMAND AN DER TÜR.
BOTONK
WEHE, DU MACHST AUF!
EIN BRIEF.
HM! DIESELBE SCHRIFT WIE VORHIN! DIE HAND IST UNS GEFOLGT!
AH! DA SIND SCHNECKEN AM FENSTER. SIE STARREN UNS AN!
SCHLIESS DIE TÜR AB, DAMIT SIE NICHT REINKOMMT!
UND KLEBE JEDEN KLEINSTEN SPALT ZU!

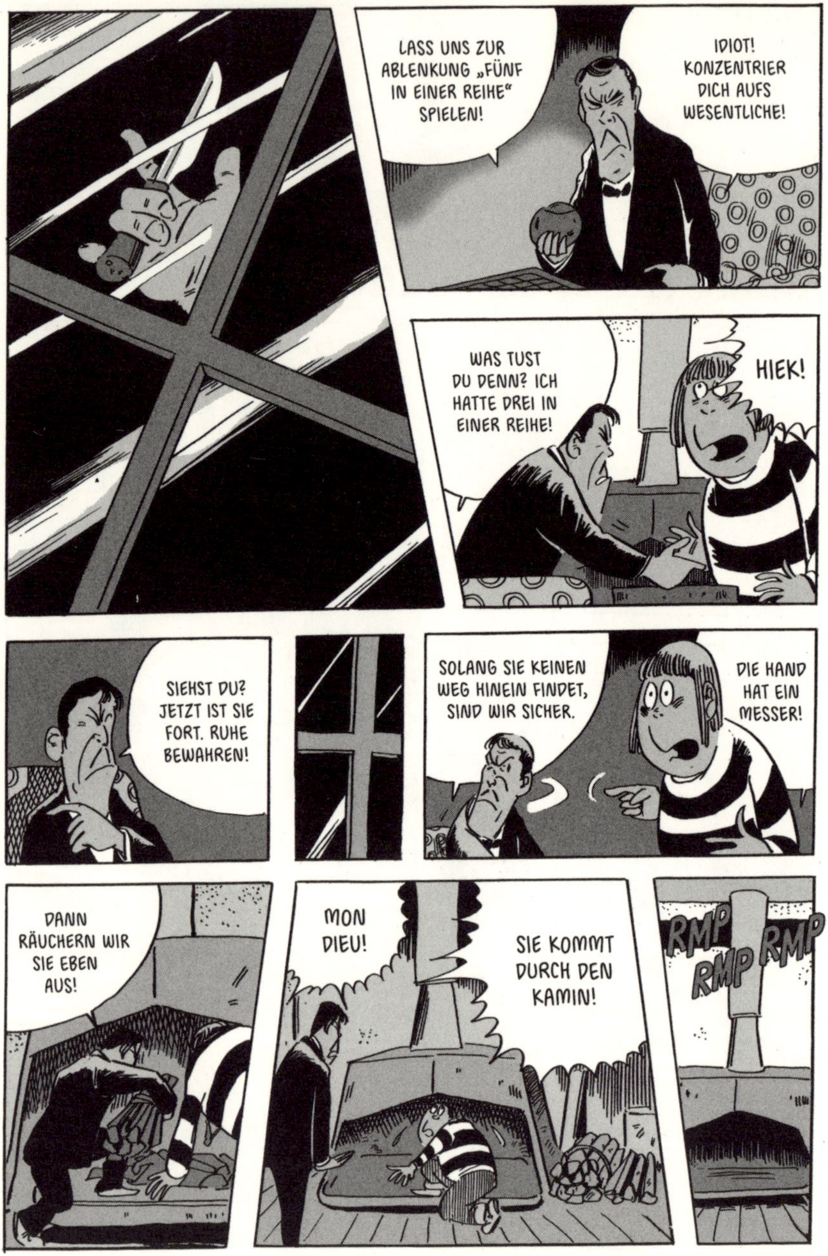
LASS UNS ZUR ABLENKUNG „FÜNF IN EINER REIHE“ SPIELEN!
IDIOT! KONZENTRIER DICH AUFS WESENTLICHE!
WAS TUST DU DENN? ICH HATTE DREI IN EINER REIHE!
HIEK!
SIEHST DU? JETZT IST SIE FORT. RUHE BEWAHREN!
SOLANG SIE KEINEN WEG HINEIN FINDET, SIND WIR SICHER.
DIE HAND HAT EIN MESSER!
DANN RÄUCHERN WIR SIE EBEN AUS!
MON DIEU!
SIE KOMMT DURCH DEN KAMIN!
RMP RMP RMP

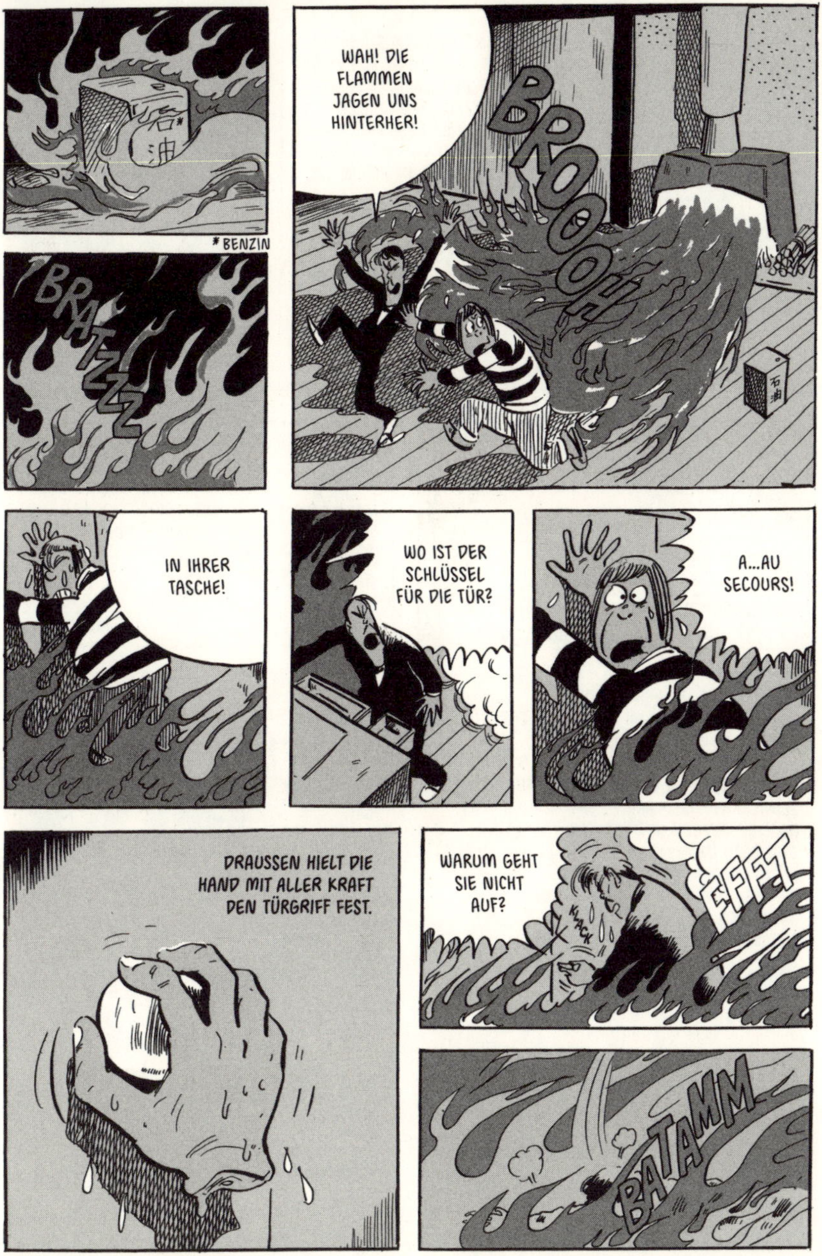
石油*
*BENZIN
WAH! DIE FLAMMEN JAGEN UNS HINTERHER!
BROOOOH
BRATZZZ
石油
IN IHRER TASCHE!
WO IST DER SCHLÜSSEL FÜR DIE TÜR?
A...AU SECOURS!
DRAUSSEN HIELT DIE HAND MIT ALLER KRAFT DEN TÜRGRIFF FEST.
WARUM GEHT SIE NICHT AUF?
KLACK
FFFT
BATAMM

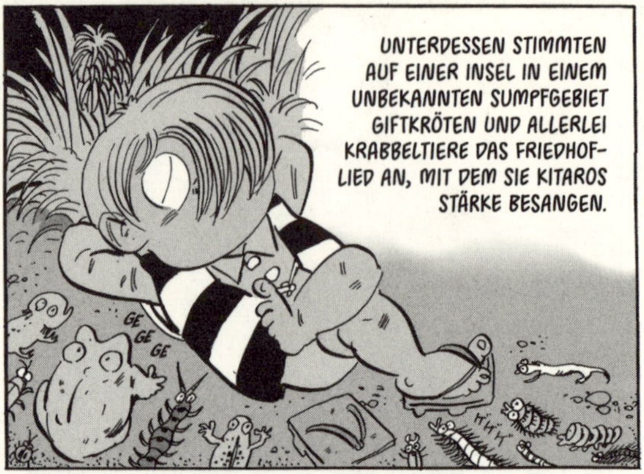

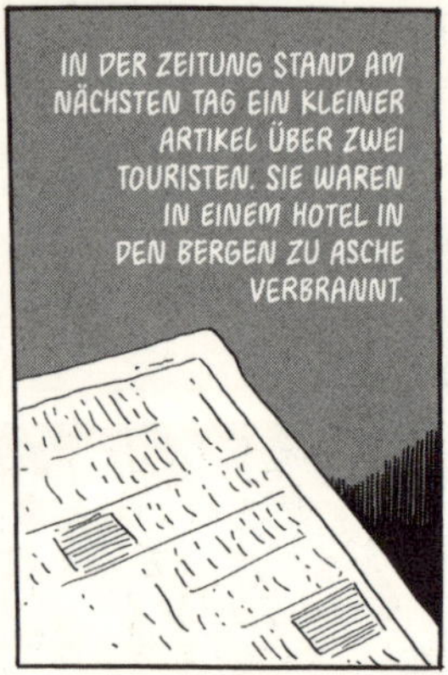

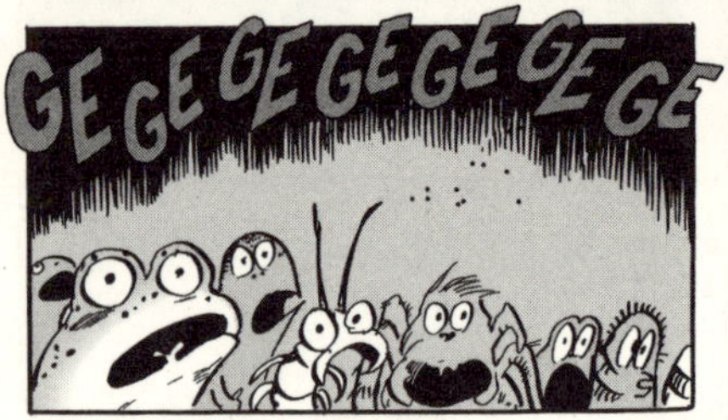

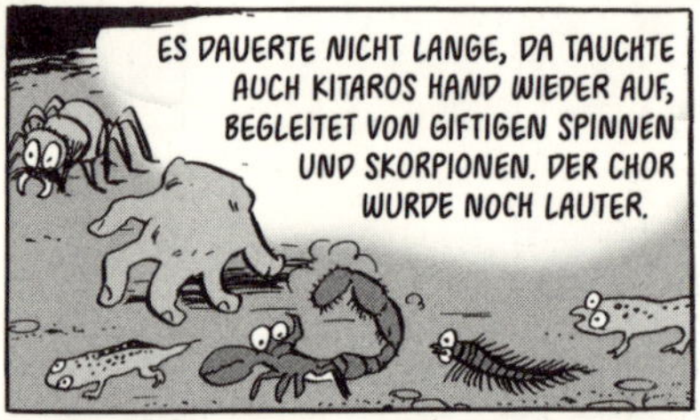

KITARO HATTE DIE HAND MITHILFE SEINER GEHIRNWELLEN FERNGESTEUERT. ÄHNLICH DEN EIDECHSEN, DIE IN GEFAHRENSITUATIONEN IHREN SCHWANZ ABWERFEN, HATTE ER AUF DER FLUCHT SEINE HAND ZURÜCKGELASSEN. DASS SIE JEDOCH NOCH IMMER TAUFRISCH UND LEBENDIG WAR, ZEUGTE VON KITAROS ENORMER LEBENSKRAFT. UND DARÜBER KANN MAN NOCH ZAHLREICHE GESCHICHTEN ERZÄHLEN.

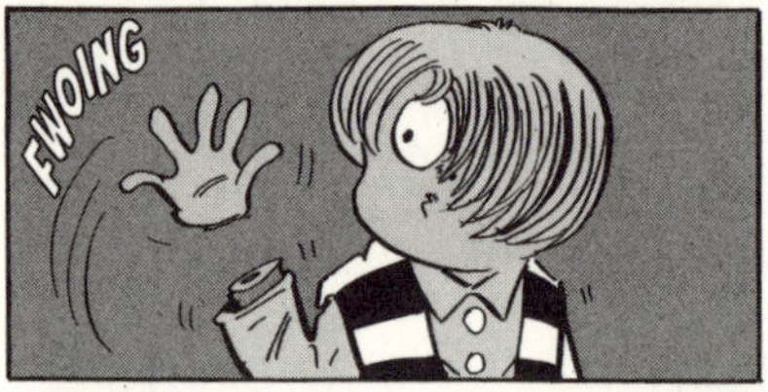

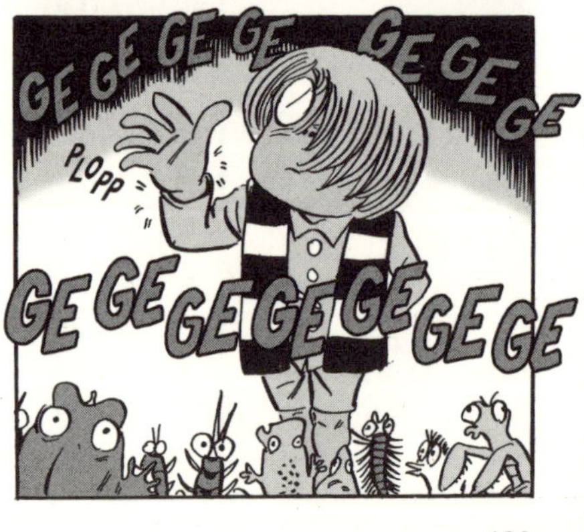

ERSTVERÖFFENTLICHUNG

Kitaros Geburt
(Bessatsu Shonen Magazine, August 1968)

Ochsenteufel gegen Blutsauger
(Bessatsu Shonen Magazine, November 1968)

Die Geschwister Nekoya
(Bessatsu Shonen Magazine, Januar 1969)

Die Höllenfahrt
(Shukan Shonen Magazine, 10. Oktober 1965)

Der Katzeneremit, Teil 1
(Shukan Shonen Magazine, 24. Oktober 1965)

Der Katzeneremit, Teil 2
(Shukan Shonen Magazine, 31. Oktober 1965)

Die Hand
(Shukan Shonen Magazine, 1. August 1965)

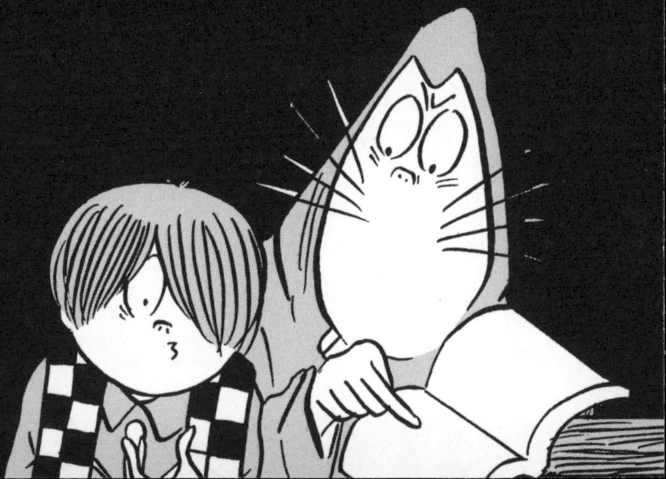

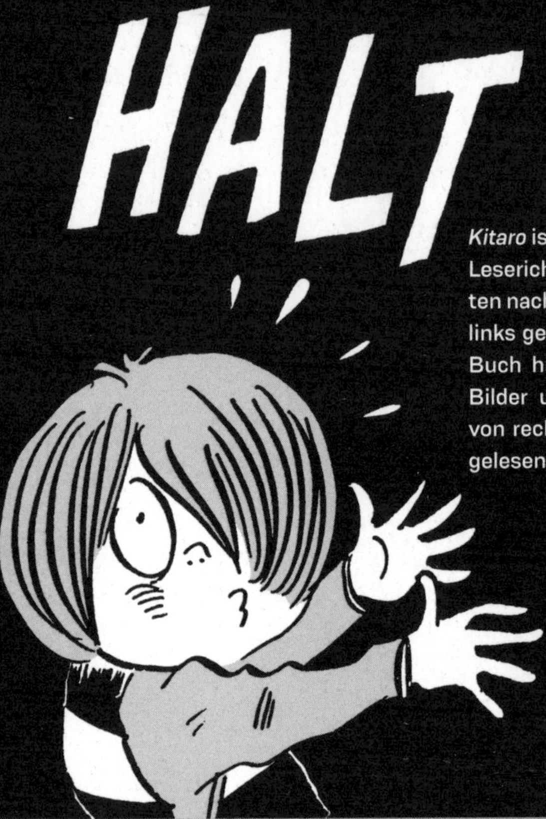

Kitaro ist ein Manga in japanischer Leserichtung. Da in Japan von hinten nach vorn und von rechts nach links gelesen wird, beginnt dieses Buch hinten und endet hier. Die Bilder und Sprechblasen werden von rechts oben nach links unten gelesen.

Aus dem Japanischen
von Gandalf Bartholomäus
Redaktion: Aranka Schindler
Korrektur: Gustav Mechlenburg
Herstellung und Lettering: diceindustries
mit einem Font von Kevin Huizenga

Published by arrangement with Presspop Inc.
Herausgeber: Dirk Rehm
ISBN 978-3-95640-280-7
Druck: Pozkal, Inowrocław, Polen

Zweite Auflage: Februar 2025

Reprodukt GmbH
Gottschedstr. 4 / Aufgang 1
13357 Berlin

info@reprodukt.com
www.reprodukt.com